KB147093

한국 근현대사 12장면
FACT CHECK

민주시민을 위한 미디어 리터러시 수업

한국 근현대사 12장면 팩트체크

초판 1쇄 발행 2021년 6월 10일

지은이 신봉석 · 정한식
발행인 송진아
편 집 아이핑크
디자인 로프박
제 작 제이오
펴낸곳 푸른칠판
등 록 2018년 10월 10일(제2018-000038호.)
팩 스 02-6455-5927
이메일 greenboard1@daum.net
ISBN 979-11-91638-01-1 03370

이 도서의 국립중앙도서관 출판예정도서목록(CIP)은 서지정보유통지원시스템 홈페이지(http://seoji.nl.go.kr)와 국가자료종합목록 구축시스템(http://kolis-net.nl.go.kr)에서 이용하실 수 있습니다.

민주시민을 위한 · 미디어 리터러시 수업

한국 근현대사 12장면
FACT CHECK

신봉석 · 정한식 지음

중국 항일 유적지 답사를 통해서 봉오동 전투 당시의 상황을 생생하게 그리다

기념비에 표기된 것처럼 전적지라고 되어 있으므로, 실제로 이곳에서 전투가 벌어졌을까요? 그렇게 오해하기 쉽지만, 실제로 그곳에서 전투가 벌어진 것은 아니었지요. 실제 전적지는 비석이 있는 곳에서 10km 정도 더 들어가야 하지요. 20리 정도로 사용할과 동시에, 훈련 공간으로 사용을 짓고 생활공간으로 사용함을 한국인들이 만든 마을은 용한 장소가 바로 봉오골입니다. 한국인들이 만든 마을은 계곡 안에서 다시 하촌, 중촌, 상촌 이렇게 여러 마을로 나뉘었는데, 봉오동전투는 비석과 저수지가 있는 하촌보다 훨씬 깊이 들어간 상촌 쪽에서 벌어진 전투였습니다.

3·1운동 당시 만세 시위하는 모습으로 알려진 사진입니다. 1919년 3월 5일자 『오사카아사히신문』에 처음 실린 사진으로, 사진 속 여성들의 앞머리는 불룩한 모양이지요. 당시 여성해방을 상징했으며 여학생들 사이에서 선풍적인 인기를 끌었던 머리 모양입니다. 이 일본식 머리 모양 때문에 많은 언론, 방송, 서적 등에서는 이 사진을 한동안 '김향화와 함께한 수원 기생들의 만세 시위'로 소개했습니다. 그러나 사진 속 인물들은 기생들이 아닌 경성여자고등보통학교 학생들로 밝혀졌습니다.

"반만년 역사의 권위를 대(代)하여 2천만 민족의 성의를 합하여 민족의 항구여일한 자유 발전을 위하여 조직된 대한민국의 인민을 대표한 임시의정원은 민의(民意)를 체(體)하여 원년(1919) 4월 11일 발포한 10개조의 임시 헌장을 기본삼아 본 임시 헌법을 제정하여 공리(公理)를 창명(昌明)하며 공의를 증진하며, 국방(國防) 급(及) 내치(內治)를 주비(籌備)하며 정부의 기본을 공고히 하는 보장이 되게하노라."

청산리전투 ○○ ○주년 특집 기사

청산리전투에서 부상병을 실어나르고 있는 일본군의 모습?

들어가며

가짜 뉴스˙에
휘둘리지 않으려면

동화 「감기 걸린 물고기」에는 배고픈 아귀의 이야기가 나옵니다. 아귀가 작은 물고기를 잡아먹으려 할 때마다 물고기들이 힘을 합해 아귀에 맞서는 바람에 아귀는 작은 물고기를 잡아먹을 수 없었지요. 어떻게 하면 작은 물고기를 잡아먹을 수 있을까 고민하던 아귀는 어느 날 꾀를 내어 소리칩니다.

"얘들아, 빨간 물고기가 감기에 걸렸대!"

작은 물고기를 잡아먹기 위해 아귀가 가짜 뉴스를 만들어 낸 것이지요. 그런데 작은 물고기들은 이 말에 쉽게 속아 빨간 물고기들을 쫓아

• '가짜 뉴스'라는 용어가 뉴스라는 형식적인 권위를 부여하므로, '허위 정보' 등의 용어를 써야 한다는 주장도 있다. 그러나 이 책에서는 사람들에게 익히 알려진 '가짜 뉴스'라는 용어를 쓰기로 한다.

내 버립니다. 빨간 물고기들이 아무리 억울함을 호소해도 아무 소용없었습니다. 신이 난 아귀는 이번에는 다른 색깔 물고기를 노립니다.

동화 속 아귀의 가짜 뉴스에 휘둘리는 물고기들의 모습은 답답하기도 하지만, 안타깝기도 합니다. 그러다 어느 순간 고개가 끄덕여집니다. 동화 속 이야기들이 최근 우리 사회의 모습과 닮았기 때문이지요. 아귀의 가짜 뉴스에 현혹된 물고기들이 서로 싸우거나 새로운 아귀가 되듯이, 우리 사회에는 수많은 가짜 뉴스를 생산하고 유통시키며 혼란을 만드는 이들과 속는 이들이 있습니다.

가짜 뉴스 Fake news는 '검증 가능한 사실을 허위로 이야기하는 정보'를 말합니다. 이 정의에서도 보듯 가짜 뉴스는 검증이 덜 된 소위 '카더라' 정도의 사건을 표적으로 삼지 않습니다. 이미 역사적 검증과 판단이 끝난 사실을 대상으로 허위 사실을 유포하지요. 그럼 '가짜 뉴스에 휘둘릴 사람이 있을까?'라고 반문할지도 모르겠습니다. 그러나 현실의 가짜 뉴스들을 보면 오히려 휘둘리지 않는 사람이 용할 정도입니다. 현실 세계의 아귀는 동화 속 아귀보다도 훨씬 다양한 무기를 가지고 공격하기 때문에 그리 녹록하지 않습니다. 이 무기들은 어떤 힘을 가지고 있을까요?

가짜 뉴스의 무기들 중 하나는 '반복적인 재생산'입니다. 비슷한 내용의 가짜 뉴스를 포맷이나 콘텐츠만 달리하여 사람들에게 자주 노출되도록 반복적으로 생산하는 것이지요. 많은 사람들이 가짜 뉴스를 처음 접할 때는 '말도 안 돼.'라며 부정합니다. 그런데 같은 내용을 계속 접하다 보면, '정말 그런가? 그럴지도 몰라, 뭔가 있으니 계속 나오겠지.'라는 의심이 어느새 싹트게 됩니다. 그리고 또다시 비슷한 정보를 마주할 땐 '다 믿을 순 없지만 그래도 이 정도는 사실 아닐까.'라며 이전의 인식과 타협을 시도합니다. 이때 또 다른 콘텐츠에서 같은 가짜 뉴스를 만난다면 '내가 속고만 살았구나.'라는 탄식을 내뿜게 됩니다. 심지어 이전 인식에 대한 배신감을 느끼기도 하지요.

SBS 팩트체크 〈사실은〉 팀의 조사에 따르면, 2018년부터 2020년 4월까지 유튜브에서 생산된 5·18 관련 왜곡 영상이 402개라고 합니다. 그런데 이 402개의 영상을 내용에 따라 분류해 보면 결국 세 가지 내용으로 압축된다고 합니다. 이것은 가짜 뉴스가 실제로 '반복성'이라는 무기를 얼마나 효과적으로 사용하고 있는지를 알 수 있는 대목입니다.

가짜 뉴스의 또 다른 무기는 '지엽적 의미 부여'입니다. 사건의 지엽적인 일부 문제에만 의미를 크게 부여하여 가짜 뉴스의 근거로 삼아 사건 전체를 왜곡하는 것입니다. 예를 들어 볼까요? '5·18민주화운동 과정에서 관공서에 방화를 했으니 5·18은 폭동이다.'라는 뉴스를 들어 보면 매우 그럴듯합니다. 관공서를 방화한 행위는 당연히 잘못된 것이니까요. 하지만 우리가 5·18을 민주화운동으로 규정하는 것은 5·18의 일련의 과정들을 총체적으로 평가한 결과이지, 관공서 방화 사건에 의미를 부여한 것이 아닙니다.

또한 가짜 뉴스는 '자극적인 호소력'이라는 무기를 가지고 있습니다. 이는 진실이 가지는 복잡성과 대비됩니다. 역사적 사건들은 사건이 일어나는 과정 속에서 다양한 사람들의 선택에 의해 복잡하게 전개됩니다. 더구나 진실을 규명하기 위한 접근 방식 또한 복잡해서 진실에 다가가기도, 그 내용을 이해하기도 쉽지 않지요. 그러나 가짜 뉴스는 편협하고 왜곡된 자료를 단순하고 자극적인 문구로 포장합니다. 거기에다 그 시점의 사회적 화두와 연결 지어 더 폭발력 있는 호소력을 갖지요. 예를 들어 '5·18 민주 유공자는 취업 가산점이 높아 공무원 자리를 싹쓸이하고 있다.'는 뉴스를 접했다고 생각해 봅시다. 이 뉴스가 사실인지 알려면 5·18 민주 유공자의 취업 가산점을 조사하고 공무원 합격자 내 비율을 확인해 봐야 합니다. 성실한 조사와 논리적인 분석력이 필요한 매우 지난한 과정이지요. 그러나 이미 머릿속에는 사회적 화두인 '공정'이라는 단어가 떠오르면서, 불공정의 현장 앞에 논리적인 분석력은 온데간데없어지기 쉽습니다.

지엽적인 사건에 의미를 부여하고 자극적인 문구를 만들어 반복적으로 재생산하는 가짜 뉴스는 전달 방식에 있어서도 든든한 우군이 있습니다. 바로 유튜브를 필두로 한 디지털 미디어입니다. 한국언론진흥재단이 2020년 12월 10일 발표한 조사 결과에 따르면, 가짜 뉴스를 접하는 경로에 대한 질문에서 유튜브에 '그렇다'라고 대답한 비율이 70.6%로 가장 높았습니다. 디지털 미디어가 이미 우리 삶과 함께하고 있는 만큼 가짜 뉴스도 그러한 셈입니다.

현실 아귀들의 가짜 뉴스는 우리 사회에 어떤 문제점을 야기할까

요? 동화 「감기 걸린 물고기」의 물고기들이 오해하고 분열했듯 현실
도 크게 다르지 않을 것입니다. 첫 번째는 가짜 뉴스가 역사적 사실에
대한 인식과 의미를 왜곡한다는 문제입니다. 예를 들어, '5 · 18에는 북
한군이 개입했다.'는 가짜 뉴스는 5 · 18에 대한 기억을 왜곡시킵니다.
나아가 대중에게 5 · 18에 대한 거부감을 심어 주며 나아가 민주화운
동으로서의 의미를 퇴색하게 만듭니다.

두 번째 문제는 가짜 뉴스가 우리 사회에 혐오를 조장한다는 것입니
다. 일본군'위안부' 피해자들이든, 5 · 18민주화운동이든 가짜 뉴스의
대상을 혐오하게 만드는 겁니다. 사회에서 존중받아야 할 사람들이 사
회적 약자가 되고 지탄을 받는 아이러니한 상황이 연출되면서, 그들을
고립시키고 나아가 우리 사회를 분열하게 만듭니다.

세 번째 문제는 우리 모두가 가짜 뉴스의 대상이 될 수 있다는 점입
니다. 가짜 뉴스의 생산자들이 공격하고자 하는 대상에 대한 목적을
이루었다고 해서 가짜 뉴스의 생산을 멈출까요? 그렇지 않습니다. 혐
오를 동력으로 하는 주체는 새로운 혐오를 끊임없이 만들어야 하기
때문입니다. 새로운 혐오는 새로운 희생자를 부릅니다. 다음 가짜 뉴
스의 희생자는 여러분이 될지도 모릅니다.

가짜 뉴스의 네 번째 문제는 역사에 기반한 발전을 저해한다는 것
입니다. 역사에 기반한 발전이란 역사적 사실을 인정하고 이에 의미를
부여해 새로운 역사를 창출해 가는 과정입니다. 예를 들어 한국과 일
본의 상호 호혜적인 관계 형성은 지난 식민 통치의 부당성을 일본이

인정하고 사과하며 타산지석의 의미를 부여할 때 비로소 가능한 것입니다. 더구나 가짜 뉴스와의 싸움은 소모적일 수밖에 없는데, 가짜 뉴스는 우리 사회가 역사적 사건 인정부터 하지 못하게 합니다. 당연히 새로운 역사로 나아가는 것은 꿈도 못 꾸는 상황이 되고 말지요. 역시 예를 들어 볼까요? '식민 통치가 우리나라의 근대화에 기여했다.'는 가짜 뉴스가 있습니다. 이 가짜 뉴스는 식민 통치에 대한 사람들의 보편적인 인식인 도덕적 거부감을 완화시킵니다. 과오에 대한 성찰과 인정, 사과를 해야 할 일본의 의무도 모호하게 만들지요. 결과적으로 일본의 몰염치는 합리화되고 역사는 한걸음도 나아가지 못합니다.

그럼, 우리는 가짜 뉴스에 어떻게 대응해야 할까요? 가짜 뉴스에 대한 가장 효과적인 대응은 가짜 뉴스의 대상이 되는 사건의 흐름과 가짜 뉴스에 대한 반박 논거를 아는 것입니다. 가짜 뉴스가 가진 무기들은 반복성이 가장 크기 때문에 가짜 뉴스를 반박할 만한 논거만 충분하다면 조금씩 변이되어 노출되는 가짜 뉴스들은 쉽게 극복할 수 있습니다. 가짜 뉴스는 검증 가능한 사실이 허위로 왜곡된 정보이기에, 사실을 검증하고 진실을 아는 사람에게는 더 이상 힘을 발휘하지 못하는 것이지요. 다만, 앞서도 이야기했듯이 그 진실을 파고드는 일은 복잡하고 지난합니다. '독도는 일본의 영토이다.'라는 정보에 대해서 '그건 가짜 뉴스야.'라고 쉽게 말할 수는 있어도, 막상 그것을 반박할 근거를 쉽사리 대지 못하는 이유입니다.

이 책은 가짜 뉴스를 반박하는 데 드는 지난한 어려움을 덜어 내고 역사적 사실을 바로 알려 누구나 가짜 뉴스를 반박할 수 있도록 하기 위해 집필되었습니다.

이 책에서는 우리나라 근대사와 현대사 중 지금까지도 우리 삶에 영향을 주고 오해나 가짜 뉴스가 많은 12가지 역사적 장면을 선정했습니다. 그리고 역사적 진실을 서술하고 가짜 뉴스를 반박할 논거를 준비했습니다. 물론 이 책을 집필하는 지금도 가짜 뉴스는 반복적으로 생산되며 교묘하게 진화해 갈 것입니다. 어쩌면 이 책으로도 더 이상 반박하기 어려울 정도로 새로운 가짜 뉴스가 판을 치는 날이 올지도 모르겠습니다. 그렇다 하더라도 가짜 뉴스를 대항할 우리의 무기는 오직 진실입니다. 객관적 근거를 토대로 역사적 사실을 바라보고 가짜 뉴스들을 의심하며 논리적으로 반박하려는 노력들이 이어진다면 지금의 가짜 뉴스들은 더 이상 설 자리가 없어질 것입니다.

이 책이 역사적 진실을 밝히는 노력들 가운데 하나이길 바랍니다.

1

근대사 팩트체크

이번 장에서는 식민지 근대화론, 일제강점기와 관련된 다양한 이슈, 독도 문제 등을 중심으로 우리가 오해하기 쉬운 사실들과 가짜 뉴스에 대해 알아봅니다.

특히 통계자료의 일부만 제시함으로써 오해의 소지가 커질 경우, 유명 강사가 강연이나 강의에서 한 이야기 중에서 사람들이 여과 없이 받아들일 위험이 있는 경우, 과거 교과서에 실려 있었거나 언론에 보도된 것이라 그것을 당연히 진실이라고 생각하지만 이후 연구 성과에 의해 사실이 아니라는 것이 밝혀진 경우, 특정 서적이나 사이트에서 바람직하지 않은 의도로 양산되고 있는 거짓 이야기들 가운데 꼭 알아야 할 내용들을 중심으로 살펴봅니다.

일제와 우리나라의 근대화

'제국주의'란 강한 군사력과 경제력을 바탕으로 다른 나라나 민족을 침략하여 식민지로 삼는 국가 정책을 말합니다. 아시아의 일본은 서양 열강의 제국주의를 그대로 보고 배워 조선(대한제국)에게 실행합니다. 일제는 조선 최초의 근대적 조약, 조일수호조규(속칭 강화도조약)에서부터 본격적으로 영향력을 행사하기 시작합니다. 당시 비슷한 생각을 하고 있던 청, 러시아와의 무력 충돌을 감행하면서까지 일제는 한반도에 대한 이권을 포기하지 않았고, 한국인들은 일제의 국권 침탈에 맞서 끊임없이 투쟁해야 했지요. 그러나 한국인들은 일제에게 나라를 빼앗기고, 근대 국민국가 수립에 좌절을 겪게 됩니다.

일제의 지배가 한국의 근대 발전과 윤택한 삶을 가져왔을까?

:::::::::::::::::::::::: 팩 트 뉴 스 ::::::::::::::::::::::::

일제강점기에 한국의
근대 자본주의가 가장 발전하였다!

일제강점기에 한국은 근대 자본주의를 발전시켰고, 꾸준한 경제성장을 보였다. 의료 기술이 발달했을 뿐 아니라, 교육 기회도 늘어났으며 조선 왕조 때보다 훨씬 행복하다고 말하는 이들이 많았다.

오늘날 대한민국은 저출산 문제로 몸살을 앓고 있습니다. 국가 차원에서뿐만 아니라, 각 지자체에서도 각종 대책을 세우고 막대한 예산을

투입해 저출산 문제를 해결하고자 하지요. '아이를 키우기 좋은 나라'
야말로 발전한 나라, 행복한 나라가 아닐까요? 그렇다면 일제강점기
에 우리나라의 아이 키우는 환경은 어땠을까요? 아래 '기아'와 관련된
통계자료(일제강점기가 시작된 1910년부터 1942년까지의 자료)를 살펴보
지요. '기아棄兒'에서 '기棄'는 '버린다'는 뜻입니다.

일제강점기 기아 관련 통계자료

(단위 : 명)

	일본인			조선인			외국인			총합계		
	남	여	합계	남	여	합계	남	여	합계	남	여	합계
1910				3	2	5				3	2	5
1915	1		1	57	44	101				58	44	102
1920	2	1	3	48	44	92		1	1	50	46	96
1925	1		1	67	87	154				68	87	155
1930	1		1	102	152	254				103	152	255
1932		1	1	162	216	378				162	217	379
1935		1	1	107	148	255		1	1	107	150	257
1940	4		4	108	187	295				112	187	299
1942		1	1	72	133	205				72	134	206

※출처 : 『통계로 보는 일제강점기 사회경제사』(2018, 송규진, 고려대학교출판부)

    우선 한국인 기아 현황을 살펴보면, 1910년 버려진 한국인 아이는 5
명이었습니다. 하지만 불과 5년 뒤인 1915년 한 해에만 100명을 넘어
섰습니다. 물론 다른 이유들이 있을 수 있지만, 어쨌든 부모가 자녀를
버린다는 것은 극단적인 선택이고 비극입니다. 이러한 비극적인 일이
일제의 식민 통치가 시작된 지 5년 만에 20배 이상 늘어난 것입니다.

민족별로 보면 한반도에 살고 있는 일본인과 그 외의 외국인의 경우에는 기아가 극소수입니다. 하지만 한국인의 경우에는 일시적으로 줄어들기도 했지만 1932년까지 계속 증가하는 추세였으며, 1941년 일제가 태평양전쟁을 일으킨 후에도 기아 문제는 여전히 심각한 상태였습니다. 일제강점기 총독부의 통치가 시작된 후 한국인들은 자녀를 키우며 행복을 누리기 더욱 어려워진 것이 아닐까요?

다음의 통계자료는 또 하나의 극단적인 선택인 일제강점기의 '자살' 관련 통계자료입니다. 삶에 아무런 희망이 없는 사람들은 결국 자신의 삶을 끝내는 선택을 하고 말지요.

일제강점기 자살 관련 통계자료

(단위 : 명)

	16세 미만		20세 미만		30세 미만		40세 미만		50세 미만	
	남	여	남	여	남	여	남	여	남	여
1910	4	8	7	35	64	92	76	47	47	26
1915	9	19	16	106	108	200	102	79	82	43
1920	16	19	27	86	136	195	141	107	108	76
1925	20	21	52	137	236	258	233	128	146	92
1930	24	21	68	159	250	331	276	154	235	97
1935	38	51	54	167	401	406	280	142	292	130
1940	32	25	82	103	311	267	335	203	211	128
1942	27	29	60	94	259	244	245	143	210	92

	60세 미만		70세 미만		70세 이상		연령 미상		총합계		
	남	여	남	여	남	여	남	여	남	여	합계
1910			45	14			6	3	249	225	474
1915	81	36	51	22	28	14	6	1	483	520	1,003
1920	87	47	43	18	30	22	3	2	591	571	1,162
1925	107	45	92	25	55	19	7	4	948	729	1,677
1930	168	74	130	48	79	40	6	1	1,236	925	2,161
1935	202	81	185	81	140	60	2	2	1,594	1,120	2,714
1940	207	75	152	44	109	41	9	1	1,448	887	2,335
1942	185	74	148	47	86	28	5	2	1,225	753	1,978

※출처: 『통계로 보는 일제강점기 사회경제사』(2018, 송규진, 고려대학교출판부)

자살자의 숫자를 보면, 1910년 474명으로 500명이 되지 않았는데, 5년 뒤인 1915년에는 그 2배 이상인 1,000명이 넘었습니다. 그 후에도 자살자는 꾸준히 증가하여 1930년에는 2,161명으로, 1915년에 비해 다시 2배 정도 증가합니다.

끝으로 변사자變死者와 관련된 통계자료를 살펴보겠습니다. '변사자'란 부자연한 원인으로 사망한 사람이나 부자연사의 의심이 있는 사람의 사체를 말합니다. 참고로, 사전적 정의에 따르면 변사자는 사인이 불명한 것이 보통이나, 사인이 명백하더라도 자살자 또는 범죄에 의한 사망인지 의심이 가는 사망자도 변사자로 분류한다고 합니다.

일제강점기 변사자 관련 통계자료

(단위 : 명)

	일본인			조선인			외국인			총합계		
	남	여	합계	남	여	합계	남	여	합계	남	여	합계
1910	264	29	293	1,306	454	1,760	21	1	22	1,591	484	2,075
1915	173	57	230	3,880	1,993	5,873	39	1	40	4,092	2,051	6,143
1920	163	66	229	3,697	1,684	5,381	42	1	43	3,902	1,751	5,653
1925	187	79	266	5,519	2,360	7,879	31	1	32	5,737	2,440	8,177
1930	268	122	390	8,122	2,934	11,056	53	9	62	8,443	3,065	11,508
1935	191	94	285	8,386	3,083	11,469	66	9	75	8,643	3,186	11,829
1940	161	60	221	8,806	2,537	11,343	73	14	87	9,040	2,611	11,651
1942	203	41	244	7,058	2,346	9,404	31	10	41	7,295	2,397	9,692

※출처 : 「통계로 보는 일제강점기 사회경제사」(2018, 송규진, 고려대학교출판부)

부자연한 원인으로 사망한 사람이나 부자연사의 의심이 있는 사람의 사체가 많이 발견되는 국가를 과연 발전한 국가, 안전한 국가라고 할 수 있을까요? 사람들의 삶이 행복해지려면 국가가 최소한의 안전을 보장해 주어야 할 것입니다. 드라마 「미스터 션샤인」에서는 '작금의 조선에서 조선인 하나쯤 죽더라도 큰일이 아니다'라는 뉘앙스의 대사가 나옵니다. 조선이 일제에게 나라를 빼앗기기 직전, 치안이 무척 불안정했던 당시의 모습을 묘사하는 대목이지요.

일제강점기 변사자 통계자료를 살펴보면, 1910년에는 2,075명이던 변사자가 5년 뒤인 1915년에는 3배 가까이 증가합니다. 1930년에는 11,508명으로 1915년에 비해 다시 2배 가까이 증가하지요. 이후 변사자의 수가 다소 줄어들긴 하지만, 이것만 보더라도 일제강점기의 치안이 그전에 비해 크게 안정적이지 못했다는 것을 알 수 있습니다.

일본인이나 외국인 변사자의 수와 한국인의 변사자 수를 비교해 보면, 1910년 일본인 변사자의 수는 293명이었다가, 1942년에는 244명으로 줄어듭니다. 하지만 한국인 변사자의 경우에는 1910년 1,760명에서 1942년 9,404명으로 크게 늘어난 것으로 보아, 오히려 한국인에 대한 치안은 훨씬 악화되었음을 알 수 있습니다.

일본 제국주의의 지배로, 그들이 이식해 주었다고 하는 근대문명이 과연 한국인의 삶을 보다 윤택하고 행복하게 만들었을까요? 누군가는 일제의 통치가 한국인들에게 근대문명의 발달과 행복을 가져왔다고 주장합니다. 그러나 앞서 살펴본 자료들로 미루어 봤을 때, 그러한 주장은 터무니없는 주장임을 알 수 있지요. **일제강점기 당시에 자신의 안위만을 생각하며 일제에 부역한 일부 한국인들의 안락함을 전체 한국인에게 확대하여 해석하는 것은 명백한 오류입니다.** 일제강점기 한국인들은 그전에 비해 인간으로서 극단적인 선택을 할 수밖에 없는 상황에 몰린 사람들이 많았고, 일제의 식민 통치 중 치안도 과거에 비해 그다지 좋아진 것이 아님은 분명하지요. 여러 불리한 다양한 사료는 외면하고, '실증'을 빙자해 입맛대로 보여 주고 싶은 통계자료만을 나열하는 목소리는 시민들을 혼란스럽게 만듭니다. 통계자료 역시 하나의 자료일 뿐이고, 어디서부터 어디까지 분석하는지에 따라, 어떻게 해석하는지에 따라 다른 결론이 나올 수 있는 자료이기 때문에, 몇몇 통계만을 취사선택하고, 당시 상황을 표면적으로 분석하여 결론을 내리는 것은 합리적이지 않습니다.

일제는 우리의 근대를 어떻게 왜곡했을까?

한국의 근대

'근대近代'란 무엇일까요? 여기서 '근'은 '가까울 근近'입니다. 따라서 근대는 현재 우리가 살아가고 있는 현대사회와 가장 닮은 시대, 현재와 가장 가까운 시대를 말합니다. 그래서 근대는 현재 우리의 생활 모습이 어떻게 만들어졌는지 살펴볼 수 있는 시대이기도 합니다. 현재 우리는 민주주의와 자본주의 사회에 살고 있습니다. 흔히 정치·사회·경제·문화 등의 모든 면에서 구조적 변화가 진행되어 보다 향상된 생활 조건을 조성해 가는 과정을 '근대화近代化'라고 합니다. '근대화'라는 용어는 널리 사용되고 있지만, 개념 규정에 있어서 현재까지 일치된 견해는 없습니다.

'근대' 하면 전등, 우편, 전신, 전화, 전차, 기차 등의 근대 문물들이 쉽게 떠오를 것입니다. 하지만 눈에 보이는 것들 외에도 봉건적인 정치제도에서 얼마나 벗어났는지, 자본주의적 요소가 얼마나 발전했는지 등의 눈에 보이지 않는 요소들도 매우 중요합니다.

우리나라는 이러한 나름의 근대화를 이루고 있던 중요한 순간, 일제에 국권을 빼앗기고 맙니다. 스스로 무엇인가를 할 수 있는 권리를 빼앗긴 것이지요. 하지만 식민지 시기 일제는 역사를 왜곡하여 한국인들은 원래부터 스스로 뭔가를 이뤄 낼 수 있는 역량 자체가 없었다는 생각을 가지게 만들려고 했습니다. 일제는 다음의 세 가지를 근거 삼아 자신들의 한국 지배와 주장을 정당화했지요.

정체성론

첫째, 정체성론입니다. 한국은 역사적으로 많은 사회적, 정치적 변동을 겪었지만, 사회질서나 경제가 전혀 발전하지 못했으며 근대 초기에 이르기까지 고대사회 수준에 머물러 있었다는 주장이지요. 조선 또는 대한제국이 자주적 근대국가를 수립하려는 것을 치밀하고 교활하게, 폭력으로 막은 나라가 어느 나라인가요? 흔히 대한제국에 근대 문물의 하나인 철도를 설치하고 근대적 도시를 건설해 준 것이 일본이라고 하는 사람들이 있습니다. 그러나 그들이 설치한 철도의 그늘 아래에는 정당한 대가를 받지 못한 채 가혹하게 노동력을 착취당한 한국인 노동자들이 있었습니다. 게다가 훗날 철도는 한반도 수탈의 중심에 서 있었습니다. 당시 대한제국 역시 전국 철도망 건설 계획을 수립했습니다. 식민지 말기 전시 상황에서 그나마 공장은 북쪽에서만 중점적으로 운영되었고, 한국전쟁으로 상당 부분의 시설들이 파괴되었습니다. 내재적 발전론에 대비해 현대 한국의 경제적·정치적 성장의 원동력을 일제 식민지 시대에서 찾는 역사적 관점을 바로 '식민지 근대화론'이라고 합니다.

타율성론

둘째, 타율성론입니다. 즉, 한국인들은 자율적으로 국가를 발전시킬 수 없기 때문에 외세의 지배와 영향을 받아 발전을 이루었다는 주장입니다. 한국사 안의 자율적이고 독립적인 부분은 최소한으로 축소시키고, 타율적이고 종속적 역사만을 강조하는 것입니다. 한반도의 지리적 특수성을 강조하며 한국은 중국에 종속적인 관계라는 것을 주장합니다. 한국은 어차피 타율적이고 종속적인 역사 발전을 거쳤으므로 일제가 조선을 식민 지배해도 부당하지 않다고 주장합니다. 그러나 스스로 국가를 발전시킬 수 없는 조선의 문화를 과거의 그들은 왜 그렇게도 갈망했을까요?

당파성론

셋째, 당파성론입니다. 쉽게 말해, 한국인들은 항상 편을 가르고 다투길 좋아한다는 주장이지요. 한민족의 병적인 혈연, 학연, 지연성과 배타성이 역사에 반영되어, 서로의 이해만을 위해 붕당들이 정쟁을 일삼은 결과 조선왕조도 멸망하게 되었다는 내용입니다. 조선의 붕당정치는 정치인들이 자신의 학풍과 생각, 정책 구상 방향에 의해 붕당을 이루고, 어떤 사안이 발생하면 토론하고 논쟁하고 쟁명하여 상대방을 설득하는 과정을 거치는 체제였습니다. 물론 붕당정치가 조선 후기로 갈수록 변질되면서 우리 스스로 돌아보더라도 부정적인 인식을 주는 장면들이 있습니다. 하지만 일제는 변질된 붕당정치에 대해서만 지나치게 확대해석합니다. 사실, 조선의 붕당은 오히려 왕의 권력 남용을 견제하는 기능을 지녔으며, 이것은 오늘날의 정당과 유사한 기능을 가짐으로써 매우 발전된 정치 형태를 보여 주는 것입니다. 어느 나라에서나 정치 집단은 형성되어 있었으며, 이해관계에 따라 의견과 생각이 타인과 다른 것은 인간의 본질적인 특성입니다. 당파성론은 인간 본질에 대한 기본적인 이해를 배제한 주장입니다.

일제강점기 한국의 경제 상황

대한제국의 국권을 빼앗은 일제는 한반도 식민 통치 최고 기구인 조선총독부를 설치하여 강압적인 통치를 시작합니다. 일제는 한국을 식량과 공업 원료의 공급지이자 상품 판매 시장으로 삼기 위해 여러 정책을 펼쳤습니다. 일제는 1910년대에 토지조사사업으로 식민지지배에 필요한 재정을 확보했고, 제1차세계대전 이후에는 자국의 식량 부족 문제를 해결하기 위해 산미증식계획을 시행하지요. 1930년대부터 일제는 만주사변 및 중일전쟁을 시작으로 전쟁을 확대해 나갔고, 한국을 공업화하여 대륙 침략을 위한 병참기지로 만들려고 했습니다. 이후 한국에는 많은 공장이 세워졌지만, 한반도 북부(현재의 북한 지역)에만 중화학공업이 편중되어 공업 구조의 지역 불균형이 심해졌습니다.

일제의 식민지지배에 의한 한반도의 경제 변화는

EU의 효과와 같았을까?

―――――――― 팩 트 뉴 스 ――――――――

일본의 식민지지배로 일궈 낸 경제 변화는
EU와 동일한 효과!

화폐·시장·법률 차원에서 전개된 여러 시도들로 인해 식민지와 일본의 지역 통합이 촉진됐고, 각 지역이 완전히 개방되어 상품과 자본과 노동이 보다 자유롭게 이동할 수 있게 되었다. 그 결과로 두 지역이 지금의 유럽연합 수준에 도달할 수 있었다.

식민지 근대화론을 주장하는 사람들은 일제가 시작한 토지조사사업을 통해 근대적 토지소유권이 확립되었다고 말합니다. 하지만 그러한 시도가 1910년에 처음으로 이뤄진 것은 아니었습니다. 근대국가로의 전환점에 있었던 대한제국 시기에 시행된 양전(토지측량) 사업과 지계(토지의 소유권을 인정하는 문서) 발급을 통해, 이미 근대적인 토지소유권 및 지세 제도가 자리 잡기 시작했지요. 대한제국의 토지조사사업은 미국인 기사 크럼Krumn R.E.L.을 초빙 고용하여 서구의 측량 기술을 이용해 1899년 6월부터 1904년 1월까지 약 4년 7개월에 걸쳐 진행되었습니다.

당시 '양지아문'과 '지계아문'이라는 관청에서 331개 군 가운데 218개 군에서 양전 사업을 실시했습니다. 전체 군의 약 3분의 2 지역에서 실시된 것이지요. 그러나 1904년 2월에 발발한 러일전쟁으로 사업 수행이 어려워져 양전 및 지계 발급 사업은 중단되었습니다.

소유 농지의 크기에 따른 납세의무자 수 관련 통계자료

(단위 : 명)

		1921	1925	1930	1935	1936
200정보 이상	일본인	169	170	187	182	181
	조선인	66	45	50	45	49
	외국인					
	합계	235	215	237	227	230
중략						

5단보 이하	일본인	19,530	24,675	44,252	49,436	50,155
	조선인	1,621,350	1,778,048	2,030,571	1,874,317	1,893,485
	외국인			1,558	1,097	1,081
	합계	1,640,880	1,802,723	2,076,381	1,924,850	1,944,721
총합계	일본인	44,378	61,680	92,967	105,811	106,298
	조선인	3,418,540	3,675,718	3,975,350	3,684,378	3,669,075
	외국인			2,170	1,714	1,703
	합계	3,462,918	3,737,398	4,070,487	3,791,903	3,777,076

※출처 : 『통계로 보는 일제강점기 사회경제사』(2018, 송규진, 고려대학교출판부)

위의 통계자료는 소유한 농토의 크기에 따른 지세(地稅) 납세의무자의 수입니다. '정보'와 '단보'는 과거 토지의 면적을 나타낼 때 사용한 단위입니다. 1정보는 3,000평(약 9,900㎡), 1단보는 300평(약 990㎡) 정도를 뜻합니다. 즉, 200정보 이상의 토지를 소유했다는 것은 600,000평(약 1,980,000㎡) 이상의 땅을 가지고 있는 대지주라는 뜻입니다. 그에 비해 5단보 이하의 토지를 소유했다는 것은 1,500평(약 4,950㎡) 이하의 땅을 가지고 있는 빈농층이라는 뜻이지요. 학교 운동장 넓이를 가로 100m, 세로 100m라고 가정한다면 10,000㎡입니다. 쉽게 말해, 당시 빈농층은 학교 운동장의 절반도 안 되는 농토를 가지고 농사를 지어 삶을 영위하고 있었다는 뜻이지요. 당시(1936년 쌀 생산량은 1단보당 1.2석 정도)로부터 100년 정도 지나 수확량이 훨씬 향상된 현재에는 10,000㎡ 정도의 땅이면 40kg짜리 쌀이 75가마니 정도 나옵니다. 대략 40kg 쌀의 소비자가를 160,000원 정도로 계산한다면(물론 소비자가가 전부 농업경영인에게 돌아가는 것은 아닙니다.) 12,000,000원 정도입니다. 1달에 100만 원 정도인 셈입니다. 유통비 등을 제외하면 소득은 훨씬 줄어들 것이며, 당시 수확량은 기술이 무척 발달한 지금에 비교할 것이 아니라는 것을 감안하여 상황을 상상해 봅시다.

표에 1921년부터의 자료가 제시되어 있는 것으로 보아, 이는 토지조사사업 이후의 데이터임을 알 수 있습니다. 당시 200정보 이상을 소유한 대지주는 일본인인 경우가 압도적으로 많았습니다.

1921년에 200정보 이상을 소유한 일본인은 169명, 한국인은 66명이었는데 1936년에는 일본인이 181명으로 증가한 것에 비해 한국인은 49명으로 줄어들었습니다.

그런데 5단보 이하를 소유한 빈농층의 비율을 살펴보면, 1921년 전체의 약 47.3%에서 1936년 전체의 약 51.4%로 증가했음을 알 수 있습니다. 1936년에는 농업경영인의 절반 이상이 5단보 이하의 빈농층이었으며 열악한 조건에서 농업경영에 참여했음을 알 수 있지요. 어떤 학자는 산미증식계획을 통해 늘어난 수확량으로, 조선인이 쌀을 팔아 많은 이익을 취했다고 주장합니다.

하지만 이 정도 소득을 두고 많은 이득을 취했다는 주장이 과연 타당할까요?

당시 한국인들의 식생활은 어떠했는지 살펴보겠습니다. 다음은 당시 도별 부식 양식 분포표입니다. 제Ⅰ류는 야채, 된장 외에 생선·계란·육류獸肉 3종의 동물성단백질을 겸해 섭취하고 있는 경우, 제Ⅱ

류는 야채, 된장 외에 생선·계란 혹은 생선·육류獸肉 혹은 육류獸
肉·계란 등 2종의 동물성단백질을 섭취하는 경우, 제Ⅲ류는 야채, 된
장 외에 생선 혹은 계란 혹은 육류獸肉 등 1종의 동물성단백질 정도를
섭취하는 경우, 제Ⅳ류는 야채만 혹은 야채와 된장만을 섭취하고, 된
장에서 식물성단백질을 섭취하지만, 동물성단백질은 전혀 섭취하지
않는 경우입니다.

도별 부식 양식 분포표(양)

(단위 : %)

	부식 양식률					부식 양식률			
	Ⅰ	Ⅱ	Ⅲ	Ⅳ		Ⅰ	Ⅱ	Ⅲ	Ⅳ
전남	24.30	12.49	35.45	27.76	황해	5.73	18.06	34.80	41.41
전북	21.40	16.56	31.08	30.96	평남	36.72	20.70	24.61	17.97
경남	22.49	13.25	39.91	24.36	평북	27.87	16.52	27.16	28.45
경북	29.38	7.73	32.65	30.24	강원	24.75	19.97	27.56	27.72
충남	14.15	19.42	38.56	27.88	함남	26.33	19.00	37.67	17.00
충북	25.51	13.32	17.38	43.79	함북	32.75	21.00	23.25	23.00
경기	23.02	17.99	25.63	33.36	전 조선	23.09	16.32	31.29	29.31

※출처 : 이송순, 「일제강점기 조선인 식생활의 지역성과 식민지성」 『한국사학보 2019. 5』 고려사학회 202쪽 표 7, 재인용

양적인 면에서는 육류, 생선, 계란 3종을 모두 다양하게 섭취하기보
다는 이 중 1종만을 먹는 제Ⅲ류가 31.3%로 가장 높은 비율을 차지하
고 있습니다. 지역에 따라 해안 지역은 생선류 중심, 내륙은 각 가구별
로 사육하는 가축류에 따라 육류(소, 돼지, 닭 등)나 계란 중 한 가지 정
도만 섭취하는 경우가 가장 많았던 것입니다. 그러나 어떠한 동물성단

백질도 섭취하지 못한 제Ⅳ류가 30% 정도로 그 다음으로 많은 것을 보면, 일제 식민지지배 때에 조선인 중 약 30%는 1년 내내 육류, 생선, 계란 등의 어떠한 동물성단백질도 섭취하지 못하는 처지였다는 것을 알 수 있습니다.

그렇다면 식민지 시기 공장노동자의 처우는 어땠을까요? 공장의 수가 늘어난 만큼 노동자의 삶의 질도 개선되었을까요? 다음 표는 1931년 사업별·민족별·연령별·성별 공장노동자 임금에 대한 통계자료입니다.

1931년 사업별 · 민족별 · 연령별 · 성별 공장노동자 임금 관련 통계자료

(단위 : 엔)

		일본인						조선인					
		성년공			유년공			성년공			유년공		
		최고	최저	보통	최고	최저	보통	최고	최저	보통	최고	최저	보통
방직공업	남	3.30	0.30	1.35				2.60	0.15	0.60	0.70	0.10	0.34
	여	1.57	0.30	0.76				1.50	0.10	0.41	0.90	0.06	0.29
금속공업	남	5.00	0.10	2.37				3.33	0.10	1.10	0.90	0.10	0.29
	여	1.71	0.50	0.96				1.00	0.20	0.55			
기계기구 공업	남	5.46	0.30	1.90	2.50	0.48	0.90	3.50	0.10	1.13	0.90	0.15	0.39
	여	0.96	0.44	0.80				0.82	0.42	0.58			
요업	남	3.66	0.60	2.08				3.00	0.15	0.66	1.00	0.10	0.34
	여	0.79	0.50	0.70				1.15	0.10	0.44	0.40	0.30	0.40
화학공업	남	3.95	0.60	1.54	1.21	0.45	0.70	2.50	0.20	0.71	0.64	0.10	0.34
	여	1.81	0.50	0.90	0.88	0.45	0.74	2.50	0.10	0.51	1.20	0.15	0.33
목제품공업	남	5.00	0.70	2.07	0.50	0.50	0.50	3.00	0.20	0.86	0.50	0.10	0.29
	여							0.65	0.23	0.34	0.40	0.22	0.24

인쇄제본 공업	남	7.15	0.40	2.08	0.40	0.40	0.40	4.00	0.10	0.92	0.70	0.10	0.28
	여	1.80	1.10	1.28				2.00	0.20	0.47	0.44	0.20	0.29
식품공업	남	6.67	0.20	1.89	0.50	0.30	0.40	4.80	0.10	0.75	0.62	0.10	0.33
	여	1.50	0.50	0.90				1.64	0.10	0.39	0.80	0.10	0.30
가스전기업	남	5.00	0.40	1.69				2.90	0.40	1.01	0.20	0.15	0.18
	여	0.65	0.65	0.65				0.50	0.50	0.50			
기타	남	4.50	0.30	1.76				3.10	0.10	0.88	0.50	0.10	0.25
	여	0.95	0.50	0.71				1.70	0.12	0.44	0.45	0.06	0.22
평균	남	4.96	0.39	1.87	1.02	0.42	0.58	3.27	0.16	0.86	0.66	0.11	0.30
	여	1.30	0.55	0.85	0.88	0.45	0.74	1.34	0.20	0.46	0.65	0.15	0.29

※출처 : 「통계로 보는 일제강점기 사회경제사」(2018, 송규진, 고려대학교출판부)

　　방직공업 수치를 살펴봅시다. 일본인 남성 성년공이 보통 1.35엔의 임금을 받은 것에 비해 한국인 남성 성년공은 보통 0.60엔의 임금을 받았습니다. 2분의 1도 되지 않는 금액이지요. 심지어 한국인 여성 성년공은 0.41엔으로 한국인 남성 성년공 임금의 3분의 2 수준이었습니다.

　　해당 직종의 특수한 성격이 반영된 결과일 수도 있으므로, 한두 가지 사례만 살펴보기보다는 이번에는 평균값을 비교해 보겠습니다. 일본인 남성 성년공은 보통 1.87엔을 받은 것에 비해, 한국인 남성 성년공은 보통 0.86엔의 임금을 받았습니다. 이 역시 일본인 남성 성년공의 절반이 되지 않는 금액입니다. 한국인 여성 성년공은 보통 0.46엔으로 일본인 남성 성년공의 4분의 1 수준의 임금을 받았지요. 민족별 임금 차별이 심했음은 물론이고 성별 임금 차별도 심했던 것입니다. 이렇게 차별이 가득한 직장에서 일하는 것을 과연 자랑스러운 근대화의 산물이라고 생각할 수 있을까요?

게다가 한국인의 경우에는 거의 모든 직종에 기본 생계유지도 안 되는 적은 임금을 받으며 노동을 하던 유년공들이 있었음을 알 수 있습니다. (당시의 화폐가치는 1928년 경성 시내(4대문 안) 4인 기준 택시 요금이 1엔이었고, 1930년 쌀 한 가마는 13엔 정도였다고 합니다.)

그렇다면 삶의 질에 큰 영향을 주는 노동자들의 노동 시간은 어땠을까요? 공장과 노동자의 사업별 노동 시간에 대한 통계자료를 살펴보지요.

공장과 노동자의 사업별 노동 시간 관련 통계자료

(단위 : %)

	노동자							
	8시간 이내	8~9 시간	9~10 시간	10~11 시간	11~12 시간	12시간 이상	부정 不定	합계
방직공업	0.39	7.18	2.58	62.49	14.00	13.35		100.00
금속공업		5.57	44.52	25.30	17.52	7.09		100.00
기계기구 공업		33.19	3.17	16.49	24.46	21.98	0.69	100.00
요업	1.76	44.30	4.23	17.17	9.07	23.01	0.45	100.00
화학공업		0.39	0.65	4.45	27.29	67.21		100.00
목제품 공업	6.32	11.26	37.56	42.33	2.24	0.29		100.00
인쇄제본 공업	0.47	2.94	6.88	23.08	10.37	55.67	0.59	100.00
식품공업		22.80	11.16	34.92		31.12		100.00
가스전기업		3.76	14.23	36.03	20.47	25.49		100.00
기타	0.80	11.37	8.42	20.29	11.91	46.94	0.27	100.00
합계	0.19	0.20	1.17	8.25	8.01	82.18		100.00

※출처 : 『통계로 보는 일제강점기 사회경제사』(2018, 송규진, 고려대학교출판부)

위의 자료를 보면, 노동 시간이 가장 긴 업종은 1위가 화학공업, 2위가 인쇄제본공업이었습니다. 하루 노동 시간이 12시간 이상인 노동자의 수는 전체의 82.18%에 이르렀지요. 10시간에서 12시간 정도 일하는 노동자의 수는 16.26%입니다. 전체 노동자의 98.44%가 하루 10시간 이상 일했던 것으로 보아 당시 장시간 노동을 당연시했던 풍토를 짐작할 수 있습니다.

일제의 식민지지배로 인한 한반도의 경제 변화가 현대의 유럽연합과 비교할 수 있을 정도로 효과적이었다고 할 수 없는 내용입니다. 일제는 근대적 토지소유권을 확립한다는 명분으로 토지조사사업을 실시하여 식민 통치에 필요한 재정 수입을 거둬들이고, 산미증식계획을 통해 한국인의 희생을 바탕으로 일본 본토의 쌀값을 안정시켰습니다. 이는 한국인들의 식생활에 매우 부정적인 영향을 끼쳤습니다. 또 한국인은 각종 노동 현장에서 일본인에 비해 차별대우를 받았으며, 가혹한 노동력 착취로 삶의 질은 현저히 낮아졌습니다.

일제는 어떤 방식으로 한국의 경제를 수탈했을까?

토지조사사업

　토지조사사업이란 일제가 1910~1918년에 조선의 토지를 근대적으로 파악·정리한다는 명분으로 전국 토지의 소유자·경계·용도 등을 조사한 사업입니다. 일제가 무려 8년이라는 긴 시간 동안 엄청난 돈과 인력을 동원해 이 사업을 진행한 이유는 당시 한국의 주요 산업이 농업이었기 때문에 토지 경계선과 종류, 소유자 등을 분명히 해야 총독부의 재정 기반을 안정시킬 수 있었기 때문입니다. 그리고 대한제국은 외국인의 토지 소유를 법으로 금지하고 있었기 때문에, 일본인들이 합법적으로 토지를 소유할 목적도 있었습니다.

　총독부는 근대적 토지소유권을 확립한다고 선전했지만, 그전까지 토지에는 소유권과 함께 도지권 등 다양한 권리가 있었습니다. 도지권을 가진 소작농은 특별한 일이 있지 않는 한 그 땅에서 계속 소작할 수 있었으며, 도지권을 매매·상속할 수도 있었습니다. 사실상 부분 소유가 가능했던 것이지요. 따라서 지주는 소유권을 행사하는 데 제약을 받기도 했습니다. 하지만 총독부는 관습적으로 보장되던 농민들의 권리를 모두 부정하고, 지주의 소유권만을 인정했습니다. 농민들은 정해진 기간 동안 계약을 해야 했고, 지주들은 아무런 제약 없이 소유권을 행사할 수 있게 됩니다. '근대적 소유권'이라는 것이 많은 소작인들에게는 불리한 조건으로 다가왔을 것입니다.

　토지조사사업 과정에서 국가와 왕실, 관청이 소유했던 토지가 총독부에게 넘어가고 마을·가문 등의 공동체는 토지소유권을 인정받지 못해 많은 토지가 동양척식주식회사를 비롯한 일본 회사와 일본인에게 헐값에 넘어갔습니다. 토지를 빼앗긴 한국인들은 간도나 만주 등으로 이주하게 되었지요.

산미증식계획

　일제는 제1차세계대전을 기점으로 공업화와 도시화를 빠르게 진행했습니다. 일자리를 찾기 위한 농민들의 움직임으로 이촌향도 현상이 뚜렷해지면서 많은 문제가 생깁니다. 그중 하나로, 쌀값이 크게 올라 전국적으로 쌀 폭동이 일어날 만큼 식량문제가 심각해졌지요. 일제는 일본 본토의 식량문제를 해결하기 위해 한반도를 식량 공급 기지로 만들려고 했습니다. 따라서 총독부는 1920년 산미증식계획을 수립합니다. 총독부는 계획에 의해 저수지와 같은 수리 시설을 확충하고 개간과 간척사업을 실시합니다. 또 종자를 개량하고 비료와 농약의 공급을 확대합니다. 이렇게 해서 분명 쌀 생산량은 늘어났지요. 하지만 문제는, 저수지나 물길을 만드는 공사비, 비료 값 등 추가로 들어가는 비용을 농민들에게 전가한 것이었습니다. 안 그래도 지세, 공과금 등에 시달리던 농민들은 더욱 힘들어졌고, 늘어난 쌀의 양보다도 일본 본토로 가져가는 쌀의 양이 훨씬 많았으니, 한국인들의 식량 사정은 악화될 수밖에 없었지요.

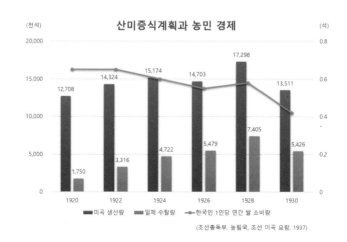

(조선총독부, 농림국, 조선 미곡 요람, 1937)

3·1운동으로
독립 의지를 알린 한국인

조선총독부의 강압적인 통치로 한국인은 대부분의 정치활동에서 배제되었고, 헌병 경찰로부터 일상생활까지 통제 당했습니다. 국권 상실과 함께 사라진 민권을 되찾기 위해서는 반드시 '자주·독립'이 필요했지요. 1919년 3월 1일, 한국인들은 일제의 강압적인 통치에 저항하며 거리로 나서서 독립을 외쳤습니다. 바로 우리가 너무도 잘 알고 있는 3·1운동입니다. 2개월 이상 진행된 3·1운동은 각계각층이 참여한 거족적 운동으로, 한반도 전역은 물론 만주, 연해주, 미주 지역 등의 국외에서도 전개됐습니다.

삼일절 노래는 역사적 사실을 정확히 담고 있을까?

삼일절 노래

기미년 삼월일일 정오 / 터지자 밀물 같은 대한 독립 만세 / 태극기
곳곳마다 삼천만이 하나로 / 이날은 우리의 의요 생명이요 교훈이다 /
한강은 다시 흐르고 백두산 높았다 / 선열하 이 나라를 보소서 /
동포야 이날을 길이 빛내자

삼일절 하면 자연스레 떠오르는 노래가 있습니다. 바로 학생들의 음악 교과서에도 실려 있는 '삼일절 노래'입니다. 가사를 살펴보면서 혹시 의문이 들지는 않았나요? 기미년인 1919년 3월 1일 정오에 정말 독립선언서를 낭독하고 독립 만세를 외쳤을까요? 노래를 만든 의도나

그 안에 담긴 정서를 폄훼할 수 없겠지만, 이 노래 가사에는 역사적 사실과 다른 표현이 있습니다. **탑골공원에서 학생들이 독립선언서를 낭독하고, 만세를 외친 시간은 1919년(기미년) 3월 1일 정오가 아니었습니다.** 탑골공원에서 독립선언서를 낭독한 것은 오후 2시였으며, 태화관에서 민족대표들이 독립선언을 거행한 것 역시 오후 2시 경이었습니다. 손병희, 권동진, 오세창, 최린 이렇게 4명이 12시 무렵 태화관에 도착했고, 이후 민족대표 33인 가운데 29명(김병조, 유여대, 길선주, 정춘수는 태화관에 오지 않음)이 도착한 후에 독립을 선언하지요.

우리가 으레 불렀던 삼일절 노래 가사 일부가 역사적 사실과 다른 것은 노래 가사이기 때문에 '정오'라는 상징성을 강조하기 위해서였을 것입니다. 또한 3·1운동 당시에는 실제로 '대한 독립 만세'라는 구호보다 '조선 독립 만세'라는 구호가 지배적이었다고 합니다.

태화관이 우리나라 최초의 룸살롱이었다고?

::::::::::::: 팩 트 뉴 스 :::::::::::::

태화관은 우리나라 최초의 룸살롱이었다!

...

민족대표 33인은 우리나라 최초의 룸살롱이었던 태화관에서 낮술을 마셨다.

　민족대표들이 탑골공원에서 만세 시위를 주도하지 않은 것에 대한 비판적인 시각도 있습니다. 그런 시각에서 한 유명 역사 강사가 태화관을 우리나라 최초의 룸살롱으로 비유하며, 민족대표들이 술을 마시고 인사불성이 된 것처럼 이야기해서 화제가 된 적이 있지요.

　당시의 태화관(명월관 인사동 지점)은 현재의 우리가 흔히 생각하는 룸살롱과는 다소 차이가 있습니다. 기생이 접대했던 것은 사실이지만 기생이 접대하는 곳이라고 하여 퇴폐업소 느낌의 장소로 표현하기에는 무리가 있습니다. **당시 태화관은 각종 모임과 만찬뿐 아니라, 기자회견이나 출판기념회 등도 열리는 장소였기 때문입니다.** 물론 태화관은 기생집이라고 불러도 될 정도의 퇴폐와 향락이 있던 곳이었지만, 그와 동시에 호텔 연회장처럼 많은 모임이 열리는 곳이었기 때문에, 단순히 고급 술집이라기보다는 다양한 성격을 지닌 장소라고 할 수 있습니다. 또 당시 태화관에서 민족대표들이 조선 독립 만세를 삼창하고 축배를 들었다는 기록이 있으니 술을 마신 것은 분명하지만, 이를 두고 인사불성이 될 정도로 흥청망청 낮술에 만취한 상황으로 보는 것도 무리가 있습니다.

3월 1일, 사람들은 태극기를 흔들었을까?

팩 트 뉴 스

탑골공원에 모인 시민들,
태극기를 흔들며 만세를 부르다!

…

같은 시각 학생들과 시민들은 탑골공원에 모여 독립선언서를 낭독하고
태극기를 흔들면서 만세 시위를 벌였다.

3·1운동 하면 우리는 자연스럽게 태극기를 흔드는 사람들의 모습
을 떠올립니다. 그래서 3·1운동과 관련된 모든 스토리텔링에서 빠지
지 않는 것이 바로 태극기입니다. 하지만 3월 1일, 서울 시위(탑골공원)
에서 태극기를 사용했다는 증언이나 사진은 보이지 않습니다. 당시의
현장을 촬영한 사진이나 장면을 묘사한 기록을 봐도 태극기는 등장하
지 않지요. **만세 시위를 관찰한 어떤 이의 일기 기록에 따르면 시위에
참여한 사람들은 모자와 천을 흔들며 만세를 외쳤다고 합니다.** 이후
시위가 전국적으로 확산되는 과정에서 태극기는 점차 만세 운동의 상
징으로 자리 잡기 시작합니다.

3월 1일, 당시 한국인들에게는 독립선언서를 낭독하며 독립을 선언
하는 것이 가장 중요한 일이었을 것입니다.

만세 시위를 하는 사진 속 주인공들은 기생일까?

팩 트 뉴 스

거리로 나와 만세를 부르는 기생들

3·1운동 당시 만세 시위하는 모습으로 알려진 사진입니다. 1919년 3월 5일자 『오사카아사히신문』에 처음 실린 사진으로, 사진 속 여성들의 앞머리는 불룩한 모양이지요. 이 머리 모양은 서양에서 먼저 유행하다가 20세기 초 한 일본 여배우가 유행시킨 '히사시가미'라고 부르는 머리 모양입니다. 히사시가미는 앞머리를 둥글고 풍성하게 앞쪽으로 내민 모양으로 빗고, 뒷머리는 치켜올려 그 속에 수세미 같은 것을 집어넣어 크고 둥글고 넓적하게 만들어 붙인 형태로, 당시 여성 해방을 상징했으며 여학생들 사이에서 선풍적인 인기를 끌었던 머리 모

양입니다. 이 일본식 머리 모양 때문에 많은 언론, 방송, 서적 등에서는 이 사진을 한동안 '김향화와 함께한 수원 기생들의 만세 시위'로 소개했습니다. **그러나 사진 속 인물들은 기생들이 아닌 경성여자고등보통학교 학생들로 밝혀졌지요.** 경성여자고등보통학교의 후신인 경기여고 동창회가 발간한 『사진으로 보는 경기여고 90년』에도 이 사진은 '3·1독립운동에 참가한 여학생'이라는 설명과 함께 실려 있는 등, 현재는 여학생들의 만세 시위 사진으로 회자되고 있습니다.

또 사진을 잘 살펴보면 행진하는 무리 사이에 댕기머리를 한 학생의 모습도 볼 수 있습니다. 비록 이 사진 속의 주인공들은 기생이 아니지만, 만세 시위에는 기생들도 참여하였습니다. 3·1운동은 남녀노소 직업을 불문하고 민족 전체가 나선 독립운동이었으니까요. 실제로 기생이었던 김향화는 수원기생조합 소속의 기생들을 이끌고 3·1운동에 참여했고, 이 사건의 주모자로 일제 경찰에 붙잡혀 6개월간 옥고를 치릅니다.

한때 머리 모양에 대한 오해 때문에 기생들의 만세 시위 장면으로 소개된 이 사진은 현재는 경성여자고등보통학교 학생들의 만세시위 장면으로 보는 것을 정설로 합니다.

민족대표 33인은 대부분 변절했을까?

팩 트 뉴 스

민족대표 33인의 대부분은 친일파로 변절해…

민족대표 33인은 독립선언 후 자진 신고한다.
스스로 잡혀 들어간 사람들이 바로 민족대표들이다.
그리고 그들은 1920년대에 대부분 친일로 돌아서게 된다.

한때, 민족대표 33인 가운데 대다수가 친일파로 변절했다는 주장이
나와 화제가 된 적이 있습니다. 결론부터 말하자면, 이는 명백한 허위
사실입니다. 민족대표 33인의 역할을 두고 다양한 평가를 할 수는 있
습니다. 평가하는 사람의 시각에 따라 결이 달라질 수도 있겠지요. 그
렇다고 3·1운동을 이끈 33인의 공로를 폄하해서는 안 됩니다. 그들이
독립선언서에 서명을 하는 일은 목숨을 거는 일이었기 때문입니다. 자
신의 이름을 남긴 것만으로도 향후 일제의 요시찰 인물이 되는 것은
물론, 그로 인해 여러 행동에 제약이 따를 수밖에 없으며, 가족까지 위
험에 처하게 될 것이 분명했지요. 만약 민족대표 33인이 행동하지 않
았다면 전 민족적 저항에 불을 붙이지 못했을지도 모릅니다. 그들은
모두 종교인(천도교 15인, 기독교 감리교 9인, 기독교 장로교 7인, 불교 2인)
으로 구성되어 있었는데, 그 이유는 일제의 탄압으로 종교 및 학생단
체 이외에는 다른 집단 세력이 존재하기 어려웠기 때문이지요. 하지만

그들 대부분은 애초부터 사법 처리를 두려워하지도 않았습니다. 민족 대표 33인의 명단은 다음과 같습니다.

손병희(孫秉熙) · 길선주(吉善宙) · 이필주(李弼柱) · 백용성(白龍城) · 김완규(金完圭) · 김병조(金秉祚) · 김창준(金昌俊) · 권동진(權東鎮) · 권병덕(權秉悳) · 나용환(羅龍煥) · 나인협(羅仁協) · 양전백(梁甸白) · 양한묵 (梁漢默) · 유여대(劉如大) · 이갑성(李甲成) · 이명룡(李明龍) · 이승훈(李昇薰) · 이종훈(李鍾勳) · 이종일(李鍾一) · 임예환(林禮煥) · 박준승(朴準承) · 박희도(朴熙道) · 박동완(朴東完) · 신홍식(申洪植) · 신석구(申錫九) · 오세창(吳世昌) · 오화영(吳華英) · 정춘수(鄭春洙) · 최성모(崔聖模) · 최린(崔麟) · 한용운(韓龍雲) · 홍병기(洪秉箕) · 홍기조(洪基兆)

이들 가운데 변절하여 친일파가 된 사람은 누구이며, 모두 몇 명이나 될까요? 친일인명사전을 살펴보면 박희도, 정춘수, 최린 3명이 등재되어 있습니다. 물론 이들 중 단 한 사람도 변절하지 않았다면 좋았겠지만, 33명 가운데 3명, 전체의 약 9.1%에 불과한 비율입니다. 이들 중 몇몇은 행적이 자세히 남아 있지 않은 경우도 있고, 월북하여 대한민국 정부의 서훈을 받지 못한 경우도 있지만, 이를 두고 "33인 중 대부분이 친일파로 변절했다."라고 하는 것은 적절하지 않습니다. 따라서 **민족대표 33인 가운데 대부분이 친일파로 변절했다는 이야기는 사실이 아닙니다. 친일파로 변절하여 서훈을 받지 못한 인물은 3명입니다.** 역사적 사실과 다른 유언비어를 바탕으로 3·1운동에 참여한

민족대표를 비하하고 희화하는 것은 바람직하지 못합니다.

오랜 시간 동안 해마다 기념일에 사용하는 노래의 가사도 역사적 사실과 다를 수 있습니다. 과거 교과용 도서에서 소개된 내용 또한 새로운 연구 결과로 바뀔 수 있지요. 그리고 대중들에게 인기 있는 강사의 강의 내용에도 오류가 있을 수 있습니다. 그러나 역사적 사건을 마주할 때 무엇보다 중요한 것은 비판적으로 사고하려는 습관과 새로운 연구 결과에 대해 끊임없이 관심을 갖는 것입니다. 그러한 노력이 없다면 어느새 의도하지 않게 스스로가 역사적 사실을 왜곡하게 될 수도 있고, 또 다른 오해를 낳을 수도 있는 것입니다.

3·1운동은 어떻게 전개되었을까?

3·1운동 당시 국내외 정세

학교는 대부분 3월 2일에 새로운 학년도를 시작합니다. 3월 1일은 삼일절로 공휴일이기 때문에 항상 수업 시작은 2일이 되지요. 새 학기 시작 전이기 때문에 학교에서는 3·1운동 관련 계기교육을 실시하기 어려운 현실입니다. 3·1운동에 대해 되새기는 시간을 갖기 위해 공휴일로 지정된 것인데, 오히려 학교에서의 교육 기회는 사라지는 것이지요.

삼일절은 1919년 3월 1일, 한민족이 일제의 식민 통치에 항거해 독립선언서를 낭독하여 한국의 독립 의사를 세계에 알리고 그날을 기점으로 일어난 독립 만세 운동을 기념하는 날입니다. 그럼, 3·1운동 당시 국내외의 상황은 어땠을까요?

먼저 당시의 국외 정세를 살펴보겠습니다. 당시 세계는 몇 년간 치러진 제1차세계대전이 막 끝난 때였습니다. 종전 후 세계 각국의 대표들은 프랑스 베르사유 궁전에 모여 전후 처리와 관련된 내용의 회의를 합니다. 이때 미국 대통령 윌슨이 한 이야기 중 하나가 바로 '민족자결주의'입니다. 약소국가 민족들도 스스로 자신의 운명을 결정할 수 있어야 한다는 것으로, 패전국의 식민지들을 독립시켜야 한다는 의미로도 해석되지요. 거기에 더해 러시아의 레닌도 약소국가의 독립을 적극적으로 지원하겠다는 발언을 했고, 이러한 소식이 국내에 전해집니다. 열강들의 제국주의 팽창 정책으로 인해 지난 세기 동안 세계사적으로 이런 분위기는 없었습니다. 이전까지만 하더라도 약소국가의 해방이나 독립을 주장할 수 없는 분위기였지요. 스펜서의 사회진화론에 영향을 받아 약육강식, 적자생존 등의 프레임 안에서 열강들이 그 외의 국가들을 식민지로 만드는 것이 당연하게 여겨지던 시대였기 때문입니다. 미국 대통령

윌슨의 발언이 한반도를 두고 한 것은 아니었다 하더라도, 우리 민족은 이 민족자결주의에 한껏 고무되어 '세계에 우리의 독립 의지를 보여 주어야 한다.'는 주장이 일게 됩니다.

다음으로 국내 정세를 살펴볼까요? 건강하던 고종이 갑자기 세상을 떠납니다. 식혜를 마시고 나서 한 시간이 되기 전에 사망하지요. 염을 할 땐 이미 치아가 다 빠져 있고, 혓바닥이 부식됐으며 검은 흉이 있는 상태였다고 합니다. 게다가 사건과 관련이 있는 궁녀가 사라집니다. 이런 소문들은 고종 독살설로 장안의 화제가 됩니다.

이런 분위기 속에서 일본 도쿄에서 사건이 발생합니다. 일본 와세다대학교에 유학 중인 남녀 학생들이 적국의 심장부 도쿄에서 1919년 2월 8일 한국의 독립을 요구하는 선언서와 결의문을 선포한 것입니다. 그들은 거사 전에 이 사실을 국내에 전달하여 거족적인 운동으로 확대하기 위해 송계백을 밀사로 보냅니다. 일본의 학생들은 조선기독교청년회관에서 한국 유학생 대회를 열었고, 6백여 명이 모인 자리에서 최팔용이 대표로 나가 이광수가 작성한 선언서와 결의문을 낭독, 만장일치로 가결하여 일본의회에 청원서를 제출하려다가 일본 경찰의 제지로 실패하고 맙니다.

3·1운동의 전개 과정

일본 땅 한복판에서도 어린 학생들이 대한의 독립을 선언한다는 소식에 국내의 성인들 역시 가만히 있을 수는 없었습니다. 2·8독립선언에 고무된 민족대표 33인은 국내에서의 거사를 계획합니다. 민족대표 33인은 종교계 인사들로 구성됐는데, 16명은 기독교, 15명은 천도교, 2명은 불교계 인물들이었습니다.

거사는 무엇보다도 시기가 중요합니다. 그들은 왜 거사 날짜를 3월 1일로

정했을까요? 흔히 사람이 많이 모이는 장날이 거사를 도모하기 편리했을 것입니다. 하지만 1919년의 3월은 다른 때와 좀 달랐습니다. 본래는 고종의 인산일인 3월 3일을 거사일로 계획했습니다. 황제의 장례식인 만큼 많은 사람들이 모일 것으로 여겼기 때문입니다. 그러나 황제의 장례식에서 소란을 피우는 것은 황제에 대한 불경이라는 의견이 나왔고, 하루 앞당긴 3월 2일로 결정하게 됩니다. 하지만 1919년 3월 2일은 일요일이었고, 기독교에서는 일요일이 안식일이기 때문에 하루 더 앞당겨 3월 1일로 결정된 것입니다.

거사 장소는 서울 종로 탑골공원이었습니다. 마침내 3월 1일이 되었고, 탑골공원과 그 주변은 사람들로 인산인해를 이룹니다. 학생들은 민족대표 33인을 기다렸습니다. 하지만 그들은 탑골공원에 오지 않았습니다. 흔히 군중이 모여 있는 곳에서 독립선언식이 이루어지면 폭력 시위로 변질되어 많은 사람들이 피해를 입을까 봐 그런 것으로 알려져 있습니다. 이유야 어떻든, 기다리던 민족대표 33인이 오지 않자 한 젊은이가 탑골공원 팔각정에 올라 독립선언서를 낭독합니다. 그리고 많은 이들이 그동안 속으로만 삼키고 있던 '조선 독립 만세'를 외치며 평화적인 만세 시위를 시작했습니다.

3·1운동에 참여한 인원은 약 200만 명이었다고 합니다. 당시 인구가 1,600만 정도였고, 대가족 시대였음을 고려한다면 한 집에서 한 명은 목숨을 걸고 시위에 참여했다고 볼 수 있습니다. 일본의 하세가와 총독은 헌병 경찰들에게 발포 명령을 내렸습니다. 박은식 선생의 『한국독립운동지혈사』에 따르면 이때 7,000명 이상의 사람들이 목숨을 잃고, 15,000명 정도가 부상당했으며, 일제에 검거되어 투옥된 인원은 5만 명 정도였다고 합니다. 만세 운동은 곧 지방의 중소 도시 및 농촌까지 번지면서, 4월에 이르러서는 전국으로 확산됩니다. 그리고 얼마 지나지 않아 만주, 러시아 블라디보스토크, 미국의 필라델피아 등 세계 곳곳에서 만세 소리가 울려 퍼지게 되지요.

3·1운동의 영향

3·1운동은 훗날의 역사에 어떤 영향을 끼쳤을까요? 3·1운동을 경험한 총독부는 한국인들을 단순히 총칼로 억압하는 것만으로는 안 되겠다고 판단해 3대 총독 사이토 마코토가 부임한 후 문화통치를 표방하게 됩니다. 또한 3·1운동은 주변 식민지 국가들에게도 영향을 끼쳐, 독립운동에 큰 자신감을 주었다고 합니다. 무엇보다도 3·1운동은 한국 독립운동사에서 가장 중요하게 여겨지는 단체인 대한민국임시정부 수립에도 결정적인 역할을 합니다. 3·1운동은 지도부가 없는 운동의 한계에 대한 시사점을 주었기 때문에, 대한민국임시정부 수립 시에는 보다 체계적이고 조직적인 독립운동을 진행하고자 기존의 여러 단체를 통합하게 된 것입니다.

민주공화국의 시작,
대한민국임시정부

3·1운동을 계기로 보다 조직적인 독립운동을 진행하기 위해 국내뿐 아니라 상하이, 연해주 등지에서는 임시정부가 조직됐습니다. 그리고 1919년 4월, 여러 임시정부를 통합하여 대한민국임시정부를 수립합니다. 대한민국임시정부는 삼권분립에 기초한 민주 공화제 정부로, 국민이 주인인 나라를 표방했지요.

상하이임시정부는 정통성이 없을까?

──────────── 팩 트 뉴 스 ────────────

상하이임시정부는 정통성이 없다!
대한민국임시정부 기념관 건립을 중단하라!

임시정부는 영토나 국민이 있는 정식 정부가 아니기 때문에 정통성이 없다. 그런 임시정부를 기념하기 위해 막대한 국민 혈세를 투입하는 것은 바람직하지 못하다.

상하이임시정부가 정통성이 없다는 것은 심심치 않게 나오는 주장입니다. 학술적으로는 다양한 의견이 있을 수 있지만, 일반인의 눈높

이에서 살펴보겠습니다. 1919년 9월에 한성정부, 대한국민회의, 상하이임시정부 등이 통합하여 대한민국임시정부가 공식 출범합니다. 이어 대한민국임시정부는 임시 헌법을 공포했습니다. 통합 임시정부가 1919년 9월에 공포한 임시 헌법의 전문 내용은 다음과 같습니다.

> "아(我) 대한 인민은 아국(我國)이 독립국인 것과 아(我) 민족이 자주민인 것을 선언하였다. 차(此)로써 세계 만방에 고하여 인류 평등의 대의를 극명(克明)하며, 차로써 자손 만대에 고하여 민족자존의 정권(正權)을 영유케 하였도다. 반만년 역사의 권위를 대(代)하여 2천만 민족의 성의를 합하여 민족의 항구여일한 자유 발전을 위하여 조직된 대한민국의 인민을 대표한 임시의정원은 민의(民意)를 체(體)하여 원년(1919) 4월 11일 발포한 10개조의 임시 헌장을 기본삼아 본 임시 헌법을 제정하여 공리(公理)를 창명(昌明)하며 공익을 증진하며, 국방(國防) 급(及) 내치(內治)를 주비(籌備)하며 정부의 기본을 공고히 하는 보장이 되게 하노라."

임시 헌법은 상하이임시정부의 임시의정원이 4월 11일 발포한 임시 헌장을 기본 삼아 제정했음을 밝히고 있습니다. 다음은 현행 헌법(9차 개헌)의 전문입니다.

> 유구한 역사와 전통에 빛나는 우리 대한국민은 3·1운동으로 건립된 대한민국임시정부의 법통과 불의에 항거한 4·19민주이념을 계승하고, 조국의 민주개혁과 평화적 통일의 사명에 입각하여 정의·인도와 동포애로써 민족의 단결을 공고히 하고, 모든 사회적 폐습과 불의를 타파하며, 자율과 조화를 바탕으로 자유민주적 기본질서를 더욱 확고히 하여 정치·경제·사회·문화의 모든 영역에 있어서 각인의 기회를 균등히 하고,

> 능력을 최고도로 발휘하게 하며, 자유와 권리에 따르는 책임과 의무를
> 완수하게 하여, 안으로는 국민생활의 균등한 향상을 기하고 밖으로는
> 항구적인 세계평화와 인류공영에 이바지함으로써 우리들과 우리들의
> 자손의 안전과 자유와 행복을 영원히 확보할 것을 다짐하면서 1948년
> 7월 12일에 제정되고 8차에 걸쳐 개정된 헌법을 이제 국회의 의결을 거
> 쳐 국민투표에 의하여 개정한다.
>
> 　　　　　　　　　　　　　　　　대한민국 헌법 (제10호 : 현행)

'대한민국임시정부의 법통을 계승한다'는 표현이 눈에 들어올 것입
니다. 현재 대한민국의 뿌리는 대한민국임시정부이며, 통합 임시정부
의 헌법은 상하이임시정부의 임시 헌장을 바탕으로 하고 있습니다. 상
하이임시정부의 임시 헌장에는 '대한민국'이라는 국호와 대한민국이
민주공화국임을 밝히는 내용이 담겨 있지요. 현재까지 그 정신이 연결
되고 있는 것입니다. 물론 군사독재정권 시기에는 임시정부를 계승한
다는 내용이 빠진 경우도 있었지만, 이 내용은 꾸준히 헌법 전문에 등
장했습니다. 따라서 **상하이임시정부가 정통성이 없다는 주장은 사실
이 아닙니다.**

흔히 대한민국임시정부의 법통을 부정하는 주장을 펼치는 이들은
대한민국임시정부가 국가의 3요소인 국민, 영토, 주권을 모두 갖추지
못했다는 이유를 듭니다. 그러나 현실적으로는 통치체제의 정당성이
기원하는 법통과 정권 성립의 시기가 다를 수 있습니다. 대표적인 예
로 미국의 경우를 들 수 있습니다. 미국은 1776년 7월 4일 영국으로부

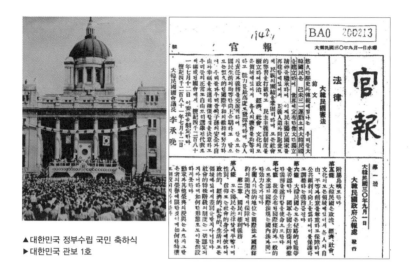

▲ 대한민국 정부수립 국민 축하식
▶ 대한민국 관보 1호

터 독립을 선언하고 1783년 9월 3일 파리조약에 의거하여 독립을 인정받았으며, 1787년 6월 21일 헌법을 제정하고 1789년 3월 4일 미연방 정부를 수립했습니다. 1776년 7월 4일의 미국 독립선언서 발표는 1919년 대한민국임시정부 수립과 마찬가지로 법통이 기원한 사건이며, 1789년 3월 4일 미연방 정부수립은 1948년 대한민국 정부수립과 그 성격이 비슷합니다. 게다가 국가의 3요소라는 것은 1933년에 처음 등장한 이론으로, 임시정부 수립보다 훨씬 뒤에 등장한 학설입니다. 비록 국가의 3요소가 충족되지 못하더라도 국제법상 팔레스타인과 같은 나라는 국가로 인정받고 있으며, 국가의 3요소가 충족되지만 대만과 같은 나라는 국가로 인정받지 못하고 있습니다.

이 외에도 1948년 8월 15일이 대한민국이 건국된 날인지, 대한민국

정부가 수립된 날인지에 대한 논란도 사진 한 장과 대한민국 관보를 통해 정리해 보고자 합니다.

앞의 사진 자료를 통해 이승만 대통령을 비롯한 대한민국 정부는 어떤 정체성을 지니고 있었는지 살펴볼 수 있습니다. 왼쪽은 1948년 8월 15일 중앙청 건물을 촬영한 사진입니다. 현수막의 문구는 사진 제목처럼 '대한민국정부수립국민축하식'이라 쓰여 있지요. 이것만 보더라도 당시 정부가 이 행사의 의미를 어떻게 생각했는지 알 수 있습니다. 당시 대한민국 정부가 발행한 관보 1호(오른쪽 사진)에는 제헌헌법 전문이 실려 있습니다. 3·1운동으로 대한민국을 건립했다는 표현이 있고, 발행일을 대한민국 30년(이승만 대통령이 앞의 행사에서 사용한 대통령 기념사에도 똑같이 표기됨) 9월 1일로 표기하고 있지요. 뜬금없는 이야기일 수도 있지만, 우리는 발해사를 공부할 때 당시 발해 사람들이 자신들을 어떻게(고구려 계승 의식 관련) 생각했는지를 중요한 근거로 봅니다. 생각은 다양할 수 있지만 당시 정부에서 어떤 정체성을 지니고 있었는지를 생각해 봐야 합니다.

대한민국임시정부는 상하이에만 있었을까?

흔히 역사 교과서에서 볼 수 있는 임시정부의 이동 경로를 표기한 지도입니다. 윤봉길 의사 의거 이후 항저우, 전장, 창사, 광저우, 류저

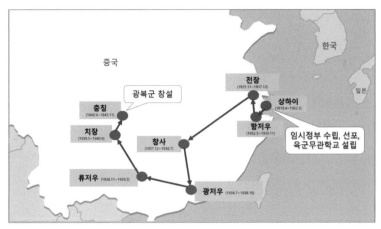

대한민국임시정부 이동 경로

우, 치장, 충칭으로 이동했음을 알 수 있지요. 하지만 이 지도는 임시정부의 대략적인 위치와 이동 경로를 알려 주는 자료입니다. 흔히 답사 장소로 떠올리거나 언론에 자주 등장하는 임시정부 청사는 상하이 마랑로에 있는 건물입니다.

그렇다면 대한민국임시정부는 상하이의 저 한곳에서만 활동했을까요? 그렇지 않습니다. 임시정부는 1919년 4월 10일 오후 10시부터 11일 오전 10시까지 열린 제1회 임시의정원 회의에서

상하이 마랑로 대한민국임시정부 청사

수립되었습니다. 제1회 임시의정원이 열린 장소는 프랑스 조계에 위치한 김신부로였다고 알려져 있습니다. 제3회 임시의정원 회의까지는 김신부로에서 개최되었지만, 당시 지번을 정확히 알 수 없어서 현재까지는 최초의 임시의정원 개최지를 확인할 길이 없습니다. **상하이 시기에 임시정부 역시 상하이 내에서 여러 곳을 옮겨 다녔습니다.** 지금까지 알려진 곳 가운데 가장 이른 시기의 임시정부 청사는 하비로 321호입니다. 하비로 청사 터는 프랑스 조계의 확장과 지번의 변화로 위치를 비정하지 못하다가 2018년에서야 비로소 청사 자리를 확인했습니다. 현재 그곳에는 청사 건물이 모두 철거되고 상점 건물이 들어서 있습니다. 이곳은 1919년 8월 이후부터 일제의 압박으로 10월 말 폐쇄될 때까지 사용했다고 합니다. 이후 임시정부는 개인의 집에 청사

상하이 하비로 대한민국임시정부 청사

를 두기도 했지만, 일제의 간섭 때문에 한곳에 오래 머무를 수 없었습니다. 더구나 국내와 미주 지역에서 후원되던 독립운동 자금까지 끊겨 청사를 마련하는 것이 무척 어려웠습니다. 이후 임시정부 경제 후원회가 조직되면서 1926년 마랑로 보경리 4호에 안정적인 청사를 마련하였는데, 이곳이 바로 우리에게 가장 많이 알려진 상하이임시정부 청사입니다. 임시정부는 1932년 5월 다시 이동을 시작하기 전까지 이곳을 근거로 활발하게 활동했습니다. 이후 항저우, 광저우, 충칭 등에서도 임시정부는 한곳에 머물 수 없었습니다. 현재에는 그 터조차도 찾지 못한 곳이 많으며 상하이 1곳, 항저우 1곳, 전장 1곳, 류저우 1곳, 충칭 1곳만이 정비되어 있습니다.

대한민국임시정부에 대한 오해는 주로 교과용 도서에 실린 역사지도를 잘못 읽어 내거나, 역사를 단편적으로 학습하여 생기는 경우가 많습니다. 당연히 대한민국임시정부의 이동 경로만 보고 처음부터 임시정부가 상하이 한곳 안에서도 숱하게 이동했는지를 파악하는 것은 어려울 수 있습니다. 단, 우리가 이러한 역사지도를 접할 때 도식화된 이미지를 표면적으로 받아들이기보다는, 당시 임시정부 요원들은 어떠한 삶을 살았을지 등을 상상하며 찬찬히 관련 기록들을 살펴본다면 역사적 사실에 대한 오해를 줄일 수 있을 것입니다. 더불어 현재의 정치적 입장에 따라 과거의 사람들이 지니고 있던 정체성을 부정하고 있지는 않는지 합리적으로 살펴볼 필요가 있습니다.

대한민국임시정부는 어떤 일을 했을까?

대한민국임시정부의 수립과 통합

3·1운동은 조직적이고 체계적인 독립운동 조직의 필요성을 느끼게 해 주었고, 이전부터 임시정부를 세워야 한다고 해 왔던 움직임에 불을 지폈습니다. 그에 따라, 연해주에 첫 임시정부가 세워졌습니다. 1919년 2월 전로한족회 중앙총회가 만주 및 국내 민족운동 지도자들과 논의하여, 3월 초에는 전체 한인을 대표하는 임시 중앙 기관으로 대한국민의회를 만들기로 결의합니다. 대한국민의회는 입법, 사법, 행정의 세 기능을 모두 지니고 있었고, 30명의 의원을 두었습니다. 의장 문창범이 대통령, 외교부장에 최재형, 선전부장에는 이동휘 선생이 선출되었습니다. 이어서 4월에는 중국 상하이에서 독립운동가들이 대한민국 임시의정원과 임시정부를 세우고 국무총리에 이승만(훗날 대통령으로 직책명 변경), 내무총장에 안창호 선생을 선출합니다. 서울에서도 13도 국민 대표자들의 이름으로 한성정부 수립을 선포합니다. 상하이임시정부와 대한국민의회가 겹치는 부분이 있었으나, 한성정부 집정관 총재는 이승만, 국무총리는 이동휘 선생이 맡았습니다. 그 외에도 평양, 지린, 톈진 등 여러 곳에서 임시정부가 세워집니다. 여럿의 임시정부였지만 하나같이 모든 국민이 주인이 되는 평등한 민주공화국을 꿈꾸었지요.

그러다가 여러 곳에 세워진 임시정부를 통합하자는 의견이 나옵니다. 그런데 통합의 관건은 '위치'였습니다. 무장 독립투쟁을 주장하는 독립운동가들은 한인들이 많이 살고 있고 국내와 접근성이 좋은 간도나 연해주에 임시정부를 두자고 주장했지만, 외교 활동이 유리하다는 이유로 상하이의 임시정부를 주장하는 독립운동가들도 있었습니다. 간도와 연해주는 일제의 공격을 받기 쉬웠던 반면 상하이는 교통이 편리하고 열강의 조계지가 있었기 때문이지요. 여기서 '조계'는 중국 내 영국, 미국, 프랑스 등 열강들의 근거지로 행정권과 경찰권은 물론 치외법권도 가지고 있었던 곳을 말합니다.

임시정부 통합에 대한 반대의 움직임도 적지 않았지만, 1919년 7월 통합 정부를 만드는 것에 합의합니다. 통합 임시정부의 위치는 상하이, 이름은 '대한민국임시정부'로 결정했습니다. 이후 상하이 임시의정원의 임시 헌장을 기초로 헌법을 만들었으며, 공화주의와 삼권분립의 원칙과 3·1운동의 정신을 계승했음을 분명히 했습니다. 그리고 11월에는 이승만을 대통령, 이동휘를 국무총리로 하는 정부가 출범했습니다. 하지만 1년 전, 이승만이 국제연맹에 한국을 위임 통치해 달라는 청원서를 보냈다는 이유로 그가 임시정부 대통령 자격이 없다고 비판하는 독립운동가들도 있었습니다.

대한민국임시정부의 조직과 활동

삼권분립을 지향한 임시정부는 현행 국회처럼, 입법부에 임시의정원(출신 지역별로 의원 선출), 나라 살림을 챙기는 행정부에 국무원, 사법부에 법원을 두었습니다. 임시의정원은 법률안 의결, 예산 및 결산 의결, 선전 및 강화조약 체결에 대한 동의, 인민 청원 수리, 국무원 출석 답변 요구, 대통령과 국무원 탄핵 등의 기능을 지녔습니다. 국무원은 내무부, 외무부, 재무부, 군무부, 법무부, 학무부, 교통부, 노동부를 두었습니다. 수립 당시 군사 업무를 담당하던 군무부는 직접 군대를 거느리지는 못했지만, 무장투쟁을 위해 만주에서 활동하는 독립군 단체와 연계하고 그들을 지원했지요.

임시정부는 국내 연락 기관인 연통제와 첩보 획득 기관인 교통국을 설치했습니다. 연통제는 임시정부가 내린 법령이나 공문을 알리는 등 정보 전달과 독립운동 자금 모금 등의 임무를 수행했고, 교통국은 주로 국내와 비밀 연락

업무를 맡았습니다. 교통국은 만주 단둥에 교통 지부를 두고 국내 각 군과 면에 교통국과 교통소를 두었습니다. 각종 정보와 무기, 군자금 등은 교통국을 통해 임시정부에 전해졌지요. 앞서 말한 바와 같이, 연통제와 교통국은 독립운동 자금 확보를 위해 애썼습니다. 또한 일종의 채권인 독립공채를 발행하여 군자금을 모았습니다. 독립 이후 원금에 5%의 이자를 붙여 갚겠다고 약속했지요. 이때 독립공채를 가장 많이 구입한 것은 미주 지역의 한인들이었습니다. 미주 동포들은 가혹한 노동환경 속에서도 독립공채를 매입하여 임시정부 활동에 큰 도움을 주었지요. 하지만 연통제와 교통국은 일본 경찰에 발각되어 1920년대 후반에는 조직이 거의 와해되고 말았습니다.

한편 임시정부는 독립신문을 발행하여 독립운동과 국내외 소식을 전했습니다. 이때의 독립신문은 독립협회의 '독립신문'과는 다른 것입니다. 독립운동 시기에는 단체의 명칭만 살펴보아도 독립, 광복, 해방 등의 단어들이 각 단체들의 목적에 부합하는 용어였기 때문에 여기저기 많이 사용됐습니다.

국민대표회의

임시정부는 외교 활동에 심혈을 기울였지만 별다른 성과를 거두지 못했습니다. 열강은 한국 문제에 관심을 갖지 않았는데, 한국이 제1차세계대전 승전국의 일원인 일본의 식민지였기 때문입니다. 1920년대 후반 연통제와 교통국이 와해되면서 국내와 연락이 어려워진 데다, 지원금도 대폭 줄어들고 맙니다. 이렇듯 외교 활동이 한계를 맞자 독립운동 방향에 대한 논의가 다시 불붙기 시작했습니다. 무장 독립투쟁을 주장하는 세력은 외교 노선을 포기해야 한다고 했으며, 내부의 민족주의와 사회주의의 갈등도 심화되었습니다. 출신 지역에 따른 대립 역시 큰 문제였습니다. 그런 와중에 국민대표회의가 열렸습니다. 국민대표회의에는 이념과 노선을 떠나 국내외 각지에서 활동하고 있던 단체 대표 125명이 참가했다고 합니다. 4개월에 걸쳐 기존의 독립운동을 평가하고 앞으로의 방향을 모색하기 위한 토론이 진행되었지만, 임시정부 개편을 두고 창조파(임시정부를 완전히 해체하고 새로운 정부를 수립하자고 주장)와 개조파(임시정부의 문제점을 개선하면 된다는 주장)로 나뉘어 팽팽하게 대립했고, 결국 회의는 결렬되고 말았습니다.

국민대표회의가 결렬되자 수많은 독립운동가들은 임시정부를 떠났습니다. 이런 어려움을 해결하고자 임시정부는 대통령 대리 제도를 두려고 했으나 이에 반발한 이승만 박사는 미주 동포로부터 거둔 독립자금을 보내지 않았습니다. 결국 1925년 임시의정원은 이승만 대통령을 탄핵하기에 이릅니다. 그 후 2대 대통령으로 박은식 선생이 추대되었고, 헌법을 개정해 내각 중심의 국무령제로 바꾸었습니다. 박은식 선생은 서로군정서의 이상룡 선생을 추천하고 사임하였으나 이후 이상룡, 양기탁 선생도 내각 구성에 실패하고 맙니다.

결국 1926년 김구 선생이 국무령이 됩니다. 다음 해에는 국무위원이 주석을 차례로 맡는 집단 지도체제로 바뀌었습니다. 그럼에도 불구하고 1930년대 중반까지 임시정부는 내각을 구성하기 어려운 상황이 계속됐습니다.

한인애국단과 한국광복군

1931년 말, 김구 선생은 의열투쟁 단체인 한인애국단을 조직해 임시정부의 활로를 열고자 하였고, 1932년 한인애국단 단원 이봉창, 윤봉길 의사가 거사에 참여합니다. 윤봉길 의사의 의거로 중국 국민당 정부는 대한민국임시정부를 승인하고 지원하기 시작했지만, 상하이에 계속 머물 수는 없었습니다. 임시정부는 이동기(항저우, 전장, 창사, 광저우, 류저우, 치장 등)를 거쳐 마지막으로 충칭에 정착합니다.

  1940년 9월 17일, 대한민국임시정부의 정규군으로 한국광복군이 창설됩니다. 1941년 태평양전쟁이 발발하자 임시정부는 대일전 선전포고를 했고, 한국광복군은 연합군의 일원으로 중국군과 함께 일본군에 맞서 싸웠습니다. 1942년 약산 김원봉이 이끄는 조선의용대의 합류로 광복군의 전력은 더욱 강화되었고, 이후 영국의 요청으로 인도·버마(미얀마) 전선에도 군대를 파견해 일제와의 전쟁에 동참했습니다. 그 외에도 중국, 동남아시아 곳곳에서 전쟁에 참여합니다. 광복군 가운데 특수 임무를 받은 일부는 미국 첩보기관 CIA의 전신, OSS(미국 전략 정보처) 특수 훈련을 받았습니다. 이들은 국내진공작전(작전명 : 독수리)을 수행하기 위해 혹독한 훈련을 견뎌냈습니다. 하지만 미국의 히로시마와 나가사키 원폭 투하 이후 일제의 항복이 예상보다 빨랐고, 그로 인해 국내 잠입을 위한 독수리 작전은 취소되었습니다.

최고의 무장 독립투쟁, 봉오동·청산리전투

3·1운동 이후에는 다양한 방식으로 독립운동이 일어납니다. 특히 만주와 연해주 등 국외에 있던 독립군들은 일본에 맞서 무장 독립투쟁을 전개했습니다. 그들은 항일 독립전쟁을 통해 우리 손으로 직접 주권을 되찾아야 한다고 생각한 것입니다. 일제와 맞서 싸운 독립군의 가장 큰 전공으로 평가되는 무장 독립투쟁이 바로 봉오동·청산리전투였습니다.

전적지 비석이 있는 곳에서 실제로 전투가 벌어졌을까?

팩트뉴스

중국 항일 유적지 답사를 통해
봉오동전투 당시 상황을 생생하게 그리다!

대한민국임시정부 안창호가 1920년 1월 1일에 독립전쟁을 선포한 이후, 독립전쟁의 승리로 많이 일컬어지는 사건이 바로 '봉오동전투' 입니다. '독립전쟁'이라는 용어 자체가 조금은 생소할 수도 있겠습니다. 흔히 상하이에 있던 대한민국임시정부는 외교 활동을 우선시했으며, 이것이 독립운동에 그다지 효과적이지 않았다고 인식되어 왔기 때문입니다. 그러나 당시는 무장 독립투쟁 역시 중요하게 논의되던 시기였습니다. 당시 독립전쟁론에 힘이 실렸던 이유를 알기 위해서는 국제 정세를 살펴야 합니다. 제1차세계대전 직후에는 군비경쟁이 심화되고 있는 상황이었습니다. 미국과 일본의 전함(군함) 건조 상황이 특히 그랬지요. 일본은 산둥반도를 얻고자 했고, 그곳을 발판으로 중국 진출을 꿈꾸었을 것입니다. 하지만 그런 계획은 미국의 의도와 부딪히는 것이었고, 두 열강 사이의 불협화음이 전쟁으로 발전될지도 모르는 상황이었습니다. 그래서 안창호는 1920년 임시정부 신년축하회 연설에서 말한 '우리 국민이 결단코 실행할 육대사' 가운데 '군사' 영역, 독립전쟁을 1920년에 실행에 옮길 기회라고 생각했던 것입니다. 대한민국임시정부의 기관지인 『독립신문』(출처 : 대한민국역사박물관)을 '독립전쟁'이라는 단어로 검색해 보면, 당시 사람들의 인식을 알 수 있습니다. 현재의 우리에게는 미국독립전쟁보다 더 낯선 용어지만 당시 사람들에겐 그렇지 않았습니다.

그럼, 무장 독립투쟁이 벌어진 봉오동의 '동洞'은 우리가 흔히 생각하는 행정구역을 뜻할까요? 봉오동전투 기념비는 중국 항일 유적지

「독립신문」 1920년 4월 1일자 1면

관광 코스로 자주 소개되는 곳 가운데 하나입니다. 이 기념비는 중국 투먼시의 봉오저수지 근처에 있으며, 한국인들을 위해 친절하게 한글 표기까지 되어 있습니다. 그런데 이 비석의 한글 표기를 살펴보면 봉오동의 '동洞' 자는 지금의 행정구역을 뜻하는 '마을'이란 의미보다는 '골짜기'라는 의미로 사용되었음을 알 수 있습니다.

기념비에 표기된 것처럼 전적지라고 되어 있으므로, 실제로 이곳에서 전투가 벌어졌을까요? 그렇게 오해하기 쉽지만, 실제로 그곳에서 전투가 벌어진 것은 아니었습니다. 실제 전적지는 비석이 있는 곳에서

10km 정도 더 들어가야 하지요. 20리 정도로 뻗어 있는 계곡 지대에 한국인들이 집을 짓고 생활공간으로 사용함과 동시에, 훈련 공간으로 사용한 장소가 바로 봉오골입니다. 한국인들이 만든 마을은 계곡 안에서 다시 하촌, 중촌, 상촌 이렇게 여러 마을로 나뉘었는데, **봉오동전투는 비석과 저수지가 있는 하촌보다 훨씬 깊이 들어간 상촌 쪽에서 벌어진 전투였습니다.**

1920년 1월 이후 북간도의 독립군 부대들은 통합을 시도합니다. 최진동의 대한군무도독부, 안무의 국민회군, 홍범도의 대한독립군, 이흥수의 신민단 등 6개 부대가 연합하여 '대한북로독군부'를 결성했는데, 이 대한북로독군부의 핵심 기지가 바로 봉오골 상촌이었던 것입니다.

청산리전투에서 일본군이 부상병을 옮기는 모습이라고?

독립군의 가장 빛나는 승리로 묘사되는 싸움이 바로 청산리전투입니다. 1인당 감자 5~6알, 좁쌀 6되, 짚신 1켤레, 소총 1정, 실탄 200발, 수류탄 1개 정도만 지닌 열악한 상황 속에서 언제 끝날지 모르는 전투를 5박 6일간 치르면서도 부대의 핵심 역량을 보존하며 일제 정규군을 물리친 전투, 봉오동전투와 함께 독립군의 승리로 상징되는 전투가 바로 청산리전투라는 것을 우리는 초등학교 때부터 배웁니다. 그런데 100년 이상의 시간이 지났음에도 불구하고, 다음의 사진은 아직도 청

팩 트 뉴 스

청산리전투 ○○○주년 특집 기사
"청산리전투에서 부상병을 실어나르는 일본군"

산리전투 관련 사료로 소개되고 있는 오류가 벌어지고 있지요.

전투는 계절과 많은 관련이 있습니다. 청산리전투가 벌어진 것은 1920년 10월 21일부터였습니다. 한반도의 남부지방에서 전투가 벌어 졌다면 해당 사진을 청산리전투와 관련 있는 사진으로 볼 여지가 있을지도 모르겠습니다. 그렇지만 전투는 두만강 건너에서 백두산을 향해 이동하는 중에 벌어졌습니다. 10월을 그저 평범한 가을날로 볼 수 없는 이유입니다. 실제로 청산리 일대에서 전투가 시작된 이튿날에는 폭설이 내렸다고 합니다. 사진을 잘 살펴보면 전투를 치르고 돌아가는 길 치고는 수풀이 무성한 데다, 군인들이 입은 군복도 두꺼워 보이지 않습니다. 폭설이 내린 날씨라면 적어도 야전상의 정도는 걸치지 않았을까요? **결론적으로, 해당 사진은 청산리전투와 무관한 사진입니다.** 역사학자 박환 교수가 동북아역사재단과 진행한 인터뷰(동북아역사재단 홈페이지 2020. 3. 4. 인터뷰 게시물)에 따르면, 이 사진은 1939년 9월 화중華中 전선에서 촬영된 사진이라고 합니다.

　훗날 새로운 연구 결과에 의해 잘못된 내용이 밝혀지더라도 한번 잘못 알려진 사진이 재인용되어 재생산되는 경우가 많습니다. 청산리전투 관련 사진이라고 알려진 이 사료도 마찬가지입니다.

　과거와 현재의 지형이 완전히 바뀌거나, 용어의 차이로 오해가 발생하는 경우도 있지요. 잘못 알고 있는 내용을 다시 확산하지 않기 위해서는 이미 알고 있다고 생각하는 것도 다시 되돌아보며 확인하는 노력이 필요할 것입니다.

봉오동·청산리전투는 어떻게 전개되었을까?

봉오동전투

일제에 대항하여 국권을 되찾기 위해 펼친 독립운동을 흔히 세 갈래로 나누어 설명합니다. 안중근 의사와 같이 요인을 암살하거나 주요 기관에 폭탄을 투척하는 등의 의열 투쟁 방식이 있고, 교육이나 언론 등을 통해 실력을 양성해야 한다는 계열도 있습니다. 그리고 독립을 쟁취하기 위한 방법으로 많은 사람들이 가장 쉽게 떠올리는 무장 투쟁 방식이 있지요.

무장 독립투쟁(또는 무장 독립전쟁) 가운데 꼭 다루어지는 내용이 바로 앞서 이야기한 봉오동·청산리전투입니다. 무장 독립투쟁사에서 가장 혁혁한 성과로 일컬어지기 때문입니다. 그런데 많은 사람들이 흔히 '봉오동전투=홍범도 장군, 청산리전투=김좌진 장군' 정도로 도식화하여 사건과 인물을 연결해 암기하는 수준에 그치는 경우가 많습니다.

1920년 당시에는 수십 개의 독립군 부대가 압록강, 두만강 너머에서 활동하고 있었습니다. 3·1운동 이후 만주 지역 독립군의 국내 진입 유격전은 시간이 지날수록 적극적으로 전개되었지요. 유격전을 '게릴라전'이라고도 표현하는데, 이는 적 지역이나 적 점령지역 내에서 직간접적으로 불규칙하게 수행하는 군사 활동을 뜻하며, 쉽게 말해 적군 및 적군의 시설을 기습하고 빠지는 것을 반복하는 것이라고 할 수 있습니다.

1920년 6월 4일 약 30명으로 구성된 독립군 유격대는 종성 북방의 강양동으로 진입해 일제의 헌병 순찰대를 격파하고 귀대합니다. 큰 타격을 입은 일본군이 2개 중대 병력으로 추격하였으나 독립군들은 다시 만주 삼둔자에서

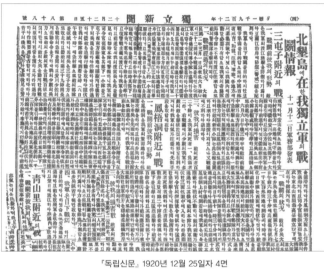

『독립신문』 1920년 12월 25일자 4면

일본군을 크게 물리칩니다. 계속되는 국내 진입 작전에 독립군들을 정리해야 겠다고 마음먹은 일제는 약 250명의 병력으로 월강 추격대를 보냅니다. 일제의 추격대는 독립군의 근거지인 봉오동으로 진입해 왔지요. 이러한 일제 추격을 사전에 알게 된 홍범도의 대한독립군은 국민회군, 군무도독부군과 연합하여 대한북로독군부를 결성해 전투를 벌일 준비를 했습니다. 그렇게 일본군을 유인한 독립군들은 지형지물을 적절히 활용해 대승을 거둡니다. 봉오동전투는 일본 정규군과의 정식 전투에서 크게 승리한 전투로 평가됩니다.

대한민국임시정부의 기관지인 『독립신문』(상해판) 88호에 따르면, 봉오동전투 결과 일본군은 전사자가 100명 이상이었던 데 비해, 독립군 전사자는 4명뿐이었다고 합니다. 데이터는 기록에 따라 다르고, 일제의 기록 역시 마찬가지입니다. 전투 상황에서 사살한 병력의 수를 정확하게 셀 수도 없을뿐

더러, 증언에 기초하여 신문기사를 썼을 것이며 수를 셀 때 중복된 경우도 있어 실제 데이터보다 부풀려졌을 수도 있습니다. 일본군의 입장에서는 피해 상황을 축소하고자 하는 의도를 가졌을지도 모릅니다. 결론적으로, 현재 시점에서는 당시 전투 결과에 대한 정확한 사상자 숫자는 알 수 없다는 사실입니다.

청산리전투

독립군의 국내 진입 유격전, 봉오동전투 등으로 큰 타격을 받은 일제는 서북간도의 독립군 활동을 막지 않으면 한국을 지배하기 어렵다고 판단했을 것입니다. 따라서 해당 지역에 대규모의 일본군을 침입시켜 독립군을 제거하기 위한 계획을 세웁니다.

1920년 10월 초, 일제는 돈만 주면 뭐든 하는 중국 마적을 매수하여, 훈춘의 일본 영사관을 습격하게 합니다. 일제는 이 사건으로 일본 영사관이 피해를 받았다며 중국 영토인 서북간도로 일본군을 침입시켜 한인사회와 독립군 기지를 공격하는데, 이번에는 사단 규모의 병력을 투입합니다. 그에 반해 당시 독립군의 병력은 2천여 명에 불과했다고 합니다. 일제의 의도를 미리 알게 된 독립군들은 일본군이 독립군 기지에 도착하기 전에 백두산 쪽으로 이동하기 시작합니다.

이동 중이던 여러 독립군 부대들이 청산리 일대에 도착했을 때 일본군이 공격하면서 청산리전투가 벌어지기 시작합니다, 10월 21일부터 약 1주일, 10여 회에 걸쳐 청산리 계곡 일대의 백운평, 완루구, 어랑촌, 천수평, 맹개골, 만기구, 쉬구, 천보산, 고동하 등에서 독립군과 일본군 사이에 전투가 벌어지지요. 우리는 흔히 '청산리전투=김좌진 장군'이라는 도식을 떠올리고는 하지만, 이는 사실과 다소 다릅니다. 청산리전투는 김좌진 장군의 북로군정서와 홍범도 장군의 대한독립군 등의 독립군 연합 부대와 일본군이 벌인 전투입니다. 김좌진 장군의 북로군정서만이 청산리전투의 주역인 것으로 사람들이 오해하게 된 것은 이범석 장군의 개인회고록 때문인 것으로 보입니다. 청산리 일대에서 벌어진 여러 전투 가운데 완루구·고동하 전투는 홍범도 부대가, 백운평·천수평·만기구 전투는 김좌진 부대가 주로 작전을 수행했고, 어랑촌·천보산 전투는 두 부대가 함께했습니다.

대한민국임시정부의 발표에 따르면 청산리전투 결과, 일본군 전사자는 1,200여 명, 부상자는 2,100명에 이르렀으며 독립군 측은 전사자 130여 명, 부상자가 200여 명이었다고 합니다. 물론 이 수치 역시 정확하게 집계되었다고 보기는 어렵습니다.

정확히 알 수 없는 봉오동·청산리전투 관련 사상자 숫자보다 중요한 것은 승리에 이르기까지의 과정, 당시 식민지 상황을 극복하고자 했던 한국인들의 노력이 아닐까요? 흔히 전쟁에서 중요한 것은 무기와 보급이라고 합니다. 독립군 역시 마찬가지였습니다. 독립전쟁 초기 독립군들이 사용한 무기는 제1차세계대전 중 연해주에 주둔하던 체코군에게 구입한 것이 다수였습니다. 지구 반 바퀴를 돌아온 체코군은 철수 여비 마련을 위해 무기를 판매했고, 이를 독립군들이 한인 동포들로부터 모금한 군자금으로 구입한 것이지요. 무기를 대놓고 구입할 수는 없기 때문에 수많은 한인들의 도움이 필요했고, 각 거점과 이동 경로를 치밀하게 계획해 소중한 무기들을 운반했습니다. 한인사회 동포들이 독립군의 군복 등을 직접 만들어 제공한 경우가 많았고, 그 외에도 다양한 방식으로 지원을 했다고 합니다. 봉오동·청산리전투는 독립군 부대만의 승리가 아닌 한인사회의 지원이 함께 만들어 낸 것이었습니다.

일제 침략전쟁에 강제 동원된 한국인

조선총독부는 한국인을 자신들의 침략전쟁에 동원하기 위해 일선동조론과 내선일체를 강요했습니다. 일선동조론은 일본과 조선은 같은 조상을 뿌리로 한다는 것이고, 내선일체 역시 일본과 조선은 하나라는 사상입니다. 이전까지는 한국인을 2등 국민 취급하던 일제가 노선을 바꾼 것인데, 이는 침략전쟁이 확대되면서 민족말살정책의 일환으로 이루어진 일종의 정신교육인 셈이지요. 일제는 한국인의 민족의식을 없애면서, 전쟁 수행의 도구로서 한국인을 다양한 방식으로 동원했습니다.

일제의 노무 동원에 한국인이 자발적으로 참여했다고?

팩트뉴스

징용 이전인 1939년 9월부터 실시한 모집과 관 알선에는 강제성이 없었다!

1939년 9월부터 실시된 '모집'과 1942년 2월부터 실시된 '관 알선'은 강제징용이 아니었으며, 조선인들은 자발적으로 일본으로 건너갔다. 또한, 조선인들이 작업장에서 탈출한 것은 더 좋은 일자리를 찾아가기 위함이었다.

일제의 노무 동원에 대한 국제사회의 시각은 어떨까요? 관련 내용으로 국제노동기구(International Labor Organization, 이하 ILO)의 보고서를 살펴보겠습니다. ILO는 1919년에 창설되어 노동문제를 전문적으로 다루는 국제연합의 전문기구입니다. ILO 협약은 노동자의 최소한의 기본 권리를 보장하기 위해 국제노동기구(ILO)에서 정한 국제노동 기준으로, 세계 어느 노동자라도 기본적인 노동권을 보장받아야 한다는 보편적 국제 규범입니다. 강제 노동 금지와 관련 있는 핵심 협약으로는 제29호 강제 노동 협약(1930년)과 제105호 강제 노동 철폐 협약(1957년)이 있습니다.

ILO 핵심 협약 중 제29호 강제 노동에 관한 협약의 내용

1조 1항. 이 협약을 비준하는 각 당사국은 모든 형태의 강제 또는 의무적 노동을 가능한 한 빠른 시일 안에 폐지하도록 한다.
2조 1항. 본 협약에서 '모든 형태의 강제 또는 의무적 노동'이란 처벌받을 위협하에 이루어지거나, 자의로 제공되지 않는 노동 행위를 이른다.

1999년, ILO는 일제 식민지 시기에 만들어진 제29호 강제 노동 협약을 바탕으로, 일제가 한국의 노동자를 동원해 일을 시킨 것이 강제노동forced labor이라고 판단했습니다. 제29호 협약은 모든 강제 노동을 최대한 빠른 시간 안에 폐지하기 위한 목적으로 만들어졌지요. 협약의 종류별로 비준한 국가의 수는 다른데, 제29호 협약에 비준한 국가는 170개국 이상입니다. 일본은 제국주의 시기인 1932년 11월 21

일 해당 협약에 비준했으며, 비준국은 '강제 노동 행위'를 불법으로 규정합니다.

그런데도 일부 학자들은 일제의 한국인 노무 동원이 강제가 아니었다고 주장합니다. 징용 기간은 길어 봐야 8개월 정도의 단기간이었고, 모집과 관 알선에는 법률성 강제성이 없었기 때문에 한국인이 자발적으로 참여했다는 것이지요. 또 노무 현장의 생활이 무척 자유로웠다고 주장합니다. 그런데 강제성 없이 자신이 원해서 선택한 자유로운 일터에서 '탈출'하는 한국인 노동자는 왜 그렇게 많았을까요?

『반대를 론하다』(2019, 선인)에 따르면, 일본 내무성 경보국이 만든 『특고월보』와 『사회운동상황』이라는 자료에는 일제에 동원된 한국인 중 257,907명이 현장에서 탈출을 시도했다는 내용이 있다고 합니다.

	1939년	1940년	1941년	1942년
한국인 탈출자 비율	2.2%	18.7%	34.1%	38.3%

※출처: 『반대를 론하다』(2019, 선인, 정혜경·허광무·조건·이상호)

일제의 집계만으로도 25만 명 이상이나 되는 한국인이 도대체 무엇 때문에 작업 현장에서 탈출하려고 했을까요? 어떤 이들은 여건이 더 좋은 곳을 찾아 떠난 것이라는 궤변을 늘어놓습니다. 만약 몇 안 되는 사람들이 작업장을 떠나려 했다면 더 좋은 일자리를 찾아갔다고 생각할 수도 있겠지만, 25만은 엄청난 숫자입니다. 상식적으로 탈출을 시도했다는 것은 작업장에 동원된 것이 자신의 선택이 아니기 때문일 것입니다. 작업장으로 가는 부산의 연락선을 타기도 전에 탈출한 이들이 많았다는 것을 봐도 알 수 있지요. 작업장에서 탈출을 시도한 것은 자신의 의사에 따라 일을 그만둘 자유조차 없었음을 뜻합니다.

국가기록원(대한민국 행정안전부)에서 공개한 강제 동원자 명부를 찾아보면, 일제하 피징용자 명부 3권이 있습니다. 이는 일본의 시민 단체가 수집한 자료인데, 1992년 12월 대한민국 정부가 인수하였지요. 해당 명부에는 일본 기업별로 17,107명의 강제 동원자 명단이 실려 있습니다. 일본에도 양심 있는 시민들은 존재하지요.

일제에 노무 동원된 한국인들은 임금을 제대로 받았을까?

팩 트 뉴 스

노무에 동원된 한국인들에게 임금은 정상적으로 지불되었다!

한국 측이 이야기하는 강제 동원은 역사왜곡이다. 국민징용령에 근거해 1944년 9월 이후 일을 한 한반도 출신자가 있었던 것은 사실이지만, 한국 측이 말하는 것처럼 강제 노동은 아니었다. 임금 지급을 동반한 합법적인 근로 동원이었으며, 한국인은 내지인과 마찬가지로 일했다.

과연 일제에 노무 동원된 한국인들은 일한 만큼 임금을 제대로 받았을까요? 일제강제동원피해자지원재단이 공개한 어르신들의 구술 내용을 살펴보겠습니다.

일본 가야노마 탄광에 동원되었던 주용근 님의 구술 중 일부

...

읍사무소에서 김제역으로 기차를 타러 갈 때 많은 사람들이 배웅을 나왔습니다. 대부분 가족들인 것 같았는데 울고 있는 사람이 많았습니다. 나 역시 울고 계신 어머니를 뒤로 한 채 그렇게 고향을 떠나야 했습니다. 김제역에서 기차로 여수까지 가서, 여수에서 배를 탔습니다. 일본에 도착해서 기차를 타고 한참을 가다가 또 배를 타고 홋카이도로 갔습니다. 홋카이도까지는 일주일 정도 시간이 걸린 것 같네요. 김제에서 나와 함께 70여 명이 출발하였는데 이동하는 도중 몇몇 사람들이 도망을 쳤고, 결국 50명 정도의 사람들이 홋카이도에 도착했습니다.

...

나는 탄광에서 캐낸 탄을 밖으로 실어나르는 일을 하였습니다. 하루 2교대로 2조로 나누어져 일했고, 한 조에 속한 40명 정도의 인원은 몇 군데 광구로 나누어 들어갔습니다. 굴속에 탄을 캐러 들어가면 할당량을 채워야만 밖으로 나올 수 있었습니다. 할당은 10트럭, 15트럭 정도로, 탄의 질에 따라 달랐습니다. 할당된 일을 마쳐야만 숙소로 돌아갈 수 있었기 때문에 제대로 쉬지도 못하고 일해야 했습니다.

...

굴속으로 일하러 들어갈 때는 감독관들이 단체로 인솔하였고, 나무로 된 명표를 탄광 입구에서 전등 달린 모자와 바꾸어 들어갔습니다. 명표를 안 가져온 사람들은 그날 일을 못하게 됩니다. 일을 못한 사람들은 밥도 안 주더라고요. 더러 일이 힘들어 도망가는 사람들도 있었는데, 잡혀 오면 심한 구타를 당했어요. 또 일하다가 쉬는 모습을 보이면 감독관이 구타를 하거나 밥을 굶기기도 하였습니다. 참 혹독한 곳이었지요.

...

'함바'에서 생활하였는데, 20명 남짓 되는 사람들이 한 방을 함께 썼습니다. 탄광에서 일을 잘 못하면 '다코베야'나, 지시마로 보내진다고 들었습니다. 일하는 노무자들은 죄다 한국 사람들이고 일본 사람들은 거의 감독만 합니다. 근처에 중국인 포로들도 있었는데, 그 사람들은 한국인보다 생활이 더 비참했던 것으로 기억합니다.

...

임금은 하루에 1원 30전 정도로, 한 달 월급은 13원 가량 됩니다. 그런데, 각종 명목을 빌려 다 떼고 나면 손에 쥐어지는 건 한 달에 5원 정도였습니다. 감독관 말로는 식비를 제외하고 나머지는 저금하였다가 갈 때 준다고 말했는데 해방이 되고 나올 때도 저축한 임금은 받지 못했습니다.

일본 유베쓰 탄광에 동원되었던 윤영옥 님의 구술 중 일부

...

나는 북해도에 있는 유베쓰 탄광에서 일하게 되었습니다. 처음 '함바'에서 생활하게 되었을 때 옷, 이불, 모자 등을 주면서 회사에서 종이(차용증) 한 장을 주었습니다. 이 종이에 쓰여 있는 돈을 나중에 월급에서 갚아야 한다고 했습니다. 그런데, 한 달 월급은 아주 적어서 갚는 것이 힘들었어요. 탄광에서는 석탄 채굴 작업을 하였는데, 일하는 것에 비해 식사량이 적어서 배가 많이 고팠습니다. 한 달에 1원 정도 나오는 임금으로 근처의 가게에서 감자나 우동 같은 것을 사 먹곤 했습니다.

...

처음에 고향을 떠날 때는, 2년 동안 일하는 것으로 계약을 하였습니다. 그런데 계약 기간이 끝나자, "지금은 일본 세상이니 집에 갈 생각을 하지 말라."고 하면서 계속 남아 일을 해야 한다고 하였습니다. 계약 기간 만료 후, 나와 동료들은 북해도의 탄광에서 후쿠오카현의 나마즈타 탄

> 광으로 보내졌습니다. 회사에서 일방적으로 보낸 것입니다. 후쿠오카
> 의 탄광에서도 채탄 작업을 하였습니다.

구술 내용을 보면, 지급된 임금을 비롯해 정상적인 노동환경이 아니
었음을 알 수 있습니다. 저축한 임금을 나중에 돌려받지 못하는 경우
도 있었으며, 기본 생활을 유지하기도 힘든 임금을 받았다는 것을 알
수 있지요. 동원된 한국인들에게 지급된 금액은 원래 지급해야 할 돈
의 일부분에 불과했습니다. 이러한 사실에 대한 근거는 이미 꽤 오래
전에 나왔습니다.

징용 노동자에 대한 미지급 봉급이 어떻게 처리되었는지 관련 기사
를 살펴보겠습니다. 다음은 1991년 6월 12일자 『한겨레』 신문에 실린
내용입니다.

> ### 징용 품삯 '체불'…청산 안 된 '일제'
> ### 46년간 낮잠 잔 '공탁금' 파장
> ...
> 일본 정부가 2차대전 직후 강제 연행 조선인들의 미지급 품삯을 '공탁'
> 형식으로 은행에 맡겨 둔 채 지금까지 지내왔다는 사실은 큰 충격을 안
> 겨 주고 있다. 특히 지난 46년 동안 일본과 한국에 제대로 알려지지 않
> 았던 이런 '비밀공탁금'의 존재가 확인됨에 따라 앞으로 여러 분야에서
> 상당한 파장이 예상된다.

> …
>
> 일본 안에서 활동 중인 '조선인 강제연행진상조사단'은 <일본제철>(신일본제철의 전신)의 '공탁명부'에 나타난 1인당 평균 공탁금 1백50엔(당시 금액), 1949년판 <조선경제통계요람>에 집계된 종전 당시 조선인 노동자수 32만9천 명, 그동안의 물가상승 등을 종합해 약 2천9백억엔(한국 돈 약 1조5천억원)으로 추정하고 있다.
>
> …
>
> 한편 이번 '공탁금' 존재의 확인에도 불구하고 일본 법무성은 "지금 청구에 응하지 않겠으며, 언제라고 말할 수는 없지만 정식으로 국고에 환수토록 할지 모른다"고 밝혀 앞으로 한-일 사이에 새로운 논쟁이 예상된다.

일본 기업들이 체불임금을 공탁한 것은 제2차세계대전 직후 미군정의 명령 때문이었습니다. 미군정의 명령마저 없었다면 공탁조차 이루어지지 않았을지도 모릅니다. 그나마도 공탁을 했다고 발견된 내용은 고작 사업장 18곳에 불과한 것으로, 공탁을 한 기업은 전체의 일부에 해당합니다. 당시 일본은 공탁된 돈에 대해 한국인 노동자에게 알리지 않았을 뿐 아니라, 한국 정부에 협조를 요청하지도 않았습니다. 따라서 한국인 노동자들은 자신이 일한 대가를 전쟁이 끝나고 나서도 받을 수 없었지요. **노동자의 기본적인 권리조차 전혀 보장받지 못했던 당시 상황을 보면, 일제에 동원된 한국인들이 임금을 제대로 받지 못했다는 것을 알 수 있습니다.**

작업장 선택과 이동의 자유마저 없었던 당시의 노동환경을 고려할 때, 노무 동원은 강제 동원이 아니고 자발적인 것이었다는 주장은 전혀 앞뒤가 맞지 않는 이야기입니다. 또 강제 동원 시 임금을 정상적으로 지불했다는 일본의 주장 역시 생존자들의 구술 및 여러 정황을 고려해 볼 때 사실과 다릅니다.

일제는 한국인을 전쟁에 어떻게 동원했을까?

국가총동원법(1938)과 강제 동원

유럽에서 제2차세계대전이 시작되기 전, 1937년에 일제는 중국 본토를 침략합니다. 이를 '중일전쟁'이라고 합니다. 일제는 압도적인 군사력으로 국민당 정부의 수도 난징을 비롯해 중국 동남부를 점령합니다. 전쟁 시작 때에 일제는 3개월이면 전쟁을 끝낼 수 있다고 호언장담했지만, 막상 전쟁은 끝날 기미가 보이지 않았습니다. 게다가 중국 국민당과 공산당이 국공합작을 해 항전에 나서자 일본이 상대해야 할 적은 늘어만 갔지요. 그렇다고 중국 전선을 포기할 수는 없었습니다. 전쟁이 장기화되면서 곤경에 빠진 일본은 1940년 동남아시아까지 침략합니다. 위로는 중국을 압박하고 전쟁에 필요한 지하자원을 확보하기 위해서였지요. 이때 일본은 '대동아 공영권'을 내세웁니다. 아시아가 서구 제국주의로부터 해방되기 위해서는 일본을 중심으로 뭉쳐야 한다는 논리지요. 이에 동남아시아에 있던 식민지를 빼앗긴 서구 열강들은 일본에 압력을 넣었고, 미국은 일본으로의 철강과 석유 등의 물자 수출을 금지합니다. 그러자 일본은 1941년 하와이 진주만을 공격해 태평양전쟁을 일으킵니다. 이런 과정 중에 만들어진 것이 바로 일제의 국가총동원법(1938)입니다.

일본의 국가총동원 체제는 제1차세계대전의 총력전 사상에서 시작되었습니다. 총력전 사상은 제1차세계대전 후 세계적으로 확산된 개념인데, 이런 개념이 출현한 이유는 이전과는 전혀 달라진 전쟁 상황 때문이었습니다. 과거의 전쟁은 병사들끼리 치르는 전투 중심이었기 때문에 병력의 질과 양이 승패를 가르는 중요 요소였습니다. 그러나 제1차세계대전을 거치며 대형 폭탄과 전차 등 대량살상무기가 발달하면서 병사들의 희생은 엄청나게 늘었고, 보다 많은 탄약과 연료가 필요했습니다. 국력이 전쟁의 승패를 좌우하기 시작한 것입니다. 전쟁을 치르려면 과학기술과 막대한 자금, 그리고 자국민들의 희생이 필요했지요. 그러한 현실 아래 국가총동원법이 만들어진 것입니다. 동원의 대상에는 당연히 식민지 한국인과 한국의 물자들도 포함되었습니다. 쉽게 말해 일본은 한국인과 한국인이 생산한, 또는 소유한 온갖 물자를 자신들이 일으킨 전쟁에 동원하겠다는 것이었지요. 그것도 '강제 동원'이라는 용어를 사용합니다. 이때의 '강제성'은 정확히 어떤 의미일까요?

한국과 일본의 학자들이 규정한 강제성이란 '신체적인 구속이나 협박은 물론, 황민화 교육에 따른 정신적 구속 회유, 설득, 본인의 임의 결정, 취업 사기, 법적 강제에 의한 것'을 말합니다. 흔히 강제적이라고 하면 폭력을 가해 납치하는 방식 등을 떠올리기 쉬운데, 이는 일본 아베 총리가 언론에서 언급한 개념인 '협의(좁은)의 강제'입니다. 이는 강제성의 개념을 좁게 만들어 과거 자신들의 잘못을 축소하려는 의도지요. 일제는 1938년부터 '모집, 알선, 징용' 3가지 형태로 조선인을 국내외로 동원했습니다.

강제 동원의 규모

일제는 '조선인 특별지원병제', '육군특별지원병령', '해군특별지원병제', '학도지원병제' 등을 실시해 자신들의 부족한 병력을 충원하고자 했습니다. 『일제강점기 조선인 강제동원 연표』(정혜경, 선인, 2018)에 따르면, 이후 1944년 4월부터는 본격적으로 징병제를 실시해 1945년 8월까지 육군 187,000명, 해군 22,000명을 동원해 총 209,000명을 동원했습니다. 군인과 함께 군속(군무원)도 동원했는데, 약 150,000명이 강제 동원되었습니다.

이렇게 동원된 조선인 군인과 군무원의 2만 명 이상은 전사한 것으로 밝혀졌지요.

무엇보다도 가장 압도적인 규모의 강제 동원은 노무 동원이었습니다. 일제는 1938년부터 법령과 공권력을 동원하여 한반도는 물론 일본, 사할린, 중국, 타이완, 동남아시아, 중부·서부 태평양 일대의 산업 현장에 7,554,764명 이상의 한국인을 동원했습니다. 한국을 불법 점령한 일제가 정책적으로 집행한 노무 동원으로 인해 한국인들은 군수공장, 군 공사장, 석탄 광산, 금속 광산, 집단농장 등 다양한 작업장에서 강제 노동을 해야만 했습니다. 지역별로는 한반도와 일본의 작업장이 다수를 차지했지요. 한국인 노무자는 열악한 노동환경, 노동재해, 계약 위반, 인신 구속, 폭력, 집단 학살, 임금 미지급 등의 부조리한 현실 속에서 일해야 했습니다. 게다가 1944년에는 '여자정신대 근무령'을 제정 및 공포하여 한국인 여성 수십만 명을 동원했습니다. 나이 어린 학생까지도 강제 동원에서 벗어날 수는 없었지요.

강제 동원 피해 현황

(단위 : 명)

유형	구분		동원자 수	소계
군인 동원	육군특별지원병		16,830	209,279
	학도지원병		3,893	
	육군징병		166,257	
	해군(지원병 포함)		22,299	
군무원 동원	한반도 내		12,468	60,668
	한반도 외		48,200	
노무자 동원	한반도 내	도내 동원	5,782,581	6,488,467
		관 알선	402,062	
		국민징용	303,824	

노무자 동원	한반도 외	국민징용	222,217	1,045,962
		할당 모집 관 알선	823,745	
합계			7,804,376	

1) 1인당 중복 동원 포함, 위안부 피해자 동원자 수 제외
2) 군인 동원 : 국외 157,331명, 국내 51,948명(1945년 8월 기준 한반도 주둔군 숫자)
3) 군무원 총수 : 국민징용에 의한 동원자 수를 제외한 수

※출처 : 『반대를 론하다』(2019, 선인, 정혜경 · 허광무 · 조건 · 이상호) 부록

현재진행 중인 강제 동원

2018년 10월 30일 대한민국 대법원은 강제 동원과 관련된 판결을 내렸습니다. 전범 기업인 신일철주금(일본제철을 승계한 기업)에 대해 소를 제기한 4인의 한국인에게 각 1억 원씩 배상하라는 판결이었지요. 소를 제기한 김규식, 신천수, 여운택, 이춘식은 1943년 오사카제철소 등 일본 기업의 공원 모집 광고를 보고 노역을 한 '모집 피해자'였습니다. 이들은 앞서 1997년 일본 오사카지방법원에 소송을 제기했다가 패소했습니다. 일본 법원이 '모집'은 징용(강제)이 아니라는 일본 정부의 주장을 수용한 것입니다. 하지만 대한민국 대법원은 이들 모두를 강제 동원의 피해자로 보고 판결을 내렸습니다. 이 판결 때문에 일본은 대한민국에 경제 보복을 감행했고, 많은 한국인들이 일본 제품 불매운동을 벌이는 등 양국 간의 관계가 경색됐습니다. 그런데 한국 내에서도 일제의 강제 동원 자체를 부정하면서, 2018년 10월 30일 대법원 강제 동원 판결을 역사왜곡을 바탕으로 한 판단으로 몰아붙이는 사람들이 있습니다. 그들은 1965년 일본과의 청구권 협정에서 모든 것이 해결되었다고 주장하며, 그것이 '글로벌 스탠더드(Global Standard)'라고 표현하기까지 합니

다. 한일 청구권 협정에 의해 '피징용 한국인의 미수금, 보상금' 문제가 해결 되었다고 해도, 대한민국의 외교적 보호권만이 해결된 것이며 피해자 개인의 청구권이 소멸된 것은 아니라는 견해가 일반적입니다.

> 청구권 협정은 일본의 불법적 식민 지배에 대한 배상을 청구 하기 위한 협상이 아니라 기본적으로 샌프란시스코조약 제4 조에 근거하여 한일 양국 간의 재정적·민사적 채권·채무관계 를 정치적 합의에 의하여 해결하기 위한 것이므로, 일본 정부 의 한반도에 대한 불법적인 식민 지배 및 침략전쟁의 수행과 직결된 일본 기업의 반인도적인 불법행위를 전제로 하는 강제 동원 피해자의 일본 기업에 대한 위자료 청구권은 청구권 협 정의 적용 대상에 포함된다고 볼 수 없다.
>
> 〈일제 강제 동원 피해자의 일본 기업을 상대로 한 손해배상청구 사건〉

정치권이나 일부 사람들이 '강제 동원'과 '징용'이라는 용어를 혼재하여 사 용하는 경우가 있는데, 1944년 이후 일제의 '국민징용령'에 따른 동원만을 징 용으로 보는 시각이 있기 때문에 두 용어를 구분하여 사용하는 것이 더 정확 합니다.

아직 끝나지 않은 일본군 '위안부' 문제

일본군 '위안부'는 일제가 국가 차원에서 성노예를 동원했던 범죄행위였습니다. 일제는 제2차세계대전 중 자신의 점령지인 한국, 중국, 필리핀 등지에서 여성들을 동원했습니다. 그녀들은 주로 취업 사기에 속아 끌려갔으며, 유괴나 강제 연행의 방식으로 끌려가기도 했습니다. 해당 여성들은 전쟁 중 신체적·정신적으로 큰 고통을 받았으며, 전쟁이 끝난 후에도 일본에게 제대로 사과받지 못한 채, 괴롭게 살아왔습니다.

노예 사냥과 같은 강제 연행은 없었다고?

팩 트 뉴 스

유괴나 취업 사기는 있었지만 노예사냥과 같은 강제 연행은 없었다!

강제 연행설을 뒷받침해 온 또 하나의 근거가 위안부들의 증언이다. 일반적으로 역사학자들은 다른 자료를 통해 방증되지 않은 개인의 증언을 사료로 인정하지 않는다. 일본군에게 노예사냥을 당하듯이 끌려갔다는 증언은 대부분 조작된 것이다.

일본군'위안부'의 경우 강제 연행이 없었다고 주장하는 사람들은 흔히 피해 여성들의 증언을 실증적인 증거로 생각하지 않고 강제 연행을 입증하는 공문서를 요구합니다. 실제로 총독부가 공문서에 그런 내용의 지시 사항을 자세히 표기했을 리도 만무합니다. 김일성이 남침을 지시한 공문서를 찾을 수 없다면 한국전쟁의 책임이 북한에 없는 것일까요? 히틀러의 유대인 학살 지시 공문서를 찾을 수 없다면 홀로코스트가 없었던 일이 될까요?

또 창작물인 영화나 여러 가지 가공된 영상 자료에서 묘사되는 듯한 노예사냥과 같은 강제 연행은 없었다며 강제 동원 자체를 부정합니다. 대중문화에서 간혹 소개되는 '노예사냥과 같은 강제 연행' 사례가 주류가 아니었다는 지적은 사실입니다. 실제로 '노예사냥과 같은 강제 연행'이 가장 많은 비중을 차지하는 것은 아닙니다. 정대협이 만들어진 당시에는 납치의 비중이 컸던 것으로 생각됐지만, 피해자 신고를 한 할머니들을 인터뷰한 결과 취업 사기가 가장 많았다고 합니다. 일본군'위안부' 피해자들의 약 70% 정도가 여공이나 식모로 취업시켜 준다는 말에 따라나섰다고 합니다. 주로 표적이 된 것은 농촌 출신으로 가난한 가정의 미혼 소녀들이었습니다. 하지만 앞서 서술했듯이 '강제'란 일본 헌병이나 순사가 여성을 총칼로 위협하며 머리채를 끌고 트럭에 태우는 식의 좁은 의미만을 지니지 않습니다. '강제'란 본인의 의사에 반하는 행위를 시키는 것 모두를 뜻합니다. 일본의 구 형법 제226조에서는 여성을 해외(일본 밖)로 이송할 목적으로 약취·유괴·

인신매매한 자는 2년 이상의 징역에 처한다고 규정되어 있었습니다. 약취는 폭행이나 협박 따위의 수단으로 타인을 자기의 지배 아래 두는 것을 말합니다. **굳이 노예사냥과 같은 사례가 아니더라도 '위안부' 제도는 이미 형사 범죄인 '유괴죄', '약취죄'에 해당했습니다.**

'위안부'는 개인의 영업이었고, 자유 폐업의 권리와 자유가 있었다고?

팩트뉴스

'위안부' 개인의 자유의사와 계약을 통해 영업한 것이며, '자유 폐업'의 권리가 있었으니 성노예제가 아니다!

위안부제를 국가나 군대가 조직한 성노예제라는 주장은 위안부 제도가 지닌 복잡한 역사적 특질을 지나치게 단순화하거나 특정의 속성을 과장한 오류를 범한 것이다. 일정한 자격과 조건을 갖추면 그녀들은 폐업을 신청하고 허가를 받아 귀향길에 오를 수 있었다. 업자가 여인들을 모집할 때 전차금을 지불했지만 여인들을 얽어맬 굴레가 되지는 못했다.

'자유 폐업'의 권리가 있었다는 주장을 하는 이들의 의도는 일본군 '위안부' 제도가 성노예제가 아니었으며 자발적으로 돈을 버는 매춘부였다고 주장하기 위한 것입니다. 절망적인 감금 상태도, 선택의 자유가 전혀 없었던 것도 아니었다고 하며 위안부는 위안소라는 장소에서 영위된 개인의 영업이었다고 강조합니다. 일본 본토의 공창제에는 자유 폐업 조항이 있었습니다. 구두나 우편으로 경찰에 폐업계를 낼 수 있었다고 하지만, 그러한 규정은 현실에서 작동하기 무척 어려운 것이었습니다. 하지만 식민지 한국 땅에선 창기의 자유 폐업 규정조차 없었고, 업자의 폐업 권리만 규정되어 있었습니다. 물론 뒤에 나오는 고故 문옥주 할머니에 관련된 이야기에서 일부 증언만을 선별해 제시한다면 '위안부' 생활에 개인의 선택이 들어갔을 수도 있지만, 증언 역시 전체 맥락을 읽어야 합니다. 그리고 그런 사례와 상반되는 사례, 자료, 피해자의 증언들이 훨씬 많습니다. 또한, 일본군'위안부'의 경우 전쟁터에서 전방과 후방의 사례가 무척 달랐습니다. 과연 최전선 지역에서도 자유 폐업이 가능했을까요? 이는 현실과 매우 동떨어진 주장입니다. 자유 폐업이라면 선금이 남아 있어도, 계약기간이 남아 있어도 다른 방식으로 부채를 변제하고 그만둘 수 있어야 했습니다. **일본군'위안부'는 본인의 의사가 무시된 채 인신매매에 의해 선금에 얽매여 업자에게 구속된 '사실상의 성노예'로 간주할 수 있습니다.**

어떤 학자는 자유 폐업이 가능했음을 증명하는 자료라며 『버마전선 일본군 '위안부' 문옥주』(2005, 모리카와 마치코, 아름다운사람들)에서 문옥주가 '계약이 만료되어 귀국길에 올랐다가 스스로 귀국을 보류하고 위안부 생활을 좀 더 했다'고 합니다. 이는 일본군'위안부'가 성노예가 아니었음을 강조하기 위함입니다. 하지만 실제로 소개한 책에 서술된 내용은 이것과는 다소 다릅니다. 문옥주가 귀국 허가를 받은 것은 사실입니다. 문옥주는 버마에 대한 공습이 심해 생명과 안전을 담보할 수 없게 되자 손님으로 오는 군의관에게 폐병 진단서를 써 달라고 부탁했고, 그 가짜 진단서로 귀국의 기회를 얻은 것입니다. 일제가 선택의 자유를 준 것이 아닙니다. 이어서 문옥주가 귀국을 포기한 이유는 배를 타기 직전 대합실에서 깜빡 졸다가 아버지의 환영을 보았고, 꿈에서 아버지가 지금 가는 길이 위험하니 가지 말라고 했기 때문이라고 합니다. 실제로 문옥주가 타기로 했던 배는 미군의 공격으로 침몰되었습니다. 생존을 위해 꾸민 일을 자유 폐업의 근거로 제시하고, 이야기의 일부만 편집해 제시하는 것은 옳지 않습니다.

일본의 위안소는 수요가 확보된 고수익 시장이었다고?

팩 트 뉴 스

'위안부' 입장에선 수요가 확보된 고수익 시장이었다! 적지 않은 금액을 저축하고 본가에 송금해…

일본군 위안소는 후방의 공창제에 비해 고노동, 고수익, 고위험의 시장이었다. 주말에는 하루 70원 정도 수입을 얻을 수 있었는데, 당시로서는 상당한 고수익이었다.

일본 극우 역사 부정론자들은 일찍부터 일본군 '위안부'의 수입이 장군이나 장교보다 더 좋았다고 주장해 왔습니다. 이들은 앞서 소개한 책『버마전선 일본군 '위안부' 문옥주』(2005, 모리카와 마치코, 아름다운 사람들)에서 문옥주 할머니의 이야기 가운데 자신들에게 유리한 부분만 편집하여 제시합니다.

　예컨대 문옥주의 경우 모았던 군표(훗날 조선에 돌아가면 현금으로 지급한다며 발행한 것)를 1945년 9월까지 총 26,551엔(26,145엔과 이자)을 저금했는데, 그것이 오늘날의 가치로 환산하면 약 8억3,000만 원이라는 식입니다. 하지만 **이러한 자료는 전쟁 당시 하이퍼 인플레이션**hyper inflation**을 고려하지 않은 속임수에 불과합니다.** 제2차세계대전 당시 아시아 각지의 물가지수를 살펴보겠습니다.

1943~1945년 아시아 각지의 물가지수

(단위 : %)

	도쿄	랑군	마닐라	싱가포르
1943.12	111	1,718	1,196	1,201
1944.6	118	3,635	5,154	4,469
1944.12	130	8,707	14,285	10,766
1945.3	140	12,700	14,285	–
1945.6	152	30,629	–	–
1945.8	161	185,648	–	35,000

※출처 : 「탈진실의 시대, 역사 부정을 묻는다」(2020, 강성현, 푸른역사),
'원본 출전 – 일본은행 통계국 편, 「전시 중 금융통계 요람」-자료」를 재인용

　1945년 8월 물가지수는 도쿄가 161, 버마의 랑군(지금의 미얀마 양곤 지역)이 185,648입니다. 도쿄 역시 전쟁의 영향으로 물가지수가 올

> ...
> 호기심에 찬 젊은 처녀라는 것과 위안부라는 사실이 내 안에서 타협하고 있던 것은 여기 만달레이에 있을 때까지였다.
> 7,8개월이 지나자 대구관의 우리들에게 아키압 쪽으로 이동하라는 명령이 떨어졌다. 우리들은 결국 만달레이에서 일해서 번 돈을 한 푼도 받지 못했다.
>
> 『버마전선 일본군 '위안부' 문옥주』 94쪽

랐지만, 랑군의 그것에 비교할 것이 되지 못합니다. 도쿄에 비해 물가지수가 약 1,153배 높은 것입니다. 물가지수가 1,153배 높다는 것은 도쿄에서 100엔으로 구입할 수 있는 물건을 랑군에선 115,300엔으로 구입 가능하다는 의미입니다. 문옥주가 저금한 군표 26,551엔은 1945년 8월의 물가지수를 고려하면 23엔의 값어치, 6월의 물가지수를 고려하면 132엔, 3월의 물가지수를 고려하면 292엔의 값어치였습니다. 그리고 일제는 동남아시아의 인플레이션이 일본 본토에 영향을 주지 못하게 예금 동결 등의 조치를 취합니다. 즉, 문옥주는 전혀 가치가 없는 군표를 저금한 것입니다. 문옥주는 1992년, 저금한 금액이 일본 당국의 저축금 원부에 그대로 남아 있는 것을 알고 시모노세키우체국을 방문해 저금 금액을 돌려달라고 요구했습니다. 하지만 그녀는 끝내 해당 금액을 돌려받지 못하고 1996년 10월 26일 세상을 떠났습니다.

또한 역사 부정론자들도 그녀가 악어가죽 가방, 다이아몬드 등을 구입했다며 '위안부'가 사치스러운 소비를 할 수 있는 '고수익의 직종'이

> 랑군 시장에는 보석가게도 있었다. 버마는 보석이 많이 나는 곳이었기 때문에 루비나 비취가 특히 싼 편이었다. 친구들 중에는 보석을 많이 모으는 사람도 있었다. 나도 하나 정도 가지고 있는 게 좋을 것 같아서 큰 맘 먹고 다이아몬드를 사기도 했다.
>
> 『버마전선 일본군 '위안부' 문옥주』 121쪽

었음을 강조합니다. 사치품은 수요의 가격 탄력성이 크기 때문에(금본위제를 실시할 때이므로 금과 같은 귀금속, 명품 브랜드 등은 제외) 전쟁 상황에는 가격이 떨어집니다. 쌀이나 소금 같은 필수품은 사람들이 거의 일정한 양을 소비하므로 가격 탄력성이 작지만, 사치품은 없어도 살아가는 데 지장이 없으므로 수요가 적으면 가격이 떨어지기 때문입니다. 전시와 평시의 상황을 같게 보는 것은 비합리적입니다.

조선의 기생 제도와 공창제가 일본군'위안부' 제도의 뿌리라고?

팩 트 뉴 스

일본군'위안부'는
조선의 기생 제도와 공창제를 뿌리로 한다!

1916년 이후 조선 내에서 공창제가 대중화되었다. 그리고 위안부로 나간 여인의 상당수가 기생 양성소인 권번 출신이거나 요리옥의 기생 출신이었다.

이러한 주장을 하는 이들은 일본군이 새롭게 군 위안소를 설치했다기보다 기존의 성매매업소가 그대로 일본군의 군 위안소로 바뀐 것이라고 주장합니다. 그렇기 때문에 일본군'위안부' 문제는 일본 정부나 일본군의 책임이 아니라는 의미입니다. 이러한 이야기는 혹시 문제가 있었더라도 그 문제는 일본 정부나 일본군에게 있는 것이 아니고 모두 업자들의 책임이라는 논리를 만들어 냅니다.

한국 역사에서 공창제는 일제강점기, 일본에 의해 도입되었다가 미군정기에 폐지된 제도입니다. 일본에서는 에도시대 때부터 공창제를 시행해, 다소 변화가 있긴 했지만 메이지유신 이후까지도 이어졌습니다. 그렇게 만들어진 공창제가 대한제국이 식민지가 된 후 한국에 이식된 것입니다. 물론 조선에는 기생 제도가 있었습니다. 하지만 기생 제도와 일본에 의해 도입된 공창제는 다른 점이 많습니다. 조선의 기생은 하나의 신분으로서 관에 속해 있으면서 연회를 할 때 노래를 하거나 춤을 추는 예인으로서의 활동이 주된 업무였습니다. 수청을 드는 것은 부차적인 일이었고, 이때도 돈이 오가는 매매의 과정은 아니었습니다. 이에 비해 근대적 공창제의 중요한 특징은 성매매를 국가가 관리한다는 것입니다. 국가는 '유곽'이라는 특별 구역을 만들어 성매매를 합법화하고, 업자들에게 세금을 걸고, 창기들에 대해 정기적으로 성병 검사를 하는 등 직접적으로 통제했습니다. 일제에 의해 강요된 이런 시스템이 공창제였습니다. 그러나 공창제와 일본군'위안부' 역시 차이가 있습니다. 무엇보다 공창제하의 업소가 자본의 논리에 따라 운영되었다면, 군 위안소는 일본 군대의 통제하에서 주도적으로 업자를 선정해 운영되었기 때문입니다. 조선의 기생 제도는 물론이고, 일제에 의해 이식된 공창제 역시 강제 연행과 성노예제 성격의 일본군'위안부'와는 분명히 다릅니다. 또 그들은 원래 창부였던 사람들을 데리고 간 것이기 때문에 아무 문제가 없다고 주장합니다. 하지만 이러한 주장이 사실이 아니라는 것은 수많은 일본군'위안부' 피해자들의 증언으로도 이미 알려진 바입니다.

일본군'위안부'와 관련하여 강제 연행이 없었다는 주장은 거짓입니다. 강제란 본인의 의사에 반하는 모든 행위를 의미하기 때문입니다. 또 일본군'위안부'는 개인의 영업이 아니었고, 일본이라는 국가가 벌인 국가적인 범죄였습니다. 일부 사례의 편집과 왜곡으로 자유 폐업이 가능했다는 식의 억지와, 피해자들이 높은 수익을 얻었다는 식의 논리는 일본군'위안부' 제도가 성노예제가 아니었음을 주장하기 위한 것입니다. 이러한 주장들은 일본군'위안부' 피해자들에게 2차, 3차 가해를 하는 것입니다.

일본군'위안부'란 무엇일까?

피해자에서 인권운동가로

일본군'위안부'란 특히 아시아·태평양전쟁 말기 일제가 계획한 성 착취·인신매매 시스템에 의해 일본 군인에게 성폭력과 인권 침해를 당한 피해 여성을 말합니다. 1991년 8월 14일 고故 김학순 할머니께서 기자회견에서 일본군'위안부' 피해 사실을 최초로 공개 증언하면서 이 문제가 국제사회에 알려졌습니다. 그리고 1992년부터 서울 종로구에 있는 일본 대사관 앞에서는 매주 수요일 일본 정부의 사과와 진상 규명 등을 요구하는 수요 시위가 열렸습니다.

일제는 어린 소녀에서부터 30대에 이르는 한국인 여성을 취업 사기, 인신매매 등의 다양한 방법으로 강제 동원하여 일본군이 배치된 곳으로 데려갔습니다. 이 일본군'위안부' 동원에는 당시 일본군과 공권력이 직접 개입하였습니다. 영문도 모르고 끌려온 일본군'위안부' 피해 여성들은 낯선 곳에서 자유를 빼앗기고 성폭력 및 성적 학대를 받았습니다. 이런 끔찍한 경험은 일상적인 생활을 할 수 없을 만큼 큰 트라우마로 남아 평생 피해 여성들을 힘들게 했습니다. 가해국인 일본은 여전히 일본군'위안부' 문제 책임을 회피하며 진심 어린 사과를 하지 않고 있어 한국과 일본의 갈등은 깊습니다. 하지만 피해 여성들은 용기를 내 침묵을 깨고 나와 당당히 역사의 진실을 말하고 있으며, 여성 인권과 인류의 보편적 가치를 위해 힘쓰는 인권운동가로 활동하고 있습니다.

일본군'위안부'를 가리키는 용어의 변화

그런 일본군'위안부' 문제에 관심을 갖고 공부하려고 하는데 해당 문제를 가리키는 용어 자체도 여러 가지가 사용되어 혼란스러울 때가 있을 것입니다. 역사적 쟁점으로서 일본군'위안부' 문제에 대한 연구가 진행됨에 따라 많은 사실들이 밝혀지고 문제를 바라보는 시각도 변화해 왔습니다. '정신대', '종군위안부', '일본군 성노예' 등 피해자를 지칭하는 용어가 특히 그렇습니다.

'위안부' 관련 피해자 지원 단체가 '한국정신대문제대책협의회'(이하 정대협)인 것에서 알 수 있듯이 초기에는 '정신대'라는 용어를 많이 사용했습니다. 하지만 '정신대挺身隊'라는 용어는 '앞장서서 나아가는 무리'라는 뜻으로 일제의 부름에 솔선해서 나간다는 의미이기 때문에 적절한 용어가 아닙니다. 그리고 '위안부'와 '정신대'를 동일한 것으로 간주했던 정대협 운동 초기의 오해와는 달리 '정신대'는 '위안부'와는 다른 것이었습니다.

'정신대'는 1944년 여자정신대근로령 공포와 동시에 전쟁 노동력으로 동원된 여성들을 가리키는 용어입니다. 그럼에도 불구하고 '정신대'를 '위안부'로 착각했던 것은 일제가 식민지 한국에서 '위안부' 동원에 '정신대'라는 용어를 활용했기 때문이었습니다.

'근로정신대'와 '위안부'를 구별하게 된 후로 피해자들을 지칭하기 위해 한동안 '종군위안부'라는 용어를 사용했습니다. 하지만 '종군기자' 등의 표현에서 자주 쓰이는 '종군從軍'이라는 표현도 '군대를 따라다닌다'는 의미로 자발성을 강조한 것이기 때문에 강제 동원의 한 갈래인 '위안부'를 가리키기엔 적절치 않다는 비판이 제기되어 최근에는 일본군'위안부'라는 표현을 주로 사용하게 되었습니다.

그런데 일본군'위안부'를 표기할 때 작은따옴표를 붙입니다. '위안부'에 작은따옴표를 붙여 일본군'위안부'라 부르기로 한 것은 1995년 제3차 일본군'위안부' 문제 아시아 연대회의부터였습니다. '위안부'라는 용어에서 '위안'은 단어 뜻 그대로 안식을 주고 위안을 준다는 의미입니다. 피해자들에게는 명백히 '폭력'이었던 사태를 '위안'이라고 표현하는 것은 자발적인 참여를 내포한 가해자 입장의 표현으로, 피해자의 마음을 고려하지 않은 것입니다. 그래서 일본군과 일본 정부가 사태를 주도했다는 역사적 사실을 보여 주고, 그 강제성과 부정적 의미를 환기시킨다는 뜻으로 작은따옴표를 붙입니다.

일본군'위안부'의 의미를 가장 정확히 포착한 용어로는 '일본군 성노예'가 있습니다. 현재 국제사회에서는 '성노예sexual slave'라는 표현을 자주 사용합니다. 하지만 피해자들이 생존해 있는 상황에서 인터뷰 등을 할 때 피해자를 지칭해 '성노예'라는 표현을 사용하기에는 어감이 너무 강하기 때문에, 위안소 제도를 가리키는 경우 외에는 잘 사용하지 않습니다.

일제의 '위안부' 제도는 여성을 '성적대상물'로 만들어 전쟁을 수행하기 위한 남성을 '총알받이'로 만들기 위한 장치였습니다. 물론 일제는 한국인뿐만 아니라 일본, 중국, 싱가포르, 말레이시아, 필리핀, 인도네시아 등 여러 국가의 여성들을 '위안부'로 동원하였습니다. 일본군이 각국의 여성들을 '위안부'로 동원하기 위해 강제 연행한 사실은 관점에 따라 달라지는 것이 아닙니다. '사실'이기 때문입니다.

일본군'위안부' 피해 여성들이 원하는 것은 일본이 국가 차원에서 책임지고 배상하는 것, 재발 방지를 위해 해당 내용을 교과서에 실어 제대로 교육하는 것, 관련자들을 처벌하는 것입니다. 너무 늦지 않게 그들의 소망이 이루어져야 할 것입니다.

일본이 주장하는
독도 영유권

독도는 분명 한국의 고유영토로서 분쟁의 대상이 될 수 없습니다. 그럼에
도 불구하고 일본은 오늘날까지 계속 독도에 대한 영유권을 주장하고 있
습니다. 일본 극우 언론의 보도뿐만 아니라 학생들이 공부하는 교과용 도
서에도 독도는 일본의 영토이며, 일본의 영토를 대한민국이 불법점거하고
있다고 서술하고 있습니다.

일본은 예부터 독도의 존재를 알고 있었을까?

팩 트 뉴 스

일본은 예부터 다케시마의 존재를 인식하고 있었다!

지금의 다케시마는 일본에서 일찍
이 '마쓰시마'라고 불렸으며, 반대
로 울릉도를 '다케시마' 또는 '이소
다케시마'로 불렀다. 다케시마 또
는 울릉도의 명칭에 대해서는 유
럽의 탐험가 등에 의한 울릉도 측
위(測位)의 잘못에 따라 일시적인
혼란이 있었지만 일본국이 '다케
시마'와 '마쓰시마'의 존재를 옛날
부터 인지하고 있었던 것은 각종
지도나 문헌에서도 확인할 수 있
다. 예를 들면 경위선을 투영한 간
행 일본 지도로 가장 대표적인 '나
가쿠보 세키스이'의 「개정일본여
지로정전도(改正日本輿地路程全
図)」(1779년 초판) 외에도 울릉도
와 다케시마를 한반도와 오키 제
도 사이에 정확하게 기재하고 있
는 지도가 다수 존재한다.

일본이 오래전부터 독도에 대해 인식하고 있었다며 제시하는 지도 자료들은 18세기 이후의 지도들입니다. 그 지도는 「개정일본여지로정전도」(1846, 메이지대학도서관 사진 제공)와 「다케시마 지도」(1724, 돗토리현립 박물관 사진 제공)입니다. 특히 「개정일본여지로정전도」의 경우를 근거로 들어 더욱 오래된 지도인 초판을 가지고 이야기하는데, 참고 자료의 이미지는 초판이 아닌 19세기 지도를 제시합니다. 더 오래된 1779년 초판본을 제시하면 더 좋을 텐데 왜 그렇게 하지 않을까요? 이 지도의 초판본에는 일본 영토에는 채색이 되어 있고, 울릉도와 독도, 지도에 일부만 제시된 조선 본토에는 채색이 되어 있지 않습니다. 자신들의 영토가 아니기 때문에 채색하지 않은 것이지요. 그렇다면 주장의 자료로 제시한 1846년판 지도는 어떻게 채색되어 있을까요? 울릉도와 독도, 조선 본토의 일부인 부산에도 채색이 되어 있기 때문에, 채색 자체가 의미가 없다는 결론을 내릴 수 있습니다.

특히 이 지도에서 주목할 것은 '거리선'입니다. 지도에는 치바현에서 250km 이상 떨어진 시마네현의 오키 제도에 거리선이 그어져 있지만, 울릉도와 독도에는 아무런 선이 없습니다. 일본이 자국의 영토라고 인식했다면 두 섬의 이름이 서로 뒤바뀌어 사용됐다는 것은 이해할 수 없는 일이며, 서양인들에 의해 붙여진 '리양코도(또는 랑코도)'와 같은 이름을 사용했다는 것은 더욱 이해가 어렵습니다. '리양코도'는 1849년 프랑스인이 독도를 보고 자신들의 선박인 리앙쿠르호의 이름을 따서 '리앙쿠르 암초Liancourt Rocks'라고 부른 것이 계기가 되어 부르게 된 이름입니다. 혹시 「개정일본여지로정전도」가 사찬私撰 지도라 신빙성이 없다면, 관찬官撰 지도인 「조선동해안도」(1876, 일본 해군성 발행)를 예로 들어 볼까요? 이 자료는 울릉도와 독도를 조선의 동해안에 그려 놓은 좋은 근거 자료입니다. **일본이 한국에 비해 상대적으로 오래전부터 독도의 존재를 인식하고 있었다는 주장은 분명한 거짓입니다.**

한국이 예부터 독도를 알고 있었다는 주장이 근거가 없다고?

팩 트 뉴 스

한국이 예부터 다케시마를 인식하고 있었다는 주장은 근거가 없다!

한국 측은 조선의 고문헌 『삼국사기』(1145), 『세종실록지리지』(1454), 『신증동국여지승람』(1530), 『동국문헌비고』(1770), 『만기요람』(1808), 『증보문헌비고』(1908) 등의 기술을 근거로 우산도가 현재의 다케시마(독도)라고 주장하고 있다. 그러나 『삼국사기』를 보면 우산국이었던 울릉도가 512년 신라에 귀속되었다는 기술만 있을 뿐, '우산도(독도)'에 대한 언급은 없다. 또 안용복이라는 인물의 신빙성 낮은 진술을 무비판적으로 받아들인 문헌(『동국문헌비고』, 『만기요람』)들을 제시하며 우산도가 곧 독도라고 주장하고 있다. 끝으로 『신증동국여지승람』의 「팔도총도」에는 '울릉도'와 '우산도'가 별개의 두 섬으로 그려져 있지만, 우산도는 울릉도와 거의 같은 크기로 그려져 있고 더욱이 울릉도의 서쪽에 위치하고 있다. 우산도는 실제로 존재하지 않는 섬이라는 것을 알 수 있다.

대한민국에 현존하는 가장 오래된 사서인『삼국사기』에는 신라의 이사부가 우산국을 정벌했다는 기록만 있을 뿐,『삼국사기』를 통해 우산국이 어떤 섬들로 이루어져 있는지는 알 수 없습니다. 하지만 300년 정도 후에 나온『세종실록지리지』에는 다음과 같은 기록이 있습니다.

> "우산도와 무릉도라는 두 섬은 울진현의 정동쪽 바다 가운데 있다. 두 섬은 서로 멀리 떨어지지 않아, 날씨가 맑은 날에는 바라볼 수 있다. 신라 때는 우산국이라 불렀다."

우산국이 무릉도(울릉도)와 우산도(독도)로 이루어졌다는 내용입니다. 굳이 날씨가 맑은 날에만 볼 수 있다는 단서를 붙인 이유는, 실제로 독도는 울릉도에서 맑은 날에만 육안으로 볼 수 있고, 그렇지 않은 경우에는 보이지 않기 때문입니다. 울릉도에 더 가까운 관음도나 죽도라면 이런 단서를 붙일 필요가 없었을 것입니다.

조선 정부는 안용복에게 공무원 사칭에 관해 벌을 주는 과정에서 '감형'을 시켜 주는데, 이는 울릉도와 독도에 대해 일본에서 진술한 내용 때문이었습니다. 이는 당시 조선 정부가 안용복의 진술을 사실로 받아들였다는 근거이기도 합니다.

또한「팔도총도」와 관련된 내용 또한 반박할 수 있는데, 15세기 당시 조선의 과학기술이 근대나 현대처럼 발달하지 못했기 때문에 우산도(독도)의 크기를 울릉도처럼 크게 그린 오류가 생긴 것입니다. 그렇다고 해서 근대 과학기술 및 지도 제작 기술의 잣대를 15세기 지도에 적용하는 것이 적합할까요? 크기나 위치가 다소 잘못되었다고 하더라도 그것을 '인식'하고 있었다는 것은 매우 중요합니다. 이를 두고 독도라는 섬이 실제 존재하지 않는 상상의 산물이라고 주장하는 것은 논리에 맞지 않습니다. 과연 일본은 15세기 또는 그 이전의 지도 가운데 '독도'를 자국의 영토로 표시하고 있는 자료를 제시할 수 있을까요?

이에 더해 「팔도총도」에 제시된 독도의 위치가 잘못되었다는 주장에 대해 좀 색다른 이야기를 해 볼까 합니다. 현재 학생들이 사용하는 사회과부도에는 실제 거리가 멀어 도면 밖으로 나가는 섬의 형태를, 네모 상자를 그린 후 그 안에 그리는 경우가 있습니다. 이 또한 실제 위치와는 전혀 다르지만, 그렇다고 제주도는 존재하지 않는 섬이라는 식의 주장을 하는 이는 없습니다. 과거의 우리 지도(「팔도총도」, 「천하도」, 「천하총도」 등)들도 이와 유사한 방식으로 제작했다고 합니다. 도면 밖에 있는 섬을 상하, 좌우로 1~2회 접어 도면 안으로 이동시켜 표기하는 '접는 지도' 방식으로 지도를 제작하는 것입니다. 오늘날 대한민국 전도를 그릴 때 지도 밖으로 나가는 섬들을 지도의 여백에 상자를 그리고 그 안에 그려 넣는 방식보다 오히려 합리적인 방식일지도 모릅니다. 접은 형태를 다시 펼치면 지도 밖에 그려질 섬의 방위와 거리까지 정확하게 파악할 수 있기 때문입니다. 실제 「팔도총도」에서 울릉도 서쪽에 있는 우산도(독도)를 역으로 오른쪽으로 한번, 아래쪽으로 한번 펼치면 독도가 울릉도의 동남쪽에 위치한다는 것을 확인할 수 있습니다. **한국은 예부터 독도를 인식하고 있었습니다.**

17세기 중반, 일본이 이미 독도의 영유권을 확립했다고?

팩 트 뉴 스

일본은 17세기 중반에 이미 다케시마의 영유권을 확립하였다!

1618년(또는 1625년) 돗토리번 호키국 요나고의 주민, 오야 진키치(大谷 甚吉)와 무라카와 이치베(村川 市兵衛)는 돗토리번의 번주(藩主)를 통하여 막부로부터 울릉도(당시의 일본명 '다케시마')에 대한 도항면허를 취득했다. 그 이후 양가는 교대로 1년에 한 번 울릉도로 도항하여 전복 채취, 강치(바다사자) 포획, 수목 벌채 등에 종사했다. 양가는 채취한 전복을 쇼군 집안 등에 헌상하는 등 막부의 공인하에 울릉도를 독점적으로 경영하였다. 이 기간 중 오키에서 울릉도에 이르는 길에 위치한 다케시마(독도)는 항행의 목표 지점으로, 배의 중간 정박지로, 또한 강치나 전복 잡이의 장소로 자연스럽게 이용하게 되었다. 즉, 일본은 늦어도 에도시대 초기에 해당하는 17세기 중엽에 다케시마에 대한 영유권을 확립한 것이다. 당시 막부가 울릉도나 다케시마를 외국 영토로 인식하고 있었다면, 쇄국령으로 일본인의 해외 도항을 금지한 1635년에는 이 섬들에 대한 도항 역시 금지하였을 것이다. 그러나 그러한 조치를 취하지 않았다.

일본이 근거 자료로 제시하는 팸플릿 속 한글 표현인 '도항면허'라는 용어 대신 '도해면허'라는 용어를 사용하여 설명하겠습니다. 실제 도항면허 서류를 가리키는 일본어는 '渡海'로 쓰기 때문입니다. 고맙게도, 일본은 도해면허 사진까지 제시하며 스스로 도해면허를 발행했다고 인정하고 있습니다. '도해면허'란 자국 내 섬으로 도항하는 데는 필요 없는 문서입니다. 그러므로 도해면허를 발행했다는 것 자체가 오히려 일본이 울릉도와 독도를 일본의 영토로 인식하지 않았다는 사실을 입증하는 것이지요.

또한 일본은 1635년에 쇄국령을 발하였음에도 불구하고 울릉도와 독도에는 같은 조치를 취하지 않았다고 합니다. 하지만 이후 일본의 막부는 1696년 1월 "도해면허를 주면 안 되는 일이었다."며 스스로 도해면허 지급을 철회했습니다. 이후의 역사적 사실들을 숨기며 자신들에게 유리한 근거만 들며 주장을 펼치는 것은 모순입니다. 더구나 도해면허 지급을 근거로 독도를 자국의 영토라고 주장하는 것은 울릉도 역시 자신들의 영토라고 주장하는 것이나 다름없습니다.

그리고 일본의 17세기 영유권 확립론은 1905년 시마네현이 독도를 편입할 때의 논리인 '무주지 선점론'과 양립할 수 없는 논리입니다. '무주지 선점론'은 주인이 없는 땅을 1905년에 일본이 먼저 차지했다는 뜻인데, 17세기에 이미 영유권을 확립했는데 20세기 초에 주인 없는 땅을 먼저 점유했다는 것 자체가 모순이기 때문입니다.

17세기 중엽의 일본 고문서인 「은주시청합기隱州視聽合記」(1667)에는 '일본의 서북쪽 한계를 오키 섬으로 한다'고 기록되어 있습니다. 일본인들 스스로가 독도를 자국의 영토에서 제외하고 있는 것이지요.

일본은 근대국가로서의 체계를 갖추기 위해 1876년부터 내무성 주관으로 지적地籍 편찬 사업을 추진했습니다. 내무성 관리는 각 지역을 순회하며 지적 편찬을 위한 조사를 하던 중 시마네현에서 '다케시마'에 관해 조회했습니다. 내무성 관리는 시마네현 관할로 보이는 '다케시마'를 지적에 어떻게 편제할 것인지 옛 기록과 지도(「이소다케시마 약도」)를 첨부해 내무성에 문의해 줄 것을 요청합니다. 시마네현 입장에서는 17세기 초부터 오야와 무라카와 두 집안이 막부의 허가를 받아 다케시마(울릉도)에 가서 동식물을 가져와 팔았기 때문에 자신들의 영토에 속한다고 여겨졌지만 판단이 잘 서지 않았던 것입니다.

내무성 관리가 처음에 조회를 요청한 것은 '오키국 모처의 다케시마'에 대해서였는데, 시마네현은 여기에 '일도一島'를 추가해 내무성에 문의합니다. 왜 시마네현은 내무성 관리가 묻지도 않은 '일도'를 추가해 문의했을까요? 그 이유는 시마네현 역시 예부터 다케시마(당시 일본이 울릉도에 부여한 명칭)와 마쓰시마(당시 일본이 독도에 부여한 명칭)를 묶어서 인식해 왔기 때문입니다. '일도一島'라는 표현이 정확히 독도를 가리키는 것인지 불분명하다고 생각할 수도 있겠지만, 그들이 첨부한 「이소다케시마 약도」에 표기된 바에 의하면, 그들이 언급한 섬 하나는 그들이 마쓰시마라고 불렀던 독도였습니다. 내무성은 태정관에 관련 문서들을 제출합니다. 태정관이란 어떤 기관일까요? 일본은 메이지유신(1868~)을 단행해 막부체제에서 텐노체제로 전환하면서 국정을 총괄하는 기구로서 태정관제를 신설합니다. 즉 태정관은 당시 일본 국정 최고의 권력기관이었지요. **태정관은 1877년, 17세기 말 한**

일 간 교섭 결과를 토대로 "문의한, 다케시마(竹島, 울릉도) 외 일도(
一島, 독도)의 건은 본방과 관계없음을 명심할 것"(1877. 3. 29. 승인된
지령)이라고 하면서 독도가 일본의 영토가 아님을 공식적으로 인정
하였습니다. 여기서 '지령'이란 최종 확정된 법령과 같은 의미입니다.
이미 근대로 들어선 일본의 최고 기관인 태정관에서 울릉도와 독도가
일본의 영토가 아님을 언급한 것이며, 태정관이 언급한 '17세기 말 한
일 간 교섭 결과'란 안용복의 일본 방문 이후에 조선과 일본이 진행한
교섭을 의미합니다. 또 1870년 일본 외무성의 「조선국교제시말내탐
서朝鮮國交際始末內探書」의 '죽도(울릉도)와 송도(독도)가 조선 부속으로
되어 있는 시말'이라는 보고서를 작성하여 독도가 한국 땅임을 그들
스스로 인정했습니다. 따라서 일본이 17세기 중반에 이미 독도의 영
유권을 확립했다는 주장은 거짓입니다.

17세기 말, 일본은 독도에 가는 것을 허용했을까?

팩 트 뉴 스

일본은 17세기 말 다케시마에 가는 것을 금지하지 않았다!

1696년 울릉도 주변 어업을 둘러싼 한일 간의 교섭 결과, 일본 막부는 조선
왕조와의 우호를 고려하여 울릉도에 도항하는 것은 금지하였지만, 다케시
마에 도항하는 것은 금지하지 않았다.

1696년, 막부의 도해 금지령 이후 일본 어민들이 독도에 온 사례는 크게 줄어듭니다. 도해 금지 이후에도 일본 어민들이 계속 독도에 건너왔다면 이후 '마쓰시마'와 '다케시마'의 명칭이 서로 바뀌는 혼란은 일어나지 않았을 것입니다. 과거 일본은 울릉도를 다케시마竹島, 독도를 마쓰시마松島라고 불렀지만, 이후 그 이름이 뒤바뀌었습니다. 그리고 1836년, 일본 하마다번에 살던 '이마즈야 하치에몬'이란 사람이 도해 금지령을 어기고 울릉도에 갔다가 처형당한 사건이 있었습니다. 그때 이마즈야 하치에몬을 심문하는 과정에서 작성된 「다케시마 방각도」는 울릉도와 독도를 나란히 그리고 있고, 두 섬은 조선의 영토와 같은 색으로 채색돼 있었습니다. **조선의 영토와 같은 색으로 채색돼 있다는 것도 당연히 중요한 내용이지만, 울릉도와 독도를 나란히 그렸다는 점도 그냥 지나칠 수 없습니다.** 이는 일본에서도 독도를 울릉도의 부속 도서로 인식하고 있었음을 보여 주는 사례이기 때문이지요. 당시 일본의 기록에 독도는 울릉도의 부속 도서로 등장하며, 단독으로 등장하는 사례는 찾을 수 없습니다. 따라서 일본이 17세기 말, 울릉도에 가는 것은 금지하는 한편 독도에 가는 것은 금지하지 않았다는 주장은 거짓입니다.

한국이 안용복의 거짓 진술을 독도 영유권의 근거로 인용한다고?

팩 트 뉴 스

한국은 안용복이라는 인물의, 사실에 반대되는 진술을 다케시마 영주권의 근거로 인용하고 있다!

안용복은 울릉도 도항 금지를 어긴 자로서 조선의 관리에게 문초를 받았는데, 이때 안용복의 진술이 현재 한국의 다케시마 영유권 주장에 대한 근거의 하나로 인용되고 있다. 한국 측 문헌에 의하면 안용복은 1693년 일본에 왔을 때 울릉도 및 다케시마를 조선령으로 한다는 취지의 문서를 에도막부로부터 받았으나, 쓰시마 번주가 그 문서를 빼앗아갔다고 진술하였다고 한다. 그러나 안용복이 1693년에 일본으로 끌려왔다가 송환된 것을 계기로 일본과 조선국 사이에서 울릉도 줄어를 둘러싼 교섭이 시작되었기 때문에, 1693년의 일본 방문 시에 막부가 울릉도와 다케시마를 조선령으로 한다는 취지의 문서를 부여할 리가 없으며, 실제로 그러한 사실은 없다.안용복은 1696년 일본에 왔을 때 울릉도에서 일본인들을 보았다고 한다. 그러나 이때는 막부가 울릉도 도항을 금지하고 있어, 일본인은 울릉도로 도항을 하지 않고 있었다.

일본은 해외에 나가 관리를 칭하여 국법을 어긴 안용복에게 죄를 묻는 과정에서 나온 진술들을 믿을 수 없다고 합니다. 안용복이 자신의 죄를 덮기 위해 거짓으로 공을 만들어 냈다는 것이지요. 물론, 안용복의 진술 가운데 '관백(일본의 텐노를 대신해 정무를 총괄하는 관직)을 만나고 왔다'는 식의 착각한 부분도 분명히 있지만, 이를 두고 안용복의 이야기가 100% 거짓이라는 것은 일본 측의 억지 주장일 뿐입니다.

1693년 안용복은 일본으로부터 '울릉도와 독도를 조선령으로 한다' 는 문서를 받았지만 쓰시마(당시 조선과 일본의 무역 창구) 번주에게 그 문서를 빼앗겨 증거가 사라진 상태입니다. 하지만 안용복의 활동이 아니었다면 1696년 초 막부의 도해 금지령은 나오지 않았을 것입니다. 에도막부가 다케시마(울릉도) 외 돗토리번에 부속된 섬이 있는지 물었을 때, 돗토리번은 "다케시마(울릉도), 마쓰시마(독도)는 물론 그밖에 부속된 섬이 없다."고 답했습니다. 왜 이러한 질문과 답변이 오갔을 까요? 전혀 마찰이 없는데 막부 측에서 도해 금지령을 내렸다고 보기에는 무리가 따릅니다. 1693년 쓰시마 번주에게 빼앗긴 증거 자료는 찾을 수 없지만 2005년 일본에서 발견된 안용복 관련 조사 보고서인 「원록9병자년조선주착안일권지각서元祿九丙子年朝鮮舟着岸一券之覺書」, 일명 「겐로쿠元祿각서」에는 안용복이 휴대한 지도를 참조하여 조선 팔도의 이름을 기술하면서 다케시마(울릉도)와 마쓰시마(독도)가 강원도에 소속됨을 기록하고 있습니다. 당시 안용복이 독도를 조선 땅이라고 진술한 사실을 명백히 입증하고 있는 것이지요.

또한, 안용복이 두 번째로 일본을 방문했을 때가 1696년인데, 당시는 막부의 도해 금지령이 나왔을 때이므로 안용복이 그해 5월 울릉도에서 일본 어민들을 만났을 리가 없다고 일본은 주장합니다. 그러면서 안용복의 진술은 신뢰할 수 없다는 논리를 펼칩니다. 17세기에는 지금처럼 전자문서 체제로 중앙의 공문이 지방까지 순식간에 전달되는 구조가 아니었습니다. 막부에서 도해 금지령을 내린 것은 그해 1월이지만 해당 지역의 주민들이 울릉도와 독도 도해 금지령을 전달받은 것은 같은 해 8월입니다. 따라서 5월에 울릉도에서 일본인을 만났다는 안용복의 주장은 오히려 신빙성이 있는 것입니다. 그러므로 안용복이라는 인물이 사실에 반대되는 진술을 했다는 주장은 거짓입니다.

1905년, 독도가 일본의 영토임을 재확인하였다고?

팩 트 뉴 스

일본, 1905년에 각의 결정에 따라
다케시마를 영유한다는 의사를 재확인하다!

오늘날 다케시마에서 본격적으로 강치를 포획하게 된 것은 1900년대 초부터였다. 그러나 그로부터 얼마 후 강치 포획의 과다 경쟁 상태로 시마네현 오키 섬 주민인 나카이 요자부로는 사업의 안정을 꾀하기 위하여 1904년 9월 내무, 외무, 농상무 3대신에게 '리양코도(다케시마)'의 영토 편입 및 10년간 대여를 청원했다. 나카이의 청원을 받은 일본 정부는 시마네현의 의견을 청취한 후, 다케시마를 오키 도청(島廳)의 소관으로 해도 문제없다는 것과 '다케시마'의 명칭이 적당하다는 것을 확인했다.

이를 근거로 1905년 1월 각의 결정을 거쳐 다케시마를 '오키 도사(島司)의 소관'으로 결정함과 동시에 이 섬을 '다케시마'로 명명하였으며, 이러한 취지의 내용을 내무대신이 시마네현 지사에게 전달했다. 이 각의 결정에 따라 일본은 다케시마의 영유에 대한 의사를 재확인하였다.

한편, 한국은 1900년 '대한제국 칙령 41호'에 따라 울릉도를 울도(鬱島)로 개칭함과 동시에 도감(島監)을 군수(郡守)로 하였다. 그리고 이 칙령 속에서 울도군(鬱島郡)이 관할하는 지역을 '울릉전도(全

팩 트 뉴 스

島)와 죽도(竹島), 석도(石島)'로 규정하고 있으며, 여기서 말하는 '죽도'는 울릉도 근방에 있는'죽서(竹嶼)'라는 작은 섬이지만, '석도'는 바로 지금의 '독도'를 가리킨다고 주장하는 연구자도 있다. 그 이유로는 한국의 방언 중 '돌'은 '독'으로도 발음되어 한자로는 '독도'가 되기 때문이라는 것이다. 그러나 '석도'가 오늘날의 다케시마를 가리키는 것이라면, 칙령에는 왜 '독도'라는 명칭이 사용되지 않은 것인지, 왜 '석도'라는 섬 이름이 사용되었는지, 또 한국 측이 다케시마의 옛 명칭이라고 주장하는 '우산도' 등의 명칭이 도대체 왜 사용되지 않았는가 하는 의문이 생긴다. 또 그 의문이 해소된다고 해도 한국 측이 독도를 실효적으로 지배했다는 사실은 없다.

독도가 일본의 고유영토라며 1905년에 편입시켰다고 하는 주장대로라면, 다른 고유영토에 대해서도 편입 조치를 했어야 합니다. 또 자국의 영토에 대해서 영유할 의지가 있다는 것을 재확인한다는 것은 국제법상 있을 수 없으며, 그러한 전례 또한 없습니다. 1905년의 편입 조치를 처음에는 무주지 선점이라고 했다가 훗날 영유 의사 재확인으로 말을 바꾼 것은, 일본의 주장에 근거가 부족하기 때문입니다. 시마네현 편입 조치는 러일전쟁 중 한반도에 이루어졌으며, 대한제국이 일본의 조치를 알게 된 즉시 독도가 대한제국의 영토임을 재확인했으나, 이때는 을사늑약으로 외교권이 박탈된 상태여서 이의를 제기하지 못했을 뿐입니다. 일본이 1905년 시마네현에 독도를 편입하기 전에 이미 대한제국의 실효적 지배가 있었음을 알려 주는 것이 바로 '대한제

국 칙령 제41호'입니다. 칙령勅令이란 황제의 명령을 뜻하며, '대한제
국 칙령 제41호'는 1900년 고종이 10월 25일 울릉도를 울도군으로,
울릉도 도감을 울도군 군수로 격상한 관제 개정을 가리킵니다. 본 칙
령의 제2조에는, '군청의 위치는 태하동台霞洞으로 정하고, 구역은 울
릉전도(鬱陵全島, 울릉도 전체의 섬)와 죽도竹島, 석도石島를 관할할 것'
이라고 명시되어 있는데, 여기에 언급된 석도는 현재의 독도를 가리킵
니다. 한국이 독도를 실질적으로 지배한 적이 없다는 주장과 무주지
선점론을 거짓 주장으로 일축할 수 있는 사료이지요. 그런데도 일본은
칙령에서 언급된 '석도石島'가 바로 독도라는 것을 인정하지 않습니다.

　이는 울릉도 주변에 섬이 많지 않기 때문에 해당 명칭을 주변의 도
서에 대입해 보면 알 수 있습니다. 울릉도 주변에는 죽도, 관음도, 도
항, 독도 등이 있습니다. 일본 학자 중에는 석도가 관음도를 가리킨다
고 주장하는 이도 있습니다. 관음도는 우리말로 '깍새섬'이라고도 부
르는데, 울릉도와 무척 가까운 섬입니다. 그리고 관음도와 마주한 곳
에 도항이 있습니다. 도항의 우리말은 '섬목'으로 울릉도 끝자락에 이
어진 섬의 목에 해당하며, 최근 도항과 관음도 사이에 연륙교가 놓였
는데, 그만큼 서로 가깝습니다. 그래서 도항과 관음도를 거의 동일시
하기도 합니다. 1900년 대한제국은 이미 도항 및 관음도를 인식하고
있었고 유사 지명도 있었습니다. 따라서 대한제국이 칙령을 제정할 때
도항과 관음도 중 하나가 석도에 해당된다고 여겼다면, 둘 중 하나를
선택해 표기했을 것입니다. 그러나 대한제국은 '석도'라는 새로운 지

명을 언급했습니다. 이는 관음도와 석도가 다른 섬이기 때문입니다. 도항과 관음도는 글자의 뜻이나 음을 보더라도 '돌'과 연관되기 어렵습니다. 일본의 말대로 '독도'의 '독'은 '돌'을 뜻하는 방언이기 때문입니다. 한국의 지명을 보면 부르는 방식과 표기하는 방식이 다른 경우가 많습니다. 울릉도 지명 가운데 와달리(臥達里, 호칭과 표기 방식 동일)는 음을 빌려 한자로 표기한 것입니다. 하지만 음과 뜻을 섞어 차용하여 표기하는 경우도 있습니다. 방패섬(防牌島, 방패도-표기)과 알봉(卵峰, 란봉-표기)이 그 예입니다. 또 아예 뜻을 취해 한자로 표기한 경우도 있습니다. 예를 들면 댓섬(竹島, 죽도-표기)이 있습니다. 두 개의 큰 섬과 많은 암석들로 이루어진 독도의 모습은 한눈에 보아도 돌섬으로 느껴집니다. 이를 '석도石島'라고 표기하는 것은 전혀 어색하지 않습니다.

'대한제국 칙령 제41호' 외에 한국이 독도를 실질적으로 지배했다는 사료도 있습니다. 바로 「울도군 절목」(1902)입니다. 이 사료는 초대 울도 군수인 배계주의 후손이 울릉군청에 소장 사실을 알리며 2010년 세상에 알려졌습니다. 울릉도 수출품에 과세한다는 내용이 발견되었는데, 이는 대한제국이 1900년에 칙령을 내린 후에도 울도군을 지속적으로 관할해 왔음을 보여 주는 것이지요. '절목節目'이란 중앙정부에서 해당 관서에 내린 구체적인 시행세칙으로, 일종의 시행령입니다.

> ## 울도군 절목
>
> ① 일본인의 불법 벌목 및 반출 엄금, ② 외국인에게 가옥과 전토 매매 금지, ③ 개척민에 대한 세금을 면제하되 본토 복귀자는 전답을 환수할 것, ④ 관청 신축으로 인한 민폐 금지, ⑤ 군수 및 관리에 대한 급료 규정, ⑥ 상선 및 수출입 화물에 대한 징세 규정, ⑦ 관선 마련을 위한 대책, ⑧ 기타 사항 등을 규정한다.

　세부 내용을 살펴보면 군수와 관료의 급료 규정도 세밀하게 제시되어 있어 대한제국 정부가 당시 울도군의 행정에 깊이 개입하고 있음을 알 수 있습니다. 더구나 「울도군 절목」에는 울릉도에 와서 물고기를 잡거나 미역을 채취하는 사람에게 10분의 1세를 거두라는 내용이 나옵니다. 세금을 징수했다는 것 역시 실효적인 지배를 한 것으로 볼 수 있지요. 그럼, 해당 절목이 독도와 관련 있었을까요? 「울도군 절목」의 서두는 '본 군(울도군)이 승격된 지 2년이 지났는데도 전도全島의 서무庶務가 아직 새로 시작되는 것이 많은 가운데'라고 시작됩니다. 1900년 울릉도를 군으로 승격시켰지만 초창기라 아직 업무가 제대로 정착되지 않아 절목으로 보완한다는 뜻입니다. 곧 「울도군 절목」은 1900년 '대한제국 칙령 제41호'의 연장선상에서 나왔음을 뜻합니다. 물론 「울도군 절목」에서 '석도'나 '독도'를 명시하고 있지는 않지만 작성 배경으로 칙령 제41호를 언급한 이상, 절목의 적용 범위에 칙령 제41호에 언급된 석도, 즉 독도가 포함된다고 보는 것이 합리적입니다.

미국은 독도에 대한 한국의 영유권을 명확하게 부정했을까?

.... 팩 트 뉴 스 ....

샌프란시스코강화조약 시
일본이 포기해야 할 지역에서 다케시마는 제외!

샌프란시스코강화조약 기초 과정에서 한국은 일본이 포기해야 할 영토에 다케시마를 포함시키도록 요구했지만, 미국은 다케시마가 일본의 관할하에 있다고 해서 이 요구를 거부했다. 1951년 샌프란시스코강화조약에서 일본이 그 독립을 승인하고 모든 권리, 권원 및 청구권을 포기한 조선에 다케시마가 포함되지 않았다는 사실은 미국 기록 공개 문서 등에서도 명백하다.

1945년 9월 2일 서명된 일본의 항복 문서를 준수하기 위해 연합군 총사령부는 연합국 최고 사령관 각서(SCAPIN) 제677호를 발표했습니다. 이 각서에는 한 장의 지도가 첨부되어 있었고 울릉도와 독도가 명백히 한국의 영토로 표기되어 있었습니다.

그런데, 해당 문건에 최종적인 결정은 아니라는 문구가 적혀 있었고 일본은 이를 두고 SCAPIN 제677호가 독도가 한국 땅이라는 것을 밝히는 문서가 아니라며 반박합니다. 그러나 이 문서를 통해 당시 연합국 총사령부의 인식이 어떠했는지 알기에 충분하지요. 이후 한국과 일본의 영토는 '샌프란시스코강화조약'에서 결정됩니다. 제2차세계대전의 전승국과 패전국이 미국 샌프란시스코에 모여 전쟁을 끝내기 위해 조약을 맺은 것입니다. 연합국들은 수차례에 걸쳐 샌프란시스코강화 조약의 내용을 다듬었고 조약의 1차 초안부터 5차 초안에는 모두 독도가 한국의 영토로 표기되어 있었습니다. 그런데, 제6차 초안에서 이상한 일이 벌어집니다. 독도가 일본 영토라고 기록된 것입니다. 당시 미국 국무성 주일 정치 고문 중 '시볼드'라는 사람이 있었는데, 시볼드는 일본에 거주하며 미국에 일본의 소식을 전하는 외교관이었습니다. 일본이 시볼드를 설득해 독도가 일본 영토로 표기된 6차 초안이 만들어졌던 것입니다. 6차 초안은 공개되자마자 다른 연합국들에게 거센 비난을 받았고, 7차 초안에서 독도는 다시 한국 영토로 표시됩니다. 그러나 시볼드는 다시 미국 정부를 설득해 제8차, 9차 초안에 다시 독도를 일본 영토로 포함시킵니다. 그러자 또 다른 연합국들의 비난을 받았고 제10, 11차 초안에서 독도는 다시 대한민국 영토로 포함됩니다. 이런 식으로 미국과 다른 연합국들은 계속 독도 문제로 충돌했던 것입니다. 그리고 이어진 제12차 초안에서 미국은 다시 독도를 일본 영토로 표시해 회의장에 나타났고, 다른 연합국들은 더 이상 샌프란시스코강화조약 초안 작성을 미국에게만 맡길 수 없다고 생각했습니다. 따라서 영국, 호주, 뉴질랜드 등 영국연방 국가들이 중심이 되어 '영국 초안'을 탄생시켰고 영국 초안에는 독도가 확실한 한국 영토로 제시됩니다. 이후 미국과 영국은 여러 차례 비밀 회담을 진행해 '영미 합동 초안'을 만들게 됩니다.

> 일본은 한국의 독립을 승인하고, 제주도, 거문도, 울릉도를 포함한 한국에 대한 모든 권리와 권원 그리고 청구권을 포기한다.

연합국은 해당 초안의 어디에도(한국 영토 조항에도, 일본 영토 조항에도) '독도'를 표기하지 않는 방식을 선택한 것입니다. **정리하자면 당초부터 미국은 독도를 한국의 영토로 인정했으며, 일시적인 미국의 태도 변화는 일본의 로비에 의한 것이고, 이후 미국은 중립적 입장을 취할 뿐 일본의 독도 영유권을 인정한 적이 없습니다.** 또 일본은 강화조약에서 남쿠릴열도(북방 4개섬)를 러시아의 영토로 인정한 조항은 거부하고 있습니다. 그러면서 명시적 규정도 없는 독도를 자국의 영토로 확정되었다고 하는 주장은 논리적 일관성이 없습니다. 미국이 독도에 대한 한국의 영유권을 명확하게 부정했다는 것은 거짓이며, 미국의 단독 의견 또한 특별한 효력을 지니지 않습니다.

주일 미군이 독도를 폭격 훈련 구역으로 지정했다고?

팩 트 뉴 스

다케시마는 주일 미군의 폭격 훈련 구역으로 지정되었기 때문에 일본의 영토였음이 분명하다!

다케시마는 1952년 주일 미군의 폭격 훈련 구역으로 지정되었으므로 일본 영토로 취급되었음이 분명하다. 미일행정협정에 입각하여 주일 미군이 사용하는 폭격 훈련구역의 하나로 다케시마를 지정하는 동시에 외무성에 이를 고시하였다.

독도는 1952년 당시 우리 측 방공식별구역KADIZ 내에 있었으며, 미 공군은 한국의 항의를 받고 독도를 폭격 훈련 구역에서 즉각 해제한 후 그 사실을 한국 측에 공식적으로 알렸습니다. 이는 당시 독도가 일본 방공식별구역JADIZ 밖에 있었으며, 독도가 한국의 영토임을 다시 한 번 확인시켜 주는 사례입니다. 여기서 '방공식별구역'이란 자국의 영토와 영공을 방어하기 위한 구역으로, 국가안보를 목적으로 자국 영공으로 접근하는 군용 항공기를 조기에 식별하기 위해 설정한 임의의 선을 말합니다.

다음은 1952년 5월 23일 중의원 외무위원회에서 나온 시마네현 출신 야마모토 의원과 이시하라 외무차관의 발언 내용입니다.

야마모토 의원	이번 일본의 주둔군 연습지 지정에 있어서, 독도 주변이 연습지로 지정되면 그 (독도) 영토권을 일본의 것으로 확인받기 쉽다는 생각에서 외무성이 연습지 지정을 바라고 있는지 그 점에 대해 말씀해 주시기 바랍니다.
이시하라 차관	대체로 그런 발상에서 다양하게 추진하고 있는 것 같습니다.

출처 : 동북아역사재단 누리집

1952년 당시 거듭된 독도 폭격이 모두 일본의 유도에 의한 것임은 일본 의회에서의 발언 내용 등을 통해 쉽게 알 수 있습니다.

한국이 독도를 일방적으로 불법점거하고 있다고?

팩트뉴스

한국, 국제법에 위배되는 다케시마 불법점거를 하고 있다!

한국은 다케시마를 불법점거하고 있으며, 일본은 엄중하게 항의를 하고 있다. 한국에 의한 다케시마 점거는 국제법상 아무런 근거 없이 이루어지고 있는 불법점거이며, 한국이 다케시마에서 행하는 어떤 조치도 법적인 정당성이 없다.

일본이 독도 영유권 확보를 의도한 것은 1905년 조치에 의해서이며, 한국은 앞서 서술한 것과 같이 이미 1905년 이전에 독도에 대한 영유권을 확립하였습니다. 일본이 말하는 '이승만 라인'은 1952년 이승만 대통령이 대한민국 연안 수역 보호를 목적으로 선언한 '해양주권선'으로, 독도를 한국 수역에 포함시킨 해양주권선(평화선)을 말합니다. 이승만 대통령의 이러한 행동이 가능했던 것은 대한민국이 독립을 인정받은 주권국가였기 때문입니다. 당시 대한민국 정부가 '해양주권선'을 선언했을 때 연합국 총사령부는 그 어떤 조치도 취하지 않았습니다. 사실상 연합국이 평화선을 인정해 준 셈이지요.

한국이 독도 문제 국제사법재판소 회부를 거부한 것이 잘못된 일일까?

팩 트 뉴 스

한국, 평화적 해결을 위한 다케시마 문제 국제사법재판소 회부를 거부해!

일본은 다케시마 영유권에 관한 문제를 국제사법재판소에 회부할 것을 제안하고 있지만, 한국이 이를 거부하고 있다.

1965년 대한민국과 일본이 한일 협정을 체결할 때, 일본이 독도 문제를 국제사법재판소에서 해결하자고 했지만 대한민국은 이를 거절

합니다. 이후 일본은 새로운 제안을 하는데, '중재 위원회'를 만들어 독도 문제를 비롯한 한일 간 분쟁을 해결하자고 한 것입니다. 그러나 대한민국은 '독도는 확실한 대한민국의 영토이며 분쟁지역도 아니므로 중재 위원회에서 해결할 것이 아니다. 또한 조약 내용에 독도가 대한민국에 불리하게 들어간다면 다른 모든 협정에 서명하지 않겠다.'고 못 박았습니다.

일본은 이를 받아들여 조약에서 독도의 이름을 삭제했고, 독도 문제 외 다른 문제는 대화로 해결하되 그렇지 않을 경우 제3국의 조정으로 해결하기로 합니다. 즉, 일본은 한일 간 분쟁 해결에 국제사법재판소라는 수단을 포기한 것이며 독도를 분쟁지역에서 제외시킨 것입니다. 이것은 사실상 일본이 독도를 포기한 것이지요. 그 뒤로도 일본 정부는 대한민국 정부에 국제사법재판소에 독도 문제를 회부하자고 정식 제안한 적이 없습니다. **현재 일본이 국제사법재판소 이야기를 하는 것은 일본 국민에게 보여 주기 위한 형식적인 몸짓일 뿐입니다.**

일본은 오래전부터 독도의 존재를 인식하고 있었다고 주장하면서, 주장의 근거로 보통 18세기 이후의 자료들을 제시합니다. 한국이 독도를 인식한 시기보다 훨씬 늦은 시기의 자료들이지요. 또 일본은 17세기에 이미 독도의 영유권을 확립했다고 하지만 태정관 지령 등의 자료를 보았을 때 이런 주장은 거짓입니다. 훗날(1905년) 자신의 영토임을 재확인했다는 것 또한 논리적이지 않습니다. 자신들 영토를 재확인하는 것 자체가 어색하고 불필요한 과정이기 때문입니다. 샌프란시스코강화조약 시 일본 측의 로비에 의해 미국의 입장이 수시로 바뀐 것은 사실이지만, 미국 역시 연합국의 일원이었으므로 미국의 단독 의견은 특별한 효력이 없습니다. 독도가 한국의 고유 영토라는 것은 분명한 사실이기 때문에, 일본이 취하는 각종 정치적 제스처에 굳이 휩쓸릴 필요는 없을 것입니다.

독도는 어떤 섬일까?

동쪽 끝 섬, 독도

대한민국 국민 중에 독도가 대한민국의 영토라는 것을 모르는 사람은 없을 것입니다. 그런데 어떤 근거로 그렇게 생각하는지 묻는다면 정확히 대답할 수 있는 사람이 얼마나 될까요? 이런 상황에서 일본은 2015년부터 초등학교 5~6학년 6종 교과서에 '독도는 역사적으로 일본 영토인데, 이를 한국이 무력으로 강제 점령하고 있다.'는 내용을 실어, 일본 학생들에게 그대로 가르치고 있다고 합니다. 독도 문제는 현재 한·일 양국이 해결해야 할 중요한 과제 가운데 하나지요. 그럼 독도는 어떤 섬이고, 독도에 대해 한·일 양국이 지니고 있는 기본적인 시각차는 무엇일까요?

북위 37도 14분 26.8초, 동경 131도 52분 10.4초, 북위 37도 14분 30.6초, 동경 131도 51분 54.6초…, 나열한 숫자들은 모두 지도에서 독도의 동도, 서도의 위치를 가리키는 말입니다. 사실 이렇게 복잡하게 나열할 것도 없이 대한민국 지도의 동해 바다에서 가장 오른쪽에 있는 작은 섬이 바로 독도입니다. 독도는 대한민국의 영토이기 때문에 우리가 흔히 사용하는 도로명 주소를 사용합니다. 동도에 있는 독도경비대는 '경상북도 울릉군 울릉읍 독도이사부길 55', 독도등대는 '경상북도 울릉군, 울릉읍 독도이사부길 63', 서도에 있는 주민 숙소는 '경상북도 울릉군 울릉읍 독도안용복길 3'으로 도로명 주소가 부여되어 있습니다. 오랜 옛날, 독도는 지금보다 훨씬 큰 하나의 섬이었다고 합니다. 긴 세월 동안 파도와 바람을 맞으며 크기가 점점 줄어들었고, 결국 동도와 서도 비교적 큰 두 개의 섬과 89개의 작은 바위섬으로 이루어지게 되었지요. 우리가 보는 독도는 울릉도의 약 400분의 1 정도밖에 안 되는 작은 섬입니다. 하지만 독도는 바다 밑 화산활동으로 만들어진 2,000m가 넘는 해산으로, 그 꼭대기 부분만 수면 위로 보이는 것이지요. 사실은 제주도의 한라산보다도 더 높은 것입니다. 많은 이들이 독도가 대한민국 동쪽 끝에 있다고 해서 '막내 섬'으로 부르기도 하는데, 사실 독도는 약 460만 년 전에서 250만 년전 사이 수차례의 화산활동으로 만들어진 섬입니다. 울릉도(약 250만 년 전), 제주도(약 120만 년 전)가 생긴 시기보다 훨씬 앞서 만들어졌다고 합니다.

독도의 생물과 자원

독도는 육지로부터 무척 멀리 떨어져 있는 섬입니다. 독도에 가려면 포항에서 울릉도까지 배를 타고 3시간, 다시 울릉도에서 배를 타고 2시간이 걸리는 거리로, 그 여정이 만만치 않지요. 가장 가까운 섬인 울릉도에서도 약 87.4km나 떨어져 있는 섬으로, 육지에서 멀리 떨어져 있는 만큼 사람들의 손길이 잘 닿지 않아 독도는 자연 그대로의 모습을 간직하고 있습니다. 강한 바닷바람 때문에 동식물이 자라는 데 유리한 조건은 아니지만, 독도에는 약 160종의 조류와 약 60종의 식물, 약 130종의 곤충 종, 그 외에도 수많은 해양 생물(대한민국 외교부 독도 누리집)들이 살고 있습니다. 독도의 생명들 가운데 안타까운 사연을 지닌 동물도 있는데, 바로 바다사자의 일종인 '강치'입니다. 강치는 약 200년 전만 해도 독도에 무려 5만 마리가 살고 있었다고 합니다. 하지만 강치의 가죽을 노린 일본 어부들의 무분별한 사냥으로 멸종되었지요.

사회 시간에 독도를 난류와 한류가 만나는 황금 어장이라고 배운 기억이 있을 것입니다. 말 그대로 독도에는 차가운 물을 좋아하는 물고기와 따뜻한 물을 좋아하는 물고기가 모두 모이고 그들의 먹이가 되는 플랑크톤도 무척 풍부합니다. 게다가 많은 해양 생물들의 안전한 산란처 역할을 하기 때문에 독도의 해양 생물들을 남획하지만 않는다면, 독도는 앞으로도 계속 대한민국의 황금 어장 역할을 할 수 있을 것입니다.

흔히 독도의 천연자원으로, 미래 에너지 '메탄 하이드레이트'를 이야기합니다. 메탄 하이드레이트는 깊은 바닷속 미생물의 활동이나 바닷속 메탄가스가 낮은 온도와 높은 압력의 영향을 받아 단단하게 굳어진 자원입니다. 얼음처럼 생겼지만 불을 붙이면 가스처럼 타오르지요. 독도 주변에는 약 6억 톤 정도의 메탄 하이드레이트가 묻혀 있고 그 가치는 무려 150조 원에 달한다고 합니다. 당장 상용화하기는 힘들겠지만, 훗날 천연자원이 부족한 대한민국의 중요한 에너지원이 될지도 모르겠습니다.

독도를 바라보는 한일 양국의 시각차

대한민국은 기본적으로 독도를 울릉도의 부속 도서로 생각합니다. 그리고 지증왕 13년(512년) 이사부 장군이 우산국을 정벌한 후부터 독도가 고유영토였다고 봅니다. 그에 비해 일본은 울릉도와 독도를 별개의 것으로 생각합니다. 그들이 주장하는 핵심 내용은 '무주지 선점론'입니다. 독도는 주인이 없는 땅(무주지)이었고, 국제법에 의거해 합법적인 절차로 1905년 시마네현 고시를 발표해 자신들의 영토로 편입한 것이니 일본의 영토라는 시각입니다.

일본의 억지 주장과 역사왜곡이 어제 오늘 일이 아니라는 것은 많은 사람이 알고 있습니다. 그리고 한국인 중에서도 그러한 주장을 그대로 수용하여 억지 주장을 펼치는 사람들이 있습니다. 억지 주장을 펼치는 이들에게 감정적으로 대응하기는 쉽지만, 사실 어떤 논리로 억지 주장을 내세우는지 파악하지 못하는 경우가 많습니다. 억지 주장을 제대로 반박하고 논리적인 주장을 펼치기 위해서는 많은 준비와 노력이 필요할 것입니다.

2

현대사 팩트체크

이번 장에서는 해방 후 3년간의 역사와 제주4·3, 한일 협정, 5·18민주화운동을 다룹니다. 이 사건들은 모두 우리나라 현대사의 큰 변곡점이 된 역사적 장면들입니다. 해방 후 3년은 분단을 비롯한 현대 우리나라의 근간이 이루어진 시기입니다. 제주4·3은 이념의 맹신과 국가의 위력이 어떤 결과로 이어지는지 알려 준 참혹한 사건이었지요. 한일 협정은 한일 간 화해의 기회로 시작했으나 오늘날까지 한일 갈등으로 이어진 원인이 되었습니다. 5·18민주화운동은 우리나라는 물론 세계 민주화운동의 촛불이 되어 주었습니다. 그러나 이 현대사 4장면은 높은 역사적 위상만큼이나 가짜 뉴스로 몸살을 앓고 있습니다. 이미 역사적인 판단이 끝났음에도 가짜 뉴스는 끊임없이 반복되고 생산됩니다.

우리 삶을 바꾼 해방 후 3년

1945년 8월 15일, 우리나라는 드디어 해방을 맞이합니다. 이때부터 대한민국 정부수립까지 총 3년, 해방 후 3년*은 한국인들이 미래에 대한 꿈과 희망을 품은 시간이었습니다. 민주주의국가를 이루겠다는 꿈, 사회주의 이념을 이 땅에 실현하겠다는 꿈, 외세에 휘둘리지 않는 나라를 세우겠다는 꿈까지. 해방은 새로운 가능성을 품은 씨앗이었습니다. 반면, 해방 후 3년은 권력의 공백과 이념에 의한 갈등이 고스란히 드러난 시간이기도 했습니다. 해방 후 3년의 가능성과 혼란은 저마다의 꿈을 품었던 여운형, 김구, 김규식, 이승만, 박헌영, 김일성 그리고 미국과 소련의 선택과 행동의 결과였습니다. 사건으로 따지자면 모스크바삼상회의와 당시 보도가 큰 역할을 했지요. 당시 인물들의 행동과 모스크바삼상회의에 대한 선택들은 오늘날 우리의 삶에도 깊이 관여하고 있습니다.

'인민'이라는 말은 공산주의자들의 용어일까?

팩 트 뉴 스

인민이란 용어 말고, 국민이란 용어를 쓰자!

····

인민이란 단어는 오랫동안 공산주의자들이 주로 쓰던 용어다. 따라서 대한민국은 인민이란 말보다 국민이란 단어를 써야 한다.

• 『해방 후 3년』(조한성, 생각정원)에서 따온 이름이다. 대한민국 정부수립 과정을 이해하는 데 많은 도움이 되는 책이다.

'조선민주주의인민공화국'은 북한의 정식 국호입니다. 여기에도 '인민'이란 말이 들어가 있지요. 뉴스나 영화에 등장하는 북한 사람들도 '인민'이란 말을 자주 씁니다.

그래서 많은 사람들이 '인민'이라는 말을 공산주의자들이 쓰는 말, 또는 공산주의자들을 가리키는 말로 생각합니다. 그러다 보니 해방 직후 조선건국준비위원회(이하, 건준)에서 비롯된 '조선인민공화국', '인민위원회' 등이 공산주의국가나 단체로 여겨지면서 평가절하된 면이 있습니다.

심지어 현대 정부의 시작점인 건준을 공산주의국가와 연결시키기도 합니다. 물론 '여운형'이라는 좌익 인사가 건준을 주도한 것은 사실입니다. 하지만 여운형은 좌익을 넘는 넓은 스펙트럼을 지니고 있었을 뿐 아니라, 건준의 구성원들 중에는 안재홍 등 상당수 우익 인사가 포함되어 있었습니다. 조선인민공화국은 여운형과 박헌영이 수립했지만, 국가수반은 완벽한 우익 인사인 이승만으로 정하는 등의 좌우합작 노력이 있었습니다. 건준과 조선인민공화국을 단순히 좌익의 단체나 국가로 매도할 수는 없는 것입니다.

실제로 '인민'이라는 말은 '사람들'이란 뜻을 담고 있으며 개화기 때에도 대중들에게 친숙하게 사용되던 말입니다.

갑신정변 정강에 '인민 평등의 권리'가 들어가 있고 독립신문에서도 자주 사용했던 표현이지요. 일제강점기에도 마찬가지였고, 대한민국 임시정부 임시 헌장에도 '인민'이라는 말이 등장합니다.

　대한민국 임시 헌장 제3조에는 '대한민국 인민은 남녀 귀천, 빈부의 계급이 무하고 일체 평등함'이라 명시되어 있습니다. 나머지 조항들에도 '사람들'이란 개념이 들어갈 곳에는 '인민'이란 말이 등장하지요. 인민의 진짜 뜻을 조선인민공화국에 대입해 보면 '조선 사람들의 공화국' 정도가 되는 것이고, 이렇게 보면 크게 이상하지 않습니다.

　'인민'은 대한민국 제헌국회 때 이념적 의미를 부여받으면서 남한 내 사용 빈도가 급격히 줄어들었습니다. 제헌국회가 헌법 초안을 작성할 때 이를 주도했던 유진오 의원이 '인민'이라는 단어를 쓰자, 다른 국회의원이 "인민은 공산주의자들이나 쓰는 단어라서 써서는 안 된다."고 하여 '인민'을 '국민'으로 바꾸게 된 것입니다. 이때부터 '국민'이란 단어가 '인민'을 대체하기 시작했습니다.

　'인민'은 인식론적 편견의 결과로 대한민국에서는 사장된 단어가 되어 버렸습니다. '인민'이라는 단어를 쓰지 말자고 한 사람들이 의도한 바는 아니겠지만, 이제 '인민'은 정말로 공산주의국가에서만 쓰는 말이 되어 버렸습니다.

모스크바삼상회의의 핵심 내용은 신탁통치였을까?

········· 팩 트 뉴 스 ·········

"소련은 신탁통치 주장, 미국은 즉시 독립 주장, 소련의 구실은 38선 분할 점령"

모스크바에서 개최된 3국 외상 회의를 계기로 조선 독립 문제가 표면화하지 않을까 하는 관측이 농후해지고 있다. 즉 번즈James Byrnes 미 국무 장관은 출발 당시에 소련의 신탁통치 안에 반대하여 즉시 독립을 주장하는 훈령을 받았다고 하며, 삼국 간에 어떠한 협정이 있었는지는 불분명하지만 미국이 '카이로선언'에 따라 조선은 국민투표로써 그 정부 형태를 결정할 것을 약속한 것에 비하여, 소련은 남북 양 지역을 일괄한 일국 신탁통치를 주장하여 38도선에 의한 분할이 계속되는 한 국민투표는 불가능하다고 하고 있다.

1945년 12월 27일 『동아일보』 기사 내용입니다. 동아일보 이외의 다른 신문들도 대동소이한 내용을 보도했는데, 모스크바삼상회의에서 소련이 신탁통치를, 미국은 즉시 독립을 주장했다는 내용이지요.

통일되고 독립된 정부를 염원하던 대부분의 한국인들은 기사 내용에 격분했습니다. 12월 27일 한국민주당(이하, 한민당)은 곧바로 중앙집행위원회를 소집해 신탁통치 배격을 결의했고 국민운동 전개를 선언했습니다. 김구의 중경 임정은 '신탁통치반대국민총동원위원회'를 설치하고 반탁운동을 전개했으며, 이승만도 적극적으로 반탁운동을 주도했습니다. 한국인들에게 신탁통치는 곧 식민 통치의 연장이었습니다. 사람들은 제2의 독립운동을 한다는 마음으로 대규모 반탁운동에 참여했고, 반탁 시위의 불길은 1945년 겨울을 뜨겁게 달구었습니다. 반탁의 입장이면서도, 모스크바삼상회의의 전문을 읽고 신중하게 생각해야 한다던 송진우가 찬탁을 했다는 누명을 쓰고 암살당할 정도였지요. 그렇다면, 실제로 모스크바삼상회의에서 한국의 신탁통치가 결정되었을까요? 모스크바협정 전문을 살펴보지요.

1. 조선을 독립국가로 다시 수립함과 동시에 민주주의 원칙에 입각하여 나라를 발전시킬 수 있는 여건을 조성하고 일제 치하의 참담한 잔재를 최대한 조속하게 청산하기 위한 목적에서, 조선의 임시정부가 수립되어야 하고 (중략)
2. 조선의 임시정부 수립을 원조함과 동시에 그에 대한 적절한 방안을 미리 고안하기 위한 목적에서 (중략) 미·소공동위원회가 설치되어야 한다. 미·소공동위원회는 각자의 제안을 준비하는 과정에서 조선의 민주주의 정당과 사회단체와 협의해야 한다. (중략)
3. 조선 민족의 정치·경제·사회적 진보와 민주주의적 자치 발전과 한국의 독립국가 수립을 원조하고 지원하는 신탁통치 방안을 작성하는 일도 한국의 임시 민주 정부와 한국이 민주주의 단체의 참여하에 미·소공동위원회가 수행해야 할 과제다.
   소련, 중국, 영국, 미국 정부가 최대한 5년 동안 한국에 대해 신탁통치를 실시한다는 내용이 담긴 협정을 체결하기 위해, 미·소공동위원회가 작성한 제안서는 한국의 임시정부와 협의를 거친 후에 4개국이 공동으로 사전에 검토할 수 있도록 제출되어야 한다.
4. (중략) 조선 내에 주둔하고 있는 미·소 양국의 사령부의 대표자 회의가 2주일 이내에 개최되어야 한다.

미·소공동위원회가 한반도 내 정당, 사회단체와 협력하여 임시정부를 세우면 임시정부가 주체가 되어 다시 미·소공동위원회와 함께 신탁통치의 기간(최대 5년)과 방식을 정하고, 마지막으로 임시정부는 신탁통치 4개국의 지원을 받아 독립국가를 수립한다는 것이 모스크바협정 전문의 주요 내용입니다.

신탁통치의 의미도 미·영·소·중 4개 국가가 한반도를 직접 통치한다기보다는, 조선을 완전한 독립국가로 세우기 전까지 후원 국가가 되어 준다는 의미입니다. 따라서 나중에 소련이 남북한의 공산당에 "말이 신탁통치이지 실질적으로 후견제이므로, 한국인의 주권은 침해되지 않는다."며 삼상회의 결정을 받아들이도록 한 권유가 틀린 말은 아니었습니다.

항목	모스크바협정 전문	국내 언론 보도
1항	임시정부를 수립함.	관련 보도 없음.
2항	임시정부는 미·소공동위원회와 한반도 내 정당, 사회단체가 구성함.	관련 보도 없음.
3항	임시정부와 미·소공동위원회가 신탁통치 시기와 방법을 결정함.	관련 보도 없음.
	신탁통치는 독립국가 수립을 지원함.	신탁통치를 소련이 주장했다는 보도만 있음.
4항	미·소 양국 사령부가 2주 내에 회동함.	관련 보도 없음.

1945년 12월 27일 국내 언론의 모스크바삼상회의 관련 보도는 오보였습니다. 모스크바삼상회의의 주요 내용인 임시정부와 독립국가

수립에 관한 보도는 온데간데없고, 신탁통치조차 그 의미가 부정적으로 변질되어 있었지요.

처음엔 좌우 할 것 없이 모두 반탁운동의 입장이었던 남한 지역은 좌익들이 찬탁으로 돌아서자, 반탁 시위 일변도에서 우익과 좌익의 갈등 양상으로 바뀌어 갑니다. 그 결과, 남한 사회에서는 우익이 대중성을 얻어 득세하기 시작했고 좌익은 배척을 당했습니다.

1946년 1월 30일 모스크바협정 전문이 공개되었고 여운형을 중심으로 하여 조선인민당, 조선공산당(이상 좌익성향 정당), 한민당, 국민당(이상 우익성향 정당) 등 주요 4개당이 모스크바삼상회의에 대한 대책을 논의하고 4당 공동성명을 발표합니다.

"삼상회의에 대한 정확한 이해하에서 결의안의 조선 원조 정신을 지지하고 신탁 문제는 향후 수립될 임시정부를 통해 자주독립의 정신으로 해결한다."는 내용이었지요. 모스크바협정을 정확하게 이해한 성명이었습니다.(바로 다음 날, 한민당은 4당 합의를 부인합니다.) 그러나 이미 불붙은 신탁통치 논쟁은 우익과 좌익의 갈등의 선을 넘었고, 우익과 좌익의 대립이 가시화되었습니다. 우익과 좌익이 무엇 때문에 대립하기 시작했는지는 더 이상 중요하지 않게 되었지요.

이후 시작된 미·소공동위원회에서 소련은 우익 정당들의 반탁 행보를 문제 삼으며 미·소공동위원회와 협상할 정당 선정에 제동을 겁니다. 소련은 모스크바삼상회의 결과를 찬성한 좌익 세력만 임시정부에 참여시키고 싶었던 거지요. 미·소공동위원회는 파행을 거듭하여 무기 휴회라는 형식으로 협상이 결렬되고, 이때부터 이승만과 한민당이 단독정부 수립론을 제기합니다.

결국, 국내 언론의 오보가 통일된 정부에서 좌우 대립을 거쳐 단독정부 수립에 이르도록 친절히 이끈 꼴이 되었습니다. 물론 모든 잘못의 책임을 언론에게만 돌릴 수는 없습니다. 당시 언론들이 정확한 보도를 했다고 하더라도, 일부 정치인들이 왜곡하여 자신들에게 유리한 프레임을 씌울 가능성도 높았으니까요. 또 사람들이 모스크바협정 내용을 정확하게 파악했다고 하더라도, 미·소공동위원회가 제대로 운영되어 임시정부를 수립할 수 있었을지도 미지수입니다.

다만 언론의 역할이 사실을 제대로 체크하고 보도하여 사람들로 하여금 객관적인 판단을 할 수 있도록 하는 것이라고 볼 때, 과도기라는 불완전한 역사 속에서 치명적인 오보가 있었다는 점은 해방 후 3년 역사에서 내내 아쉬운 점입니다.

소련이 먼저 신탁통치를 주장했을까?

앞서 살펴봤듯이, 1945년 12월 27일 『동아일보』 1면 기사 제목은 '소련은 신탁통치 주장, 미국은 즉시 독립 주장'으로, 기사 내용도 온통 소련이 신탁통치를 주장했다는 내용이었습니다. 정말로 소련은 신탁통치를 주장했을까요? 국내 언론들의 보도가 나간 뒤 소련에서는 타스 통신을 통해 모스크바삼상회의의 전말을 공개했습니다. 이를 미루어 봤을 때 **신탁통치를 주장한 쪽은 미국이었습니다.**

> "미군 관할하의 남한에서 간행되는 많은 신문들은 한국 문제에 관한 모스크바의 미·영·소 3국 외상 회의의 결정과 관련하여 왜곡된 보도를 전하고 있다. (중략) 미국의 제안은 한국에서의 신탁통치를 위하여 4대국 대표로 구성되는 <고위 책임자 및 집행부 협의회>를 통하여 그 권한과 기능을 수행할 4대 세력이 참여하는 통치 기구를 창설하자는 것이다. (중략) 미국 측 제안은 한국 신탁통치 기간을 5년으로 하되 탁치 기간을 5년 연장이 가능한 것으로 하고 있다. (후략)"

1946년 1월 25일자 소련 신문에 발표된 한국 문제에 대한 타스 통신 성명의 전문을 요약한 글입니다. 미국이 신탁통치를 제안했고 그 시기도 5년 기본에 10년까지 연장이 가능하다는 내용을 담고 있지요.

사실 타스 통신은 1월 22일부터 국내 언론의 오보를 반박하기 시작했는데, 미군정의 맥아더 사령부는 처음엔 타스 통신의 반박에 강경하게 대응하다가 1월 25일자에 모스크바삼상회의 전말에 대해 상세한 보도가 나가기 시작하자 꼬리를 내렸습니다. 국가 간 협의 과정을 단독으로 보도해 버린 타스 통신이 외교적으로 무례를 범한 것은 사실입니다. 하지만 소련의 입장에서는 미군정이 남한 내 우익 세력의 대중성을 확보하게 하고 좌익 세력을 궁지로 몰고 있다는 확신이 들었던 겁니다.

그리고 미국은 모스크바삼상회의 이전부터 신탁통치를 염두에 둔

듯한 발언을 했습니다. 1943년 11월 말 카이로회담 당시 미국의 프랭클린 루스벨트 대통령은 영국의 처칠, 중국의 장제스와 "적절한 절차를 거친 다음 한국을 독립시킨다."고 합의했습니다. 여기서 말하는 '적절한 절차'란 바로 신탁통치를 뜻했지요. 1945년 2월 얄타회담에서 소련의 스탈린과의 대화에서 신탁통치에 대해 명확히 언급했는데, 당시 루스벨트는 "한국인은 자치 능력이 부족하다. 아마 20년 내지 30년 정도는 신탁통치를 해야 할 것 같다."고 말했습니다. 이때 스탈린은 "그렇게는 안 된다. 짧을수록 좋다"고 말합니다.

종합해 보면 미국은 선先 신탁통치를 주장했음을 알 수 있습니다. 그리고 타스 통신이 보도한 내용 등을 종합해 보면 소련은 한국 문제를 선先 임시정부로 해결하려 했습니다. 모스크바삼상회의 결과는 소련이 제시한 해결 방법에 미국이 말하는 신탁통치의 기한과 방법을 약화시켜 보탠 결과로 보입니다.

따라서 **'소련은 신탁통치 주장, 미국은 즉시 독립 주장'은 사실과 반대로 보도된 완벽한 오보였습니다.** 사실을 있는 그대로 보도하려면 이렇게 제목이 나왔어야 합니다. '소련은 임시정부 주장, 미국은 신탁통치 주장'

그렇다면, 우리에게 소련은 선하고 미국은 악하다는 이분법적 잣대를 갖다 댈 수 있을까요? 소련이 우리에게 선했다고 말하기는 어렵지만 미국보다 영리했던 건 확실합니다.

미국이나 소련 둘 다에게 한반도 문제는 그리 중요하지 않았습니다.

두 열강에게 중요했던 지역은 일본과 독일이었지요. 또 미국과 소련 모두 제2차세계대전의 피해를 정리하는 게 우선이었으며, 한반도 문제는 차순위였던 겁니다.

그런데 미국과 소련은 이 차순위 문제를 다른 방식으로 대응합니다. 미국은 신탁통치라는 집단 통치 체제로 한국 문제에 대한 책임을 나누려 합니다. 쉽게 말해 고통 분담을 하겠다는 것이었지요. 반면 소련은 한반도에 임시정부를 세우고 싶어 했습니다. 한반도에 들어와 보니 좌익 세력이 우익 세력에 비해 더 강력했고, 조직력이나 대중성 모두 좌익이 좀 더 앞서 있었던 겁니다. 마침 건준도 좌익 세력이 더 많이 포진해 있던 상태였지요. 소련은 미국과 달리 건준을 인정하면서 이를 토대로 임시정부를 세우고 싶었을 것입니다.

정리하자면, 소련이 임시정부를 선호했던 이유는 임시정부를 세웠을 때 좌익이 더 큰 세를 확보할 것이라고 판단했기 때문이지요. 미국이나 소련 모두 자신들이 크게 힘을 들이지 않고, 한반도에 자국과 좀 더 우호적인 정권을 수립하고 싶었던 것입니다. 다만 소련의 방식이 미국의 방식보다는 한국인의 정서에 부합했을 따름입니다.

동아일보는 모스크바삼상회의 결과를 정식 발표 전에 먼저 보도했을까?

팩 트 뉴 스

동아일보 및 국내 언론 보도가
모스크바삼상회의 결과 발표보다 빨랐다!

모스크바삼상회의 결과를 보도한 국내 언론들이 모스크바삼상회의의 결과 발표보다 더 먼저 보도했다는 점이 알려졌다. 동아일보의 보도는 1945년 12월 27일자 신문을 통해서였는데, 모스크바삼상회의 결과는 12월 28일 18시(한국 시각) 공식 발표되었다. 공식 발표보다 보도가 먼저 나간 까닭에 대해 의문이 남는다.

1945년 모스크바삼상회의 결과에 대한 공식 발표는 모스크바 시간으로 12월 28일 정오였습니다. 우리나라 시각으로는 12월 28일 18시였지요. 미군정이 결과를 통보받은 시점은 12월 29일이었습니다. 그런데 동아일보의 1945년 12월 27일자 신문에 모스크바삼상회의가 보도됩니다. 게다가 당시에는 일제강점기 시대의 관행이 남아 있어서, 석간신문은 하루 전에 발간·배포되었기 때문에 실제 보도 날짜는 26일 오후였습니다. 공식적인 발표보다 이틀이나 빨리, 그리고 미군정이 통보받기 삼일 전에 국내 언론들은 모스크바삼상회의의 결과를 받았던 겁니다. 따라서 **동아일보의 모스크바삼상회의에 대한 보도가 정식 발표보다 빨랐던 것은 사실입니다.**

어떻게 그렇게 될 수 있었는지에 대해서는 아직까지도 논쟁이 많습니다. 미국이 흘린 정보라는 말도 있지요. 모스크바삼상회의 결과가 사실대로 발표되고, 신탁통치 주장이 미국에서 먼저 나왔다는 이야기가 나오면, 남한 지역의 좌익이 더욱 득세하고 우익의 입지가 협소해질 것이라는 우려 때문에 미국이 정보를 흘렸다는 것이죠. 그러나 이는 심증일 뿐 확실한 증거는 부족합니다.

동아일보는 당시 제휴 통신사가 제공한 뉴스를 보도했다고 밝혔습니다. 통신사가 발 빠르게 취재한 내용을 신속히 보도하다 보니 일어난 사건이라는 것이지요.

동아일보의 오보는 의도적이었을까?

팩 트 뉴 스

동아일보는 좌익 세력을 억누르기 위해 고의적으로 오보를 냈다!

모스크바삼상회의 결과를 보도한 결과, 민중들은 반탁운동을 벌였다. 좌익은 처음엔 반탁이었으나 찬탁으로 돌아섰으며 이로 인해 좌·우익의 갈등은 심화되었다. 결론적으로 해방 초 대중적 지지도가 있던 좌익 세력은 약화되었고 반탁이란 민중들의 주장과 부합했던 우익들은 지지도가 높아졌다. 동아일보의 오보는 이 결과를 노린 것으로 보인다.

모스크바삼상회의에 대한 오보가 좌익을 억누르고 우익의 지지도를 높이기 위한 의도에 의한 것이라는 의심입니다. 보도 이후 요동친 정세의 결과를 보면 당연히 의심할 수도 있겠다는 생각이 듭니다. 하지만 중요한 것은 근거가 아닐까요?

먼저 모스크바삼상회의 보도에 대한 동아일보의 해명을 살펴보면, 동아일보는 그날의 오보 원인이 당시 열악했던 보도 환경에 있다고 이야기합니다. 광복을 맞은 지 몇 달 되지 않았던 시기, 국내 언론사들은 변변한 특파원조차 없었습니다. 따라서 국내 언론사들은 통신사가 지급하는 뉴스에 의존할 수밖에 없었다는 것이지요.

당시 동아일보의 통신사였던 합동통신이 AP나 UP 등 외신 제휴사 기사를 '화성돈(워싱턴) 25일발 합동지급보'라고만 해서 12월 26일 국내 언론사에 서비스했다고 합니다. 동아일보는 이때 서비스받은 내용을 그대로 1945년 12월 27일자 신문에 기사로 실었습니다. 물론 다른 신문사들도 통신사로부터 받은 내용이 동아일보가 받은 것과 같았고, 실제로 모스크바삼상회의에 대한 대부분의 언론사 보도 내용은 동아일보의 내용과 대동소이했습니다.

반면, 동아일보 입장의 근거가 명확하지 않다는 주장도 있습니다. 그렇다 해도 동아일보가 의도적으로 오보를 냈다는 것에 대해서 확실한 근거를 찾기는 힘듭니다. 만약 동아일보가 모스크바삼상회의 결과가 나왔음에도 결과와 다르게 보도했다면 명확하게 의도성을 가진 오보라고 하겠지만, 그렇게 볼 수는 없기 때문입니다. 또한 동아일보의 오보 이후 좌익과 우익의 대중적 지지도가 역전되어 좌익에게 타격을 준 것은 맞지만, 여기에는 박헌영 등 조선공산당 수뇌부가 반탁에서 찬탁으로 돌아설 때 민중을 먼저 설득하지 않았던 원인도 컸습니다. 또 동아일보의 오보로 우익에게만 이득이 되었는지 살펴보면, 한민당의 총수였고 심지어 동아일보 사장을 역임했던 우익인사 송진우가 암살당한 것을 보면 꼭 그렇지도 않다는 것을 알 수 있습니다.

따라서 동아일보의 오보가 고의적이었는지는 확신할 수 없습니다.

그러나 외교 관례상 회담 결과는 결의문 양식으로 발표하기 마련이므로, 언론사에서 모스크바삼상회의 결과가 나올 때까지 기다렸다가 보도했다면 더 좋았을 것입니다. 당시 모스크바삼상회의는 한반도의 미래가 걸린 민감한 회의였고, 언론인은 공익을 위해 확인된 사실만을 보도할 필요가 있기 때문입니다. 모스크바삼상회의에 대한 국내 언론들의 오보 사례를 통해, 뉴스는 신속성보다는 신뢰성과 정확성이 더 중요하다는 사실을 알 수 있습니다.

해방 이후 격동의 시간들

건준, 그리고 여운형

"이제, 일본인들의 생명은 당신의 손에 달려 있소."

1945년 8월 14일 조선총독부 정무총감 엔도 류사쿠가 몽양 여운형을 만나 건낸 말입니다. 엔도 류사쿠는 여운형에게 8월 15일, 일본이 항복할 예정이라는 사실을 알리고 이후의 치안을 부탁했지요.

여운형은 엔도 류사쿠를 만나기 이전부터 광복 이후를 준비했습니다. 일본에 잠시 거주하면서 미군의 폭격에 우왕좌왕하는 일본군을 보면서 일본의 패망을 확신했지요. 국내로 돌아온 여운형은 최후의 결전과 자주적 민족국가 설립을 위해 조선건국동맹을 조직하여 해방 후를 준비했습니다.

여운형은 사람들에게 좌익으로 인식됩니다. 그러나 스스로가 '전 세계 프롤레타리아의 이익의 합보다 조선인의 이익의 합이 더 중요하다.'고 할 만큼, 좌익이라기보다는 민족주의자에 가까웠습니다. 그에게 있어 공산주의는 민족의 발전을 위한 수단이었지 목적이 아니었습니다. 그런 여운형에게 해방 이후 정국을 주도할 기회가 주어진 것입니다.

엔도 류사쿠가 말한 대로 1945년 8월 15일 일본은 항복하고 조선은 해방되었습니다. 여운형은 안재홍과 함께 조선건국준비위원회(이하 건준)를 발족했습니다. 말 그대로 새로운 정부를 만들기 위해 준비하는 기관이지요. 안재홍은 중도 우익으로 분류되는 인물인데, 안재홍이 여운형과 함께 건준 활동을 했다는 것은 건준이 좌익과 우익의 합작을 추구했음을 뜻합니다.

여운형은 휘문고에서 광복 후 조선의 미래를 밝히는 연설을 했고, 안재홍은 라디오를 통해 전국에 광복 사실을 알립니다. 당시는 통신도 원활하지 않던 시절이었지만, 건준의 노력으로 단 3일 만에 한반도의 땅끝마을까지 광복 사실이 알려집니다. 건준은 민중의 열렬한 지지를 받았고 몇 개월이 채 되지 않아 전국 대부분의 지역에 지부가 설치되었습니다.

건준은 먼저 건국치안대와 식량대책위원회를 만들어 치안과 식량문제부터 적극적으로 해결하려고 했습니다. 그에 따른 성과도 상당했지요. 당시 미국 LIFE지에서 '미·소군이 한반도에 도착했을 때 이미 한국은 잘 조직된 정부를 갖고 있었다.'라고 평가할 정도였습니다.

그러나 한반도를 중심으로 한 정세가 격동하면서 건준도 흔들립니다. 원래 건준이 들어설 즈음에는 파죽지세로 소련이 한반도에 밀려오던 때입니다. 일본 히로시마에 원자폭탄이 떨어지고 일본의 패색이 짙어지자, 소련은 1945년 8월 8일에 대일 선전포고를 하고 만주를 넘어 한반도로 진격한 것입니다. 일본도 소련이 한반도를 점령할 것으로 판단해 대화가 통하는 좌익이자 조선인들에게 신망이 높았던 여운형에게 치안을 맡겼던 것이지요.

이때 소련의 남하에 위기감을 느낀 미국이 소련과 협상하여 38도선 남쪽에 주둔하기로 합니다. 이 소식을 들은 남한 지역의 우익 세력들은 어쨌든 좌익인 여운형이 주도한 건준에 굳이 몸담을 필요가 없다고 느꼈습니다. 미국이 들어오면 우익도 우익대로 정치 자력화가 가능하다고 예측했기 때문이지요.

특히 건준이 1945년 9월 조선인민공화국(이하 인공)을 탄생시키자, 우익의 이탈은 가속화됩니다. 원래 건준은 조선인의 국가를 설립하기 위한 준비위원회였는데, 건준의 발전적 해체를 거쳐 인공이 수립된 것입니다. 그러나 이것은 여운형의 패착이었습니다.

미국이 38도선 이남에 주둔하면 정부가 있어야 미국과 협상이 가능하다는 생각이었는지 여운형은 정부수립을 너무 서둘렀습니다. 인공에 속한 대부분의 인사들에게 의사도 물어보지 않은 채 그들의 이름만 도용할 정도였지요. 국민의 대표성을 전혀 띄지 못했던 겁니다. 인공 수립의 전 과정을 좌익 중에서도 강성이었던 박헌영이 대신 이끈 것도 문제였습니다. 중도 좌파이자 조선인에게 신뢰받는 여운형이라면 모를까, 박헌영의 전면 등장은 당연히 우파들에게 거부감을 안겨 줬습니다.

대표성과 좌우 확장성을 모두 잃은 인공은 미군의 38도선 이남 주둔 이후 설치된 미군정에 의해 완전히 부정당하며 명맥이 끊기고 맙니다. 인공이 부정당하자 건준의 노력도 물거품이 되고 말았지요.

미군정이 건준을 부정해서 그랬는지, 건준에 의해 수립된 인공이 좌익 중심이어서 그랬는지, 우리는 건준에 대해 잘 알지 못합니다. 우리나라 현대사에서 첫 정부수립 노력이었음에도 불구하고 말입니다.

"건준은 걸음마를 시작한 아기다. 아기가 내딛은 첫 발걸음이 왼발이었다고 해서 축하하지 않아야 하는 것은 아니다."

KBS 역사 프로그램인 '역사저널 그날'에 출연한 패널의 건준에 대한 평가였습니다. 건준이 어떤 이념을 가졌건 간에 전국에 광복을 알리고 새로운 대한민국을 꿈꾸게 했다는 것만은 변하지 않는 사실입니다.

박헌영, 김일성, 이승만, 김구

1945년 9월 8일 존 리드 하지John Reed Hodge가 이끄는 미 제24군단은 인천항을 통해 한반도로 상륙합니다. 9월 9일에는 일본의 항복을 받고 무장을 해제했지요. 미군은 곧바로 조선총독부를 해체한 다음, 미군정을 설치하고 남한 내의 유일한 정부임을 천명합니다. 이는 인공을 포함해 조선인들이 자치적으로 세운 정부 조직들에 대한 즉각 부정으로 이어졌습니다.

미군정으로부터 부정당한 인공은 박헌영이 장악했고 조선공산당의 기반이 됩니다. 박헌영은 일제강점기 시절부터 조선 내 공산주의를 구축해 왔던 인물로, 조선공산당의 대표격이었지요. 건준으로부터 인공에 걸친 노력의 결실은 빛도 보지 못한 채, 엉뚱하게도 박헌영의 전국 단위 공산당 네트워크가 되었던 것입니다.

미군의 한반도 입성에 용기를 얻은 우익들은 1945년 9월 조선국민당(이하 국민당)과 한국민주당(이하 한민당)을 결성했습니다. 특히 한민당은 미군정의 실질적인 여당 역할을 자임했지요.

해외에 있던 민족지도자들도 귀국하기 시작했습니다. 그중에 가장 먼저 귀국한 사람이 김일성입니다. 어려서부터 항일 무력투쟁에 가담했던 김일성은 보천보전투를 통해 이름을 날렸습니다. 그러나 일본군에 밀려 소련으로 들어갔고, 소련군 장교로서 소련군과 함께 평양에 도착하게 되었습니다. 보천보전투를 기억하던 사람들은 10월 14일 평양공설운동장에서 열린 소련군 환영 민중대회에서 젊은 지도자 김일성을 대면합니다.

1945년 10월 16일에는 이승만이 귀국했고 11월 23일에는 김구와 대한민국 임시정부 요원(이하 임정)들이 귀국했습니다. 귀국 당시, 이승만은 자기 세력이 거의 없었습니다. 미국에서 외교적 해법을 추구했던 독립운동가였기 때문에, 국내 기반이 부족할 수밖에 없었습니다. 반면, 임정이라는 사람들의 지지를 받고 있던 김구는 강력한 기반 세력이 있었습니다. 이승만과 김구는 공통점도 있었는데, 그것은 둘 다 철저한 우익이라는 것입니다.

자기 세력이 없는 이승만과 임정 세력을 가진 김구, 이 차이는 우익이란 공통점과 맞물려 해방 후 3년 동안 그들의 선택과 행동의 근간이 됩니다.

이승만은 재빨리 미군정에 접근합니다. 해방 후 곧장 한국으로 귀국하지 않고 일본에 들러 맥아더 사령관, 하지 중장과 여러 차례 회합을 가졌지요. 회합에서 어떤 이야기를 나누었는지 기록은 남아 있지 않지만, 누구보다 현 상황을 빨리 읽고 대처했을 것입니다.

김구는 귀국 후 미군정에 임정의 정통성을 인정해 달라고 요구합니다. 미군정은 콧방귀도 뀌지 않지만, 김구는 이후에도 임정의 정통성에 매달렸습니다. 그러다 보니 신탁통치 논쟁 때까지 임정의 정통성이란 프레임에 갇혀, 김구는 어떤 활동도 자유롭게 하지 못합니다. 여운형이 김구에게 좌우합작을 제안해 왔을 때 김구는 무리한 요구를 하며 사실상 받아들이지 않다가, 한민당이 임정 추대론을 내세우자 여운형과 정치적 행보를 함께합니다. 김구는 좌우합작보다는 임정 그대로 다음 정부를 이어받는 임정 추대에 무게를 두었던 것입니다.

조선공산당 북조선분국

다시 김일성이 평양 시민들 앞에 나서기 전으로 돌아가 봅시다. 1945년 10월 8일 김일성은 개성 소련군경비사령부 관사에서 박헌영을 만납니다. 소련군을 따라 내려왔던 김일성은 소련이 내세울 지도자 후보 중 한 사람이었고, 박헌영은 '조선공산당'이라는 일제시대부터 국내에 뿌리 내린 공산당의 대표적인 인물이었습니다.

두 공산주의자 중에 기존의 입지만 본다면 박헌영이 압도적이었습니다. 김일성이 보천보전투로 이름을 날렸다고는 하지만, 국내에서 일제의 탄압에 맞서 공산당을 재건해 왔던 박헌영과 비교하긴 어려웠습니다. 또 공산주의국가는 1국가 1당이라는 원칙 속에서 조선공산당이 조선을 대표하는 공산당이었고, 박헌영이 조선공산당의 리더였기에 박헌영에게 무게가 실리는 건 당연했습니다.

김일성 입장에서는 박헌영을 제압해야 자신이 공산주의자들의 지도자가 될 수 있는 상황이었습니다. 그렇다면 공산당의 조직을 가져와야 하는데 조선공산당은 서울에 있었고 본인은 평양에 있었다는 게 문제였습니다.

김일성은 묘책을 냅니다. 이미 38도선을 기준으로 소련과 미국이 한반도를 점령한 상태에서 서울에 있는 조선공산당 역시 북한 쪽에 영향을 미치기는 어려웠습니다. 김일성은 이 약점을 파고들어 '조선공산당의 북조선분국'을 만듭니다. 즉, 조선공산당의 지부쯤 되는 것이지요. 박헌영은 이를 승낙했고, 김일성은 1945년 12월 17일 조선공산당 북조선분국의 책임비서로 선출되어 당권을 장악합니다. 이로써 김일성도 공산당이란 정치적 기반을 확보하게 됩니다. 결국 박헌영은 김일성에게 당에 대한 권위를 나누어 준 셈입니다. 박헌영은 왜 북조선분국을 승낙했을까요? 아마도 자신이 가진 공산당의 정통성을 과신했거나 김일성이란 인물을 과소평가한 결과로 보입니다. 문제는 이 승낙이 박헌영 자신의 몰락으로 이어졌다는 점입니다.

모스크바삼상회의 (모스크바 3국 외상 회의)

1945년 12월 31일 서울운동장에는 영하 20도의 맹추위를 뚫고 약 30만 명의 인파가 성난 표정으로 모여들었습니다. 30만 명이면 당시 서울 시민의 약 25% 정도에 해당하는데, 광복 원년 축배를 들고 기뻐해도 모자랄 판에, 왜 이렇게 많은 사람들이 모여 분노했을까요?

모든 일은 1945년 12월 27일자 동아일보 기사에서 비롯되었습니다. 동아일보는 머리기사에 '소련은 신탁통치 주장, 미국은 즉시 독립 주장, 소련의 구실은 38선 분할 점령'이라는 제목을 달고 모스크바삼상회의에 대한 기사를 실었습니다.

제목에서처럼 동아일보의 보도 내용은 소련이 신탁통치를 주장했고, 신탁통치는 38선 분할 점령 즉, 분단을 초래한다는 의미를 내포했습니다. 과거 을사늑약으로 보호국이 되어 종국에는 일제의 식민지가 되었던 역사를 기억하는 조선인들은 신탁통치라는 단어 자체에서부터 격분하기 시작합니다. 신탁통치를 식민 통치로 받아들였던 것이지요. 더구나 보도 내용에는 신탁통치의 의미도 정확히 명시되어 있지 않아 사람들의 경험에서 표출된 의심은 확신이 되었습니다.

앞서 살펴봤지만, 동아일보의 1945년 12월 27일자 보도는 오보였습니다. 모스크바삼상회의는 제2차세계대전의 전후 문제를 논의하는 자리였고 여기에 한국 문제가 상정되었습니다. 회의의 결과는 '미·소위원회가 한반도 내 정당들과 함께 임시정부를 만들고 임시정부가 주도하여 독립국가를 수립하되 그 과정에서 미국·영국·소련·중국의 원조를 받는다'는 내용이 핵심이었지요. 신탁통치의 의미는 미국·영국·소련·중국의 원조를 받는다는 것이었습니다. 그런데 동아일보 보도에는 임시정부나 독립국가 부분이 빠져 있었고 신탁통치의 개념도 모호했습니다. 이에 더해 신탁통치를 처음으로 주장한 나라도 사실은 미국인데, 소련으로 바뀌어 보도되었습니다.

보도가 있은 직후인 12월 28일, 김구의 임시정부 진영 주도로 신탁통치반대국민총동원위원회가 결성되고 신탁통치 반대 (이하 반탁)운동이 벌어집니다. 이승만도 반탁의 기치를 내걸었고 박헌영이나 김일성 같은 좌익들도 마찬가지였습니다. 전 국민이 반탁운동에 참여하는 분위기였고 점차 사람들의 머릿속에는 '반탁=애국자, 찬탁=매국노'의 프레임이 굳어져 갔습니다.

반탁운동은 너무나 격렬해져 테러를 동반하기도 했는데, 이때 테러의 가장 큰 희생자는 바로 송진우입니다. 송진우는 일제강점기 때 명망이 높았던 독립운동가이자, 동아일보 사장과 주필을 역임했던 언론인이었습니다. 광복 후에는 우파 한민당의 수석총무를 맡기도 했지요.

송진우는 "누가 모스크바삼상회의 결의문 원본을 읽어 본 사람 있는가? 나도 반탁이긴 하지만 신중하게 생각해 볼 부분도 있을 것"이라며 신중론을 펼쳤습니다. 그리고 무조건 반탁을 주장했던 김구의 임정과 심한 말다툼을 벌이기도 하지요. 반탁의 열기 속에 송진우는 찬탁론자로 몰리면서, 1945년 12월 30일 극우 청년인 한현우 등 6명에게 암살당하고 맙니다.

모스크바삼상회의 결정 지지

1946년 1월 3일 좌익의 주도로 '민족통일자주독립시민대회'가 열렸습니다. 이 집회는 애초에 신탁통치를 반대하기 위한 시위로 알려져 있었습니다. 좌익들 역시도 대부분 신탁통치를 반대하는 입장이었기 때문에 전혀 이상할 게 없었지요. 그런데 갑자기 대회가 모스크바삼상회의 결정 지지 집회로 전환되었습니다. 참가했던 많은 지방 공산당원들은 당황해서 어쩔 줄 몰라 했습니다.

이런 촌극은 박헌영의 평양행에 따른 결과였습니다. 박헌영은 1945년 12월 28일 모스크바삼상회의에 대한 소련의 의견을 듣기 위해 평양으로 떠났고, 31일 모스크바삼상회의의 정확한 경과와 소련의 입장을 들었습니다.

박헌영은 1월 2일 조선공산당 중앙위원회 명의로 모스크바삼상회의 결과를 지지하는 성명서를 발표합니다. 그리고 같은 날 평양에 있던 김일성도 지지 성명을 냈지요. 공산당의 급작스러운 태도 변화에 대해 북한 쪽에서는 별로 문제가 없었지만, 남한 쪽에서는 정국을 뒤흔드는 혼란이 일어났습니다. 반탁운동의 격랑이 아직 끝나지 않은 상황에서 '민족통일자주독립시민대회'에서 보듯 공산당끼리도 합의되지 않은 중차대한 사항을 전격적으로 발표했으니 당연한 결과였습니다.

박헌영과 조선공산당은 대중을 설득하기는커녕 성명문을 내고 선언하기에 급급했던 것입니다. 때마침 박헌영에 대한 오보까지 나오면서 좌익은 대중들의 반감을 삽니다. 대중의 머릿속에는 '반탁=애국자=친미=우파, 찬탁=매국노=친소=좌파'란 프레임이 굳어 버리지요.

해방 이후부터 모스크바삼상회의 때까지 대중들은 좌익에게 우호적이었습니다. 건준의 활약도 있었지만 항일투쟁 때부터 구축한 친대중적인 성향이 큰 몫을 했지요. 우익과 비교해 봐도 상대적으로 대중들의 지지가 높았으면 높았지, 낮지는 않았습니다. 그러나 1월 2일 박헌영의 모스크바삼상회의 결과 지지 선언문 발표 이후, 좌익에 대한 대중의 지지도는 완전히 역전되었습니다. 좌익은 매국노로 비난받았고 정국의 주도권도 대중과 같은 생각을 공유한 우익에게로 넘어가 버렸습니다.

반탁운동으로 변한 정세

좌익이 모스크바삼상회의의 지지로 입장을 바꾸자 좌익과 우익의 갈등은 격화되었습니다. 앞서 봤듯 좌익과 우익의 갈등에는 분명 박헌영과 조선공산당의 패착이 그 원인을 제공했습니다. 그러나 그 이전에, 즉시 독립을 원하는 대중들의 열망을 이용했던 우익도 책임을 면하기 어렵습니다.

우익 세력의 유력 정치인인 김구와 이승만이 충분한 시간이 지난 다음에도 모스크바삼상회의의 결과를 몰랐다고 보기는 어렵습니다. 해방이 되기 전에도 미국은 카이로회담이나 얄타회담에서 신탁통치 의사를 내비쳤었고 임정은 그것을 거부해 왔기 때문입니다. 오히려 모스크바삼상회의에서는 미국의 신탁통치보다는 소련의 임시정부를 더 우선한다는 결과를 내놓았습니다. 그러나 김구는 임시정부론조차 수용하기 어려웠을 것입니다. 스스로가 임정 추대론을 내세우고 있는 마당에 새로운 임시정부를 받아들일 수 없었겠지요. 오히려 대중들의 반탁운동 기세를 탄다면 임정 추대론을 공고히 할 수 있으리라 생각했을 것입니다.

이승만 역시도 자신의 국내 기반이 적은 환경에서 대중들의 반탁운동에 편승해 세력을 결집하는 결과를 얻었습니다. 좌익이 모스크바삼상회의의 지지로 돌아섰을 때는 우익 전체의 세를 더 확산시켰으니 이승만 입장에서는 반가웠을 겁니다.

이것이 김구, 이승만, 한민당 등 우익 세력들이 반탁운동에 열을 올린 까닭입니다. 그러나 그 결과는 훗날 김구가 자신의 정치 행보를 수정해야 할 만큼 심각했습니다.

1차 미 · 소공동위원회

여기서 잠시 짚고 넘어가야 할 것이 있습니다. 1990년대 초 학교 수업 시간에 모스크바삼상회의 결과에 따른 후폭풍을 '반탁과 찬탁의 갈등'으로 단순화해서 배웠던 기억이 있습니다. '모스크바삼상회의 결과에 따라 좌·우익이 모두 신탁통치 반대 즉, 반탁을 주장했지만 곧 좌익이 찬탁으로 바뀌어 갈등이 있었다.'는 내용이지요. 하지만 그렇게 결론짓기에는 약간의 문제가 있어 보입니다. 앞에서도 이야기했지만, 엄밀히 말해서 좌익은 신탁통치를 찬성한 것이 아니라 임시정부를 수립하여 독립국가를 준비한다는 전체적인 결정문 지지에 초점을 맞추어, 모스크바삼상회의 결과를 찬성한다는 것이었으니까요. 따라서 반탁과 찬탁에 의한 갈등이라기보다는 '모스크바삼상회의에 따른 갈등'이 더 정확한 것이 아닐까요?

남한에서는 모스크바삼상회의에 따른 갈등이 심화되었지만, 미국과 소련은 모스크바삼상회의 결과에 따라 미·소공동위원회를 열고 협상을 시작합니다. 모스크바삼상회의에 따르면 임시정부 수립을 위해 미·소공동위원회를 구성하고 조선 내 정당과 협력하게끔 되어 있습니다. 미·소공동위원회는 그들과 함께 임시정부를 수립할 조선 내 정당을 선정해야 했습니다.

1946년 3월 20일 덕수궁 석조전에서 열린 미·소공동위원회 첫 회의는 시작부터 삐걱댔습니다. 소련이 모스크바삼상회의 결과를 지지한 정당만이 미·소공동위원회와 협력할 대상이라고 선을 그은 것입니다. 대부분의 우익 정당들은 반탁운동을 했고 당시에도 모스크바삼상회의의 결과를 받아들이지 않고 있었기에 미국은 딜레마에 빠졌습니다. 한국 문제를 빨리 해결하려면 소련과 협조하지 않으면 안 되는데, 자신들의 편이 되어 주어야 할 우익 세력들은 반탁을 고수하고 있었기 때문이었지요. 결국 1차 미·소공동위원회는 결렬되었습니다.

이때부터 미군정과 김구, 이승만의 생각이 달라집니다. 먼저 미군정은 우익 세력인 김구와 이승만을 정치 일선에서 물리고 여운형, 김규식에게 접근합니다. 중도 좌파였던 여운형과 중도 우파 김규식이 미·소공동위원회가 결렬되자 좌우합작운동을 시작했기 때문입니다. 여운형은 반탁운동의 열기가 한창일 때 이를 부추기던 정치인들과 달리, 모스크바삼상회의 경과를 정확히 파악하고 좌우를 대표하는 4당(인민당, 조선공산당, 국민당, 한민당)협의를 통해 신탁통치 갈등을 해결하려 했습니다.(4당 협의를 이끌어 내긴 하지만 결국 한민당이 판을 뒤엎어 실패합니다.) 그만큼 문제 해결의 핵심이 좌우합작에 있음을 간파하고 있었던 것입니다.

여운형과 김규식은 좌우합작운동을 통해 좌우익을 모두 포괄하는 협의체를 만들고 미·소공동위원회와 함께 임시정부를 수립하고자 했습니다. 미군정은 소련과의 협의를 위해 여운형과 김규식의 좌우합작운동을 지지했지만, 좌익과 우익 모두의 방해를 받아 실패합니다.

김구는 1차 미·소공동위원회가 결렬된 뒤에 좌우합작운동을 잠시 지지하지만 결국 임정 추대론을 고수합니다. 이승만과 반탁운동을 재점화하여 정치적 입지를 다지려는 시도도 해 보았지만, 미군정이 취한 진압 수준의 조치로 실패했습니다.

이쯤에서 이승만은 단독정부 수립(이하, 단정) 의사를 내비칩니다. 1946년 6월 3일 남선순행 도중 정읍에서 '미·소공동위원회가 휴회되고 그에 따라 통일 정부 수립 가능성도 희박하니 남한만이라도 정부를 수립해야 한다'는 내용으로 강연을 합니다. 민족의 분단이란 잠재적 우려가 이승만의 입을 통해 가시화된 것이지요. 미군정은 격노해 이승만과 대립했습니다. 미군정은 소련과 협상을 벌여야 하는데, 단정 선언은 분단을 인정하는 것이고, 그래서 협상 자체를 무력화하기 때문에 미군정의 반응은 당연했습니다. 이승만은 직접 미국으로 건너가 자신의 단정론을 홍보하고 여운형, 김규식의 좌우합작운동을 방해했습니다.

2차 미 · 소공동위원회

　좌우합작운동의 좌절, 임정 추대론, 단정론이 뒤섞인 채로 1947년 5월 21일 2차 미·소공동위원회가 평양에서 열렸습니다. 미국은 소련과의 협상을 위해 여운형과 김규식의 좌우합작운동을 다시 지지했습니다. 미·소공동위원회 협상은 순조로웠고 다시금 통일 정부 수립의 꿈이 현실로 다가오는 듯했습니다. 그러나 우익 세력들은 이승만의 단정론을 따르거나 최소한 공산주의자와 함께 정부를 세우는 데에는 반대를 해서 좌우합작운동을 방해했습니다. 우익 세력의 방해 공작은 심각한 수준이었습니다. 악의적인 가짜 뉴스는 물론이고 좌우합작운동의 주체들에 대한 테러도 서슴지 않았습니다. 이때 여운형도 노변에서 암살당하고 맙니다. 또한 우익들은 미·소공동위원회를 방해하기 위해 임시정부를 함께 구성할 정당 신청에 유령 정당을 만들어 신청합니다. 소련은 신청 정당들 중 반탁 경력이 있는 우익 세력들에 대한 문제를 제기했습니다. 결국 미·소공동위원회는 1947년 7월 무기 휴회라는 명분을 내걸고 사실상 결렬을 선언했습니다.

　미·소공동위원회의 결렬은 임시정부 수립의 좌절을 뜻합니다. 임시정부 수립은 통일된 독립국가로 나아가는 첫 관문이었습니다. 모스크바삼상회의의 결의안을 볼 때 임시정부는 미·소공동위원회와 함께 독립국가 수립의 주체였기 때문이지요. 결국, 임시정부 수립의 좌절은 통일된 독립국가의 좌절을 뜻하는 것이었습니다.

미·소공동위원회의 결렬은 미국과 소련에게도 책임이 있습니다. 미국은 반탁운동 때 우익들을 제대로 관리하지 못했고 소련은 좌익 정당 세력을 넓히기 위해 지나치게 원칙을 고수했지요.

그러나 미·소공동위원회 결렬의 근본적 이유는 무엇보다 좌우 대립에 있습니다. 우익은 좌우합작운동을 조직적으로 방해했을 뿐 아니라 일부 극우들은 테러까지 벌였습니다. 사실 좌익과 우익의 갈등은 반탁운동 때부터 시작되었지요. 이제 정국은 이승만의 단정론을 향해 달려갑니다. 단정론은 분단을 전제로 합니다. 당시 좌우합작을 방해했던 이들은 정말 분단을 원했던 것일까요? 아니면 분단을 해서라도 좌익과 함께하길 거부한 것일까요?

유엔총회 이관

1947년 9월 미국은 소련에 통보한 후 한국 문제를 유엔총회에 이관합니다. 한국 내 좌우익의 갈등과 소련과의 협상 어느 것도 해결하지 못한 채로 말입니다. 유엔에서는 9월 23일에 정식으로 한국 문제를 의제로 채택했고, 11월 14일에 미국이 제출한 '한국 문제에 관한 결의안'을 통과시켰습니다. 결의안의 주요 내용은 미국과 소련이 점령지역에서 유엔 감시하에 총선을 실시하고, 선출된 대표들이 한국의 의회와 정부를 수립한다는 것입니다. 이에 덧붙여서 한국 정부가 수립되면 미군과 소련군은 조속히 철수하기로도 되어 있었습니다.

한국 문제에 관한 결의안은 통일 정부의 실낱같은 희망이 남아 있음을 뜻했습니다.

'한국 문제에 관한 결의안' 속 총선이란 국회의원 선거를 말합니다. 정부가 수립되려면 먼저 정부 존립의 기반이 되는 헌법이 만들어져야 하는데, 모든 법이 그렇지만 헌법도 입법부인 국회의원들이 만듭니다. 그래서 정부가 수립되기 전에 총선이 치러지는 것입니다. 이렇게 헌법을 구성하고 정부를 수립하는 국회를 특별히 '제헌국회'라고 부릅니다. 남북한이 단일한 제헌국회를 두느냐, 남한과 북한이 각각 따로 두느냐에 따라 통일된 정부가 수립되느냐 단독 정부, 즉 분단으로 가느냐가 결정되는 것이었지요.

해를 넘긴 뒤 유엔에서는 '한국 문제에 관한 결의안'을 수행할 유엔한국임시위원단(이하 유엔위원단)을 설치합니다. 유엔위원단은 총선 실시부터 국회와 정부수립까지 정부수립 전반에 대해 감독하는 기관이지요.

1948년 1월 8일 유엔위원단은 총선거를 위한 사전조사를 위해 서울에 도착합니다. 그리고 서울에서 남한의 지도자들을 만나는 등의 여러 활동을 합니다. 서울에서의 일을 마친 뒤 유엔위원단은 북한으로 가야 했습니다. 북한 지역 역시도 결의안대로 선거 실시를 위한 준비를 해야 했기 때문이지요. 그런데 이때 소련이 유엔위원단의 북한 방문을 거부했습니다.

1948년 2월 26일 유엔은 소총회를 열어 열띤 토론을 벌입니다. 한국의 통일 정부 수립과 분단에 대한 결정이, 한국이 빠진(하긴, 정부가 없었으니까요.) 유엔 소총회에서 이루어지게 되었습니다. 유엔 소총회는 유엔위원단이 감시가 가능한 지역에서만이라도 선거를 하자고 결정합니다. 유엔조차도 단정론의 입장으로 한걸음 나아간 것입니다. 결국 1948년 5월 10일 선거가 이뤄지게 되었습니다.

단정으로 가는 길, 분단으로 가는 길

소련은 왜 유엔위원단이 북한으로 들어오는 길을 막아 버렸을까요? 이승만이 단정론을 내세웠던 것처럼 북한의 김일성도 어느 정도 분단을 생각했던 것 같습니다. 한국 문제에 관한 결의안을 보면 인구 비례에 따라 총선에 의한 대표자의 수를 결정하게 되어 있습니다. 남한이 북한보다 인구의 수가 훨씬 많았으니, 한국 문제에 관한 결의안을 따라가다 통일 정부 수립에 가까이 가면 김일성의 공산당이 매우 불리해지는 상황이었습니다.

당시 남한 지역 박헌영의 조선공산당은 모스크바삼상회의 지지 결정 이후 내리막을 걷다가 1946년 5월 '정판사위폐사건'을 계기로 미군정에 철저한 탄압을 받게 됩니다. 존폐의 기로에 선 남한 지역 좌익들은 그들의 세를 모아 남조선노동당(이하 남로당)을 결성합니다. 그러나 이마저도 활동이 여의치 않았지요.

북한의 입장에서는 남북이 함께 총선을 해 버리면 남로당의 도움을 별로 받지도 못하는데, 인구수가 압도적인 남한 지역의 우익 세력을 이길 수 없었을 겁니다.

사실 북한은 신탁통치 논쟁 직후에 자신들만의 정부 구성을 진행하고 있었습니다. 심지어 개혁 정책을 내기도 했습니다. 1945년 12월 조선공산당 북조선분국 책임비서가 되어 당권을 장악한 김일성은 1946년 2월 8일 '북조선임시인민위원회'라는 중앙 조직을 구성해 위원장으로 선출됩니다. 북조선임시인민위원회는 행정권·입법권·사법권을 총괄하는 통치기관이었는데, 이 기관의 위원장이 되었다는 것은 김일성이 사실상 북한 전체를 통치하는 구도를 마련한 격이 되었다는 뜻이지요.

1946년 2월은 모스크바삼상회의 결의안과 관련하여 남한 지역의 혼란이 심할 때였지만 그래도 아직 통일 정부의 기대가 남아 있을 때였습니다. 그럼에도 불구하고 북한 지역에서 '북조선분국'이라는 정치 조직과 '북조선임시인민위원회'라는 통치 조직을 장악한 뒤 자신들만의 정책을 펴나갔다는 것은 무엇을 뜻할까요? 물론 통일 정부를 대비해 자신들이 우위를 장악하려는 의도였을 수도 있지만, 이미 단정에 대한 준비를 하고 있었음이 의심되는 대목이기도 합니다.

남북요인회담(남북협상)

남로당은 남한 내에서 5·10 총선거를 저지하기 위한 투쟁을 시작합니다. 1948년 2월 7일에는 남로당계 농민, 노동자, 학생들이 남한 단독선거 반대를 내세우며 경찰과 유혈 충돌을 벌이지요. 4월에는 친일 경찰과 분단으로 흐르는 정국에 대한 반발로 제주4·3이 일어나고, 경찰이 이를 진압하는 과정에서 무고한 양민들이 학살당하는 일이 벌어집니다.

분단이 현실화되어 가는 이때, 정치권에서도 통일 정부에 대한 마지막 시도인 좌우합작운동을 벌입니다. 사실 좌우합작은 해방 이후 여운형에 의해 건준이란 형태로 이미 시도되었습니다. 미군정이 즉각 건준을 거부하고 우익을 지원함으로써 좌우 갈등이 드러나기 시작했고, 신탁통치에 대한 반탁 열풍 때 좌익이 몰락하고 우익이 정치 전면에 드러나면서 좌우익의 갈등이 가시화되었습니다. 미소위원회 때 미국은 소련과의 협상을 위해 여운형과 김규식이 주도한 좌우합작운동을 지원하기도 했습니다. 이제 미소위원회가 결렬되고 유엔조차 단정으로 흘러가는 가운데 새로운 좌우합작운동이 시작됩니다.

그 주역은 김구와 김규식입니다. 김규식이야 예전부터 좌우합작운동을 이끌었지만, 강경한 우파였던 김구는 임정 추대론의 프레임에 갇혀 있었지요. 그러나 점차 분단이 가시화되자 김구는 우파이자 임정이라는 정치 행보를 수정하고 좌우합작운동에 몸담았습니다.

김구와 김규식은 1948년 1월 28일 남북요인회담(남북협상)과 남북 총선거에 의한 통일 정부 수립 방안을 발표합니다. 2월 16일에는 김구와 김규식 두 사람의 공동명의로 북한의 김일성과 김두봉에게 남북요인회담을 공식적으로 요청하지요. 통일 정부를 세우기 위해 김구, 김규식, 김일성, 김두봉 네 명이 4자 회담을 하자는 것이었습니다. 그러나 북한에서의 이렇다 할 대답이 없이 시간만 계속 흘러갔고, 2월 26일 유엔은 감시가 가능한 지역만이라도 총선을 실시하자는, 결국 단독정부 수립을 암묵적으로 인정하는 결과를 발표합니다.

북한은 3월이 되어서야 김구와 김규식에게 답장을 보냅니다. 그리고 남북조선제정당사회단체 대표자 연석회의(이하 연석회의)를 역제안합니다. 김구와 김규식이 제안한 남북요인회담은 연석회의 직후에 열자고 했지요.

김구와 김규식은 참가를 망설입니다. 남북요인회담이야 김구와 김규식이 원했던 것이지만, 문제는 이전 회의인 연석회의입니다. 연석회의는 한반도 각 지역의 정당들을 모두 모아 현 상황에 대해 논의하는 자리였습니다. 그런데 유엔에서 사실상 단독정부 수립을 묵인한 시기까지 와서야 모두 모이자는 것은, 남한이 단독선거를 진행한 것에 대해 비판하고 북한 정부수립에 정당성을 확보하려는 의도일 것이 분명했기 때문입니다.

주저하던 김구와 김규식은 결국 연석회의에 참석합니다. 그런데 연석회의 내용의 대부분이 토의와 협의가 아니라 미국과 남한을 성토하는 장이 되었습니다. 4월 23일 연석회의의 마지막에는 '조선정치정세에 관한 결정서'가 채택되었는데, 결정서에는 미국과 남한을 규탄하는 내용으로 가득 차 있었습니다. 김구와 김규식이 북한 정부수립에 정당성을 부여하는 들러리를 선 꼴이 되어 버렸지요.

김구와 김규식은 연석회의의 다음 차례인 남북요인회담에 희망을 걸었습니다. 남북요인회담에서는 김구, 김규식, 김일성, 김두봉의 4인 회담과 남북요인 15인으로 구성된 지도자 협의회, 수차례에 걸친 비공식 회담이 이루어졌습니다.

4월 30일, 4인 회담의 논의 결과를 바탕으로 작성된 공동성명서가 발표되었지요. 주요 내용은 미국과 소련군의 철수, 내전 예방, 통일적 민주 정부 수립으로, 김구와 김규식이 추구한 내용이 모두 담겼습니다. 만약 이 공동성명서대로 역사가 흘러갔다면 남북분단도 6·25전쟁도 없었을지 모릅니다. 그러나 김구와 김규식이 남한으로 돌아왔을 때 미국과 남한 내 정치인들의 반응은 싸늘했습니다. 이미 남한 단독선거의 대세를 거스를 수가 없었던 것입니다.

대한민국

5월 10일 선거가 시작되었고, 제주4·3으로 인해 선거를 치를 수 없었던 제주도를 제외한 전국에서 선거가 치러졌습니다. 김구와 김규식은 단독정부 수립에 대한 항의로, 이 선거는 물론 남한 정부수립에 참여하지 않기로 합니다. 그런데 그들의 결정에 가장 쾌재를 부르는 사람이 있었는데, 그가 바로 이승만입니다. 김구와 김규식이 총선과 정부수립 과정에서 빠지자, 이승만의 독주 구도가 형성된 것이지요. 선거 결과는 이승만과 발맞춰 나갔던 한민당과 대한독립촉성국민회(이하, 독촉국민회), 무소속 중도파 의원들(이후 무소속구락부를 조직함)이 1/3씩 당선되어 198명의 국회의원을 낳았습니다. 이들은 헌법을 만들고 새로운 정부를 탄생시키는 제헌국회가 되었지요.

미군정의 여당 역할을 했던 한민당은 오랫동안 김구의 임정 추대론과 발맞췄습니다. 한민당을 이끌던 송진우가 암살되고, 반탁 열풍 이후 한민당은 김구와 결별한 후 이승만과 보조를 맞춰 갑니다. 이승만과 한민당은 꽤 오랫동안 정치적 파트너가 되었지요.

그러나 제헌국회 때 헌법제정을 두고 이승만과 한민당은 결별하게 됩니다. 이승만은 대통령제를 꿈꿨고, 한민당은 내각책임제를 주장했습니다. 당시 구도로 봤을 때 이승만이 대통령을 차지할 가능성이 매우 높았지만 국회에서는 한민당의 세력이 컸기 때문에, 서로 더 큰 권력을 차지하기 위한 갈등이 계속되었습니다. 이승만은 대통령 선거에 보이콧하는 강수를 뒀고 결국 한민당이 굴복하여 대통령직선제가 확정됩니다. 이후 내각 구성에서도 이승만과 한민당은 갈등하는데, 이때부터 한민당은 야당을 자처하며 이승만과 갈라섭니다.

이런 과정들을 겪어 가며 헌법은 완성되었고, 1948년 7월 17일 대한민국 헌법이 제정되었습니다. 7월 20일에는 간선제 선거로 대통령 선거에서 이승만이 압도적인 표로 당선되었고 드디어 1948년 8월 15일, 광복 이후 꼬박 3년 만에 대한민국 정부가 수립됩니다.

조선민주주의인민공화국

북한은 남한의 단독선거를 기다렸습니다. 민족을 배신했다는 프레임을 남측에 씌우기 위해서였지요. 남측에서 대한민국 정부가 수립되자마자 북측에서는 북한 정부를 수립하기 시작합니다.

먼저 6월 29일부터 7월 5일까지 2차 연석회의를 열었습니다. 이를 통해 북한은 남북 총선거를 실시하고 전조선 최고 입법기관을 통해 통일 정부로서 인민공화국을 수립하기로 결정합니다. 중요한 건 북한뿐 아니라 남한에서까지 선거를 한다는 것이었습니다. 그리고 실제로 그렇게 했습니다. 8월 25일 북한은 최고인민회의 대의원, 남한으로 치면 제헌의회를 구성하기 위한 총선거를 실시했습니다. 남한에서는 '지하 선거'로 진행되었지요. 큰 의미도 없었고 구속자만 1,565명을 낳은 선거였지만 북한은 체제 경쟁을 위해 아랑곳하지 않았습니다.

남북 총선거가 완료되자 북한은 9월 2일 최고인민회의를 열었습니다. 9월 8일에는 헌법이 공식 채택되었고, 9월 9일 조선민주주의인민공화국 수립을 선포했습니다. 북한의 권력은 오랫동안 북한 공산주의를 이끌던 김일성과 서울에서 도망치듯 북한으로 넘어온 남로당의 리더, 박헌영의 경쟁 구도를 이루었는데, 김일성이 박헌영을 제치고 수상에, 박헌영은 부수상에 선출되어 김일성의 승리로 끝나게 되었습니다.

두 개의 정부

북한에 또 하나의 정부가 수립되면서 한반도에는 두 개의 정부가 들어섰습니다. 1948년 12월 12일 유엔이 '대한민국 정부만이 한반도의 유일한 합법정부'라고 인정했지만 북한은 물러날 기색이 없었습니다. 두 정부는 서로 상대를 불법적인 정부라고 매도했지요. 대한민국은 한반도 전체를 영토로 한다고 선언했고, 조선민주주의인민공화국은 서울을 수도로 규정했습니다. 둘의 공통적인 주장이라고는 무력으로 상대방 정부를 무너뜨리겠다는 것뿐이었습니다. 남한은 북진 통일을, 북한은 국토 완정을 내세웠지요. 어쩌면 한반도의 두 정부는 시작부터 내전의 씨앗을 품고 있었는지도 모르겠습니다.

제주4·3이 역사에 남긴 교훈

'제주4·3'은 반세기가 넘는 시간 동안 금기어로 취급받아 왔습니다. 모든 것에 이념이 앞섰던 수많은 시간 동안 제주4·3은 이념의 굴레 속에서 국가 폭력이란 본질에 다가가지 못한 채 방치되어 왔습니다. 그렇기에 책임자 처벌은커녕 진상 규명조차 제대로 되지 못했지요. 다행히 최근에는 제주 4·3을 직접 마주하고 연구하는 사람들이 늘어나 제주4·3의 진실에 조금이나마 다가설 수 있게 되었습니다.

제주4·3은 당시 제주도의 인구 약 30만 명 중 3만 명, 인구의 10%가 희생된 사건입니다. 어떤 마을에서는 집마다 제삿날이 모두 같다고 할 정도지요. 1947년 3월 1일 제28주년 3·1절 기념 제주도 대회에서 어린아이가 경찰의 말발굽에 치여 다치고, 이를 항의하던 군중에게 경찰들이 총격을 가하면서 제주 사람들의 저항이 시작됩니다. 여기에 당시 미군정과 그 휘하 경찰에 대한 불신, 남한 단일 정부 수립(이하 단정)의 움직임으로 생겨난 불만이 점점 쌓여 가는 상황에서, 제주도 남조선노동당(이하 남로당)이 이 분위기를 틈타 무장 항쟁을 벌이는데, 이것이 1948년 4월 3일에 일어난 제주4·3의 시작입니다. 그리고 제주4·3을 진압하는 과정에서 수많은 제주도민들이 희생됩니다.

"해안선부터 5km 이외의 지점 및 산악지대의 무허가 통행금지를 포고한다. 만일 포고에 위반하는 자에 대해서는 이유 여하를 불구하고 폭도배로 인정하여 총살에 처한다."

송요찬 (당시 제주4·3 진압을 책임진 9연대 연대장)

"대한민국을 위해서 제주도 온 섬에 휘발유를 뿌리고 불태워 버려야 한다."

조병옥 (제주4·3 당시 경무국장)

제주4·3의 진압을 책임지고 경찰을 총지휘하던 사람의 말처럼, 제주4·3에 대한 진압은 초토화작전으로 이어졌습니다. 어느새 제주도민들은 대한민국을 위협하는 악당이자, 죽여도 되는 대상이 되었습니다. 생각이 다르면 죽여도 좋다는, 인권을 초월한 이념이 자리 잡았던 것입니다.

제주4·3은 이념이 이성과 사람을 앞서는 시대 분위기가 어떤 비극을 낳는지를 알려 주는, 우리 역사의 산 교훈입니다.

제28주년 3·1절 기념 제주도 대회 발포는 불가피한 일이었을까?

팩 트 뉴 스

3·1절 발포, 시위 군중의 습격을 막아 내다!

...

제28주년 3·1절 기념 제주도 대회에서 대회 참가자들이 시위대로 돌변, 경찰서를 급습하려 해 경찰은 총을 발포하여 진압했다. 경찰 당국은 이번 3·1절 발포 사건이 경찰의 치안유지를 위한 정당방위였다고 발표했다.

3·1절 발포 사건에 대해 경찰 당국은 '치안유지를 위한 정당방위였다.'고 주장합니다. 특히 중앙의 경무부 측에서는 '3만여 명의 시위 군중이 경찰서를 포위하고 습격하려 해서 불가피하게 발포했다.'며 해명했고, 강인수 제주감찰청장도 비슷한 내용의 성명을 발표했습니다.

당시의 발표로 인해 오늘날에도 제주4·3의 시작점인 3·1절 발포 사건이 시위대의 책임인 것처럼 언급되고는 합니다. 그러나 3·1절 발포 사건은 경찰의 명백한 과잉 진압이었습니다. 그 근거로 3·1절 발포 사건과 관련 있는 직위에 있던 인물들의 증언을 들 수 있습니다.

당시 제주도지사였던 박경훈은 "관직에 있는 나로서 무어라고 비판을 가할 수는 없으나 발포 사건이 일어난 것은 시위 행렬이 경찰서 앞을 지난 다음이었던 것과 총탄의 피해자는 시위 군중이 아니고 관람 군중이었던 것은 사실"이라고 밝혔습니다. 주 희생자가 관람 군중이었음을 밝히는 증언입니다. 이 증언과 경찰 당국의 입장을 종합하면 경찰서를 습격한 것은 시위대인데, 구경꾼들에게 발포한 셈이지요.

미군정의 제주도 책임자였던 스타우트 소령도 "군중들은 대로 만든 플랭카드를 가지고 있었을 뿐, 곤봉 같은 것은 갖고 있지 않았다."고 말했습니다. 당시 군중들이 경찰서를 습격할 만한 무기를 소지하지 않았다는 진술이지요.

당시 제주도 행정기관 대표격의 위치에 있던 박경훈 도지사와 스타우트 소령의 말을 종합해 보면, 3·1절 발포 사건에서 피해를 입은 사람들은 전혀 무장하지 않은 상태였으며, 그들은 시위대가 아닌 시위를 보고 있던 구경꾼들이었음을 알 수 있습니다. 따라서 발포의 이유가 시위대의 경찰서 습격이란 주장은 신빙성이 없습니다.

이때 희생된 사람들의 몸을 보면 대부분 등에 총을 맞았습니다. 경찰서를 습격해서 총에 맞았다기보다는 겁을 먹고 도망가다가 총에 맞은 흔적이지요. 게다가 사망자 중에는 아기를 업은 여성이나 학생들도 있었습니다. 아기를 업은 여성이 경찰서를 습격한다는 것은 상식적으로 말이 안 되지요.

결론적으로 **시위대가 포위하고 습격하려는 시도를 해서 3·1절 발포 사건이 일어났다는 주장은 근거가 부족합니다.** 오히려 3·1절 발포 사건은 미군정이 치안유지를 명목으로 자행한 과잉 진압의 한 사례로 보는 편이 합당합니다.

오라리 방화 사건은 무장대의 소행이었을까?

무장대의 오라리 방화! 힘 잃은 평화 협상

1948년 5월 1일 무장대는 오라리 마을에 방화를 저질렀다. 무장대들이 오라리를 습격하고 방화하는 장면을 미군이 지상과 하늘에서 다각도로 촬영하여 증거로 제시했다. 제9연대는 무장대에 호의를 베풀어 평화 협상을 제안했지만, 무장대는 이런 호의를 무시했다. 미군정은 이제 강경한 토벌만이 남았음을 강조했다.

오라리 방화 사건은 무장대와 제9연대 간 평화 협상을 무력화시킨 사건이었습니다. 이 내용을 이해하려면 3·1절 발포 이후 제주가 겪은 일에 대해 짚고 넘어가야 합니다. 3·1절 발포 이후 제주 사람들은 3·1절 발포에 대해 항의했고, 결국 남로당 중심으로 무장대가 구성되어 경찰과 대립하는 제주4·3이 일어납니다. 이때 제주 주둔군이었던 9연대는 경찰과 함께 제주4·3 진압의 임무를 맡습니다. 그러나 9연대 연대장 김익렬은 제주4·3 문제를 평화적인 방법으로 해결하기를 바랐기 때문에, 무장대와 9연대 간 평화 협상이 이루어집니다. 무력 진압만을 강하게 원했던 경찰 측의 불만이 고조되었고, 오라리 방화 사건은 이 가운데 발생합니다. 경찰은 오라리 방화 사건을 미군정에 무장대의 소행이라고 보고했고, 미군정은 무장대와 제9연대 간 평화 협상을 무시한 채 강경 진압을 시작했습니다. 그러나 실제 오라리 방화 사건의 범인은 무장대가 아니었습니다. 그날 오라리에 어떤 일이 있었을까요?

오라리에는 4월 3일 이후 무장대와 경찰로부터 각각 죽음을 당한 인명 사건이 몇 차례 있었습니다. 4월 30일에도 2명이 납치되어 한 명은 살해되고 한 명은 가까스로 탈출에 성공하여 경찰에 이 사실을 알렸지요. 5월 1일에는 이때 희생된 사람의 장례식이 열렸습니다. 이날 경찰과 서청·대청 단원 30여 명이 장례식에 참석했고, 매장이 마무리되자 경찰은 돌아가고 청년 단원들만 남아 오라리 마을 내 좌익 활동을 한 것으로 알려진 사람들의 집을 태웠습니다.

오후에 총과 죽창을 든 무장대가 나타나 청년들을 추격하자 청년들은 도망갔습니다. 한 시간쯤 뒤 청년 단원들로부터 무장대 출현 소식을 들은 경찰이 오라리로 출동했습니다. 마을에는 무장대가 후퇴하고 주민들이 불을 끄고 있었지요. 경찰이 마을 입구부터 총을 쏘며 달려오자 주민들은 산 쪽으로 흩어져 도망갔습니다. 이 과정에서 한 여인이 경찰의 총에 숨졌고, 이후 그 아들은 "어머니가 총에 맞아 숨질 때 하늘에서 비행기가 오랫동안 머리 위를 맴돌았다"고 증언합니다.

이로 미뤄 보아, 오라리 방화 사건은 무장대가 아니라 경찰과 경찰 측 사람들인 서북청년단(이하 서청)들의 소행임을 알 수 있습니다. 오라리 방화가 무장대가 아닌 경찰의 소행이란 증거는 더 있습니다.

먼저, 앞서 언급한 오라리 주민의 증언에 따른 '하늘 위에서 맴돌았다는 비행기'입니다. 이 비행기는 미군정이 '제주도 메이데이'라는 이름으로 오라리 사건을 촬영했던 비행기입니다. 경찰과 미군정의 주장 대로라면 무장대가 오라리를 방화하는 순간 우연히 비행기가 오라리 상공을 지났다는 것인데, 상식적으로 그런 우연이 일어나기는 어렵습니다.

두 번째는 무장대와 평화 협상을 한 김익렬 연대장의 현장 조사 결과입니다. 오라리 방화 사건 소식을 접한 김익렬 연대장은 직접 현장을 조사합니다. 조사 결과 경찰과 우익 청년 단체의 소행이라는 결론을 내렸고 이를 미군정에게 보고하자, 미군정은 경찰의 무장대 소행이란 보고를 우선시하며 김익렬 연대장의 보고를 묵살합니다. 이후 김익렬 연대장은 오라리 사건을 계속 조사하여 방화 주동자인 청년 단원 박○○을 구금합니다. 그럼에도 불구하고 미군정은 김익렬 연대장의 보고를 무시하지요. 방화범까지 체포했고 그 진술까지 받아 냈음에도 미군정은 경찰 보고를 바탕으로 제주도에 대한 대응을 계획합니다. 이미 미군정 내에서는 제주도에 대한 강경책이 합의되었던 겁니다.

이러한 내용들을 종합할 때 **오라리 방화 사건은 무장대의 소행이라 보기 어렵습니다.** 오히려 경찰과 미군정이 평화 협상을 무력화시키기 위해 조직적으로 꾸민 일일 가능성이 높습니다.

제주도 계엄령은 정당했다고?

제주도 계엄령 선포!

1948년 11월 17일 이승만 대통령이 제주도에 계엄령을 선포했다. 제주도 무장대를 조속히 토벌하고 제주도를 정상화하려는 목적이다. 제주도 계엄령은 국무회의에서 결정되었으며 대통령령 제31조에 의해 선포되었다.

제주도의 초토화작전은 해안가 마을을 제외한 대부분의 마을이 불타고 수많은 사람들이 희생된 작전입니다. 지금도 당시 소실된 마을에 사람들이 되돌아가기를 꺼려해 '잃어버린 마을'이 되어 버린 곳이 많습니다. 2000년 제주4·3 특별법 제정 이후 2001년부터 진행된 '잃어버린 마을' 조사 결과, 대표적인 마을 12개에 표석을 세웠지요.

마을 이름	시기	사유	희생자 수	가채 주체
어우눌	48년 11월	소개령	13	9연대
드르구릉	48년 11월 19일	소개령	알 수 없음	9연대
영남마을	48년 11월	소개령	50여	진압군
다랑쉬	48년 11월	소개령	없음	진압군
궤뜨르	48년 11월 13일	소개령	40여	9연대
무등이왓	48년 11월 21일	소개령	100여	진압군
리생이	48년 11월 20일	소개령	50여	진압군
빌레못	48년 11월 20일	소개령	20여	알 수 없음
자리왓	48년 11월 중순	소개령	5	진압군

빌레가름	48년 11월 7일	마을전소	25	경찰
새나무곶	48년 11월	소개	4	알 수 없음
새가름	48년 11월 15일	마을전소	25	군·경

※출처 : 제주4·3사건 진상 조사 보고서

위 표는 제주4·3으로 잃어버린 마을 중 표석이 세워진 12개의 대표 마을입니다. 표를 잘 살펴보면 마을이 사라진 시기가 대부분 1948년 11월입니다. 1948년 10월 김익렬 다음 연대장이 된 송요찬 연대장의 포고문 이후 11월 계엄령과 시기상 일치하지요. 즉, 잃어버린 마을은 계엄령과 관련이 깊다는 것을 알 수 있습니다. 실제로 '계엄령'이라는 용어는 지금까지 제주도민들의 가슴에 깊이 새겨져 있고, 촌로들은 계엄령을 '마구잡이로 사람을 죽여도 되는 무소불위의 제도'로 생각할 정도였습니다.

제주도민들의 삶을 빼앗은 이 계엄령이 국무회의 의결만으로 내린 계엄령이기 때문에 불법이라는 지적은 끊이지 않고 있습니다.

제헌헌법 제64조는 '대통령은 법률이 정하는 바에 의하여 계엄을 선포한다'라고 명시되어 있습니다. 헌법상으로는 대통령이 계엄령을 선포한 것에 대해 문제 삼을 수 없습니다. 그런데 문제는 이 '법률이 정하는 바'입니다. 이승만 대통령이 제주도에 계엄령을 선포한 날은 1948년 11월 17일이었습니다. 그런데 계엄법은 1949년 11월 24일에 제정되었습니다. 즉, 이승만 대통령이 제주도에 계엄령을 선포할 때에는 계엄법이 없었던 겁니다. 정리해 보자면 제주도 계엄령은 계엄법이

제정되기 1년 전에 선포된 것이고, 따라서 법률이 정하는 바가 없으므로 제주도 계엄령은 위헌이라는 이야기입니다.

반대 주장도 있습니다. 일제하의 조선에서는 일제의 칙령에 따라 계엄령을 실시할 수 있었고, 미군정 시기에는 일제 시기의 계엄법을 그대로 이어받았으며, 제헌헌법 제100조에는 '현행 법령은 이 헌법에 저촉되지 아니하는 한 효력을 가진다'고 적혀 있으니 한국의 계엄법이 없었어도 대통령이 계엄령을 내릴 수 있다는 것입니다.

즉, 우리나라 법령이 없어서 일제 치하의 법령을 가져와 국내에 적용했다는 주장이지요. 이것이 법적으로 타당한가에 대해서는 2001년 4월 27일 대법원에서도 명확한 판단을 유보했습니다.

다만 법적 타당성 여부를 떠나서 계엄령의 적용에 대해 법의 테두리를 벗어난 것만은 틀림없습니다. 당시 제9연대장이었던 송요찬조차도 '위에서 계엄령을 내렸는데, 계엄령이 뭐냐?'라고 경찰청장에게 물었다는 증언도 남아 있습니다. 이는 계엄군 사령관이 계엄령에 대해 무지했음을 나타내는 증언이지요. 이런 상황에서 제주도에 제대로 된 계엄령이 적용되었을 리 만무합니다. 오히려 계엄령은 '마구잡이로 사람을 죽여도 되는 제도'가 되어 버린 경향이 있습니다.

제주도 계엄령에 대해 법적인 논란은 아직 남았지만, 최소한 그 집행에 대해서는 문제가 많았습니다.

미군정은 제주4·3에 책임이 없을까?

⋯⋯⋯⋯⋯⋯⋯⋯⋯⋯⋯ **팩 트 뉴 스** ⋯⋯⋯⋯⋯⋯⋯⋯⋯⋯⋯

미군정은 초토화작전과 관련이 없다!

1947년 하버드대학에서 제주4·3 관련 논문이 처음으로 나왔다. 논문의 핵심은 '미군정 시절에 4·3이 발발했기에 미군정의 실책이 있었다'는 선에서 그쳤다. 논문의 저자가 제주에 왔을 때 인터뷰를 했는데 '(중략) 그러나 초토화작전은 대한민국 정부가 수립된 이후에 전개된 것이라 미군과는 상관이 없다'는 이야기를 했다.

제주4·3에서 초토화작전은 미군정 시절이 아닌 대한민국 정부가 수립된 이후에 실행되었으므로, 미군정과 무관하다는 주장입니다. 시기상 초토화작전은 대한민국 정부수립 이후에 이루어졌지만, 당시 한·미 간의 군사협정에 의해 한국군과 경찰의 작전통제권은 미국에게 있었습니다. 따라서 **초토화작전에 의한 제주도민들의 희생에 대해, 미군이 책임을 피하기는 어렵습니다.** 특히 미군 로버츠 고문단장과 군 당국이 주고받은 공한은 당시 미국이 어떤 입장인지를 잘 나타냅니다.

> "송요찬 연대장(초토화작전을 포고하고 실행한 연대장)은 대단한 지휘력을 발휘했다. 이런 사실이 신문과 방송, 대통령의 성명에 의하여 일반에 대대적으로 선전되어야 할 것이다."
>
> 1948년 12월 18일 로버츠 고문단장이 한국 국방장관에게 보낸 공한

제주4·3, 비극의 시작

해방, 미군정

1945년 8월 15일 우리 민족은 일제 35년의 식민 통치를 청산하고 해방을 맞이합니다. 해방 전부터 해방의 날을 준비했던 여운형은 해방이 되자마자 '건국준비위원회'(이하 건준)를 구성하여 새로운 정부를 수립하기 위해 노력합니다. 건준은 전국에 수많은 지부를 두었고 이후 건준이 발전적 해체를 거쳐 조선인민공화국(이하 인공)을 수립했을 때, 건준의 지부와 자생적 지역 조직들도 인민위원회로 재편됩니다. 인민위원회는 지역의 민중 자치 조직으로서 치안을 비롯한 지역의 다양한 문제들을 해결해 나가지요.

하지만 38도선 남쪽 한반도(이하 남한)에 미군이 상륙하면서 이야기는 달라집니다. 미군은 일본을 무장해제한 뒤, 미군정을 설치하여 남한 지역을 통치해 나갑니다. 미군정이 가장 먼저 결정한 사항은 자신들이 남한 지역의 유일한 정부임을 선언하는 것이었습니다. 미군정의 유일 정부 선언은 자연스럽게 인공과 전국의 인민위원회 부정으로 이어졌지요.

이후 미군정은 남한 내 민중들의 감정과 괴리되거나 실책성 정책을 거듭합니다. 일제강점기 때 일제의 통치기관에서 일했던 관료들을 대거 유임하거나 등용하여 사람들의 반발을 샀고, 식량정책의 실패로 대구10·1사건을 유발하기도 합니다.

해방, 제주도, 인민위원회

제주도에도 해방은 찾아왔고 육지와 마찬가지로 건준 지부를 거쳐 인민위원회가 들어섰습니다. 이후 미군정도 들어서지요. 다른 지역에서는 미군정의 부정과 압박으로 인민위원회가 소멸되어 가거나 이름을 바꿀 때, 제주도 인민위원회는 건재했습니다. 역사·지리적 특성상 결속력이 강했던 제주도는 인민위원회도 다른 지역보다 조직적이었습니다. 그래서인지 미군정도 제주도에서만큼은 인민위원회에 협력적인 태도를 취했습니다.

또한 다른 지역의 인민위원회는 좌익화가 가속화되어 우익 인사들의 이탈이 잦았는데, 제주도 인민위원회는 좌익들이 주도했지만 한국독립당, 독촉국민회 등 우익 단체들과도 무난히 지내며 자주적으로 도내를 지도하고 있었습니다. 자연히 면사무소 등지에서는 중요한 행정업무를 추진할 때 사전에 인민위원회 간부들과 협의하는 것이 관습화되었지요.

해방, 제주도민의 삶

제주도 인민위원회의 입지는 남한의 다른 지역과 달리 안정적이었지만, 제주의 경제 상황은 남한의 다른 지역보다 심각했습니다. 먹고살기가 힘들 지경이었지요. 그 원인으로는 해방 후 이뤄진 급격한 인구이동을 들 수 있습니다.

해방 직후 일본에 살던 제주인 6만여 명이 귀환했다고 합니다.[*] 일제강점기에 돈을 벌기 위해 혹은 강제로 징용되어 일본으로 끌려간 사람들이 고향으로 돌아온 것이지요. 그러나 미군정이 일본에서 제주도로 귀환하는 사람들에게 일본에서 번 돈을 거의 가져오지 못하게 하는 바람에, 6만여 명의 사람들이 무일푼으로 제주도에 돌아오게 되었습니다.

인구는 늘었는데 재정은 더 늘지 않으니 제주도 경제는 나락으로 떨어질 수

• 인구 유입에 대한 통계는 자료마다 편차가 있다. 『동아일보』 1946년 12월 21일자에는 5~6만 명으로 『제주신보』는 1947년 2월 10일자 8만 명으로 기록되어 있다.

밖에 없었습니다. 엎친 데 덮친 격으로 1946년 여름, 제주도에 콜레라가 발생한 데다, 흉작도 계속되었지요. 일제강점기 때 일본에서 들어오던 물품들이 끊기고 미군정이 그만큼 지원해 주지 못한 것도 제주도의 경제 악화에 한몫했습니다. 인구는 급속도로 늘어났는데 재정과 지원은 부족하고 돌림병까지 겹치니 제주도 경제가 온전할 리 없었지요.

도島에서 도道로

제주도의 '도'는 원래 섬을 뜻하는 '도島'로, 행정적으로는 전라남도에 속해 있었습니다. 그런데 1946년 8월 1일 제주도는 전라남도에서 분리되어 아홉 번째 행정구역인 도道로 승격됩니다. 역사적·지리적으로 독립적 성향이 강했던 제주도 사람들의 입장에서 이 결정을 환영했을 것 같지만, 인민위원회를 중심으로 한 제주도 사람들은 행정구역 승격에 반대했습니다. 제주도가 전라남도에 속해 있다가 행정구역상 승격이 되면 미군정의 경찰, 경비대 등 공권력의 증편이 우려되었기 때문이죠.

제주 내 우익들은 인민위원회의 반대 입장과 상반된 이유로 제주의 도道 승격을 찬성했습니다. 인민위원회라는 좌익 중심의 자치 조직과 반대 입장에 있던 우익들은 도道 승격이 중앙행정기구의 확대를 가져올 것이고, 그래야 인민위원회 세력을 억누를 수 있다고 판단한 것이지요.

8월 1일 도道 승격 이후의 후속 조치는 인민위원회의 우려와 우익의 기대대로 현실화됩니다. 제주도 내 행정기구는 확대되었고 경비대 제9연대가 창설되었으며 경찰력도 급속히 늘어났습니다. 원래 100명 정도였던 경찰력이 4월에는 500명, 특히 제주4·3 기간에는 2,000명까지 급증했습니다.

도道 승격 이후 확대된 행정기구는 인민위원회를 위축시켰습니다. 그리고 1946년 말부터는 본격적으로 인민위원회에 대한 미군정의 탄압이 시작되었지요. 제주도의 도道 승격이 도내 우익의 입지가 강화되는 결정적 역할을 했던 것입니다.

제28주년 3·1절 기념 제주도 대회

1947년 3월 1일 '제28주년 3·1절 기념 제주도 대회'(이하 3·1운동 기념행사)가 제주시 북국민학교에서 열렸습니다. 3·1운동 기념행사는 제주도만의 행사라기보다는 전국적으로 치러진 행사였습니다. 그러나 1947년 무렵, 남한에는 이미 좌익과 우익의 대립이 심각했기 때문에 서울에서는 좌익과 우익이 3·1절 행사를 따로 치렀습니다. 남한에 비해 제주도는 좌우 대립이 심하지 않았기에 제주도의 3·1운동 기념행사에서는 준비부터 시행까지 좌·우익이 함께했습니다.

1947년 3월 1일 '제28주년 3·1절 기념 제주도 대회'가 열린 제주시 북국민학교에는 3만 명에 달하는 사람들이 모여 인산인해를 이루었습니다. 대회에서는 각계 대표들이 나와 연설을 했는데, 대부분 3·1운동 정신을 계승하여 자주독립을 쟁취하자는 내용들이었습니다. 일부는 미소공위의 재개를 요구하기도 했는데, 이로 미루어 볼 때 당시 제주 사람들은 미소공위의 파행을 보면서 분단에 대해 크게 우려했던 것으로 보입니다.

대회 식이 끝나자 가두시위가 시작되었습니다. 가두시위에는 시위대와 이를 구경하는 구경꾼, 시위를 관리하는 말을 탄 경찰 등이 뒤섞여 있는 어수선한 상황이었지요. 그런데 시위대가 관덕정 쪽으로 나아갈 때쯤 기마경찰의 말발굽에 치여 어린아이가 다치는 사고가 발생합니다. 사고를 낸 기마경찰이 바로 사후 조치를 했더라면 문제가 일단락되었겠지만 기마경찰은 그대로 가려 했습니다. 이에 흥분한 군중들이 "저놈 잡아라!"라며 소리쳤고 경찰에게 돌을 던지며 항의했습니다.

발포

1947년 3월 1일 오후 2시 45분. 총성이 울렸습니다. 어린아이를 다치게 한 기마경찰에 분노한 사람들이 기마경찰들을 쫓아갔고, 당황한 기마경찰들은 경찰서 쪽으로 말을 몰았습니다. 이때 제주경찰서 망루에서 미군정 경찰이 사람들에게 총을 쏜 것(이하 3·1절 발포 사건)입니다.

당시에는 '응원 경찰'이라는 제도가 있었습니다. 타 지역 경찰들이 한 지역에 응원 가듯 증파되는 제도입니다. 제주 지역에도 3·1운동 기념대회를 앞두고 충남과 충북 지역에서 각각 50명씩 100명의 응원 경찰이 와 있던 상황이었습니다. 사람들에게 총을 쏜 경찰들은 바로 응원 경찰이었습니다.

응원 경찰들의 발포로 6명이 죽고 8명이 부상을 입었습니다. 경찰은 치안 유지를 위한 정당방위였다고 발표했지만 실제로는 과잉 대응이었습니다. 제주의 민심은 들끓기 시작했습니다.

총파업

제주 사람들의 항의는 1947년 3월 10일부터 3월 22일까지 제주도 전체에 민·관 총파업으로 이어졌습니다. 관공서뿐 아니라 민간기업 등 제주도 전체 직장의 95% 이상이 참여한, 한국에서는 유례가 없던 민·관 합동 총파업이었지요. 앞서도 말했지만 당시 제주도의 경제 상황은 좋지 않았습니다. 파업은 자신의 생계를 걸고 주장을 펴는 행동이기에 총파업은 생존을 담보로 해야 했습니다. 수많은 사람들이 3·1절 발포 사건에 항의하고자 생존을 걸고 자발적으로 파업에 참여했지요.

3·1절 발포 사건으로 희생된 사람들의 유족을 돕기 위한 모금 활동도 전개되었습니다. 제주신보는 3월 10일자 신문에 '3·1 사건 희생자 유가족 조의금 모집'을 알렸습니다. 모금 활동에는 인민위원회를 비롯한 좌익들은 물론이

고 우익 인사들도 크게 참여했습니다. 심지어 감찰청장과 일부 응원 경찰들도 성금을 기탁했습니다.

이 정도 되면 당연히 미군정은 제주 사람들의 의견을 경청하고 3·1절 발포 사건을 철저히 조사한 뒤 책임자를 엄벌하고 사과했어야 합니다. 그러나 미군정은 오히려 사건을 반대로 처리했습니다. 미군정은 미군 중앙조사단을 파견하여 총파업에 대해 조사했고, 총파업의 원인을 두 가지로 결론 내립니다. 첫째, 제주도민의 경찰에 대한 반감, 둘째는 반감을 부추기는 남로당의 대중 선동이었지요.

잠시 남로당에 대해 짚어 볼까요? 남로당은 남조선노동당의 줄임말로, 좌익의 중심이었던 조선공산당의 세력이 흩어지기 시작하자 여러 공산당들을 통합한 조직입니다. 즉 좌익 세력이라 볼 수 있지요. 물론 총파업에 남로당이 주도적 역할을 했던 것은 사실입니다. 남로당은 기본적으로 친노동자 성격이 강했고, 총파업이 효과적이려면 조직적인 체계가 있어야 하므로 남로당이 총파업을 주도적으로 이끌었던 것입니다. 그러나 대부분의 총파업 참여자들은 남로당이 아닌 일반 시민들이었습니다.

미군정은 총파업의 원인부터 잘못 파악했고, 해결책은 더 잘못 짚었습니다. 제주 사람들을 위로하고 설득하여 경찰에 대한 반감을 줄이는 방향으로 해결하는 것이 아니라 남로당을 분쇄하는 데 총력을 기울인 것입니다.

잡혀간 2,500명

제주도에 대한 붉은 섬 낙인 찍기가 시작되었습니다. 조병옥 경무부장이 제주도 상황을 살펴보기 위해 제주도로 내려왔을 때, 경무부 최경진 차장은 기자들에게 "원래 제주도는 주민의 90%가 좌익 색채를 가지고 있다"면서 응원 경찰 증파 계획을 밝혔습니다. 경찰 측은 제주도 문제에 대한 깊이 있는 조사를 하기도 전에 제주도를 공산주의자들의 섬으로 확신하고 있었던 것입니다. 물론 제주도민 90%가 좌익이라는 주장의 근거는 어디에서도 찾을 수 없습니다.

　제주도로 내려온 조병옥 경무부장은 총파업 참가자는 물론 3·1운동 기념행사를 준비해 왔던 사람들까지 잡아 가둡니다. 제주4·3이 본격적으로 이루어지기 전까지 1년간 무려 2,500명이 잡혀갔지요.

유해진과 서북청년단

　서북청년단(이하 서청)은 이북 출신으로만 이루어진 반공 청년 단체입니다. 당시 북한은 토지개혁을 진행하면서 지주로부터 땅을 빼앗아 무상으로 농민들에게 나누어 주었는데, 이때 북한과 공산주의 정책에 불만을 품은 사람들이 남한으로 대거 내려오게 됩니다. 이 시기 남한으로 내려온 사람들 중의 일부가 창설한 단체가 바로 서청입니다. 당연히 서청은 좌익에 대한 적개심이 매우 커서, 여러 우익 인사들의 지원을 받으면서 좌익에 대한 테러나 좌우합작 방해 활동에도 활약합니다.

　박경훈 도지사는 총파업의 책임을 지고 도지사직에서 사임합니다. 후임으로 제주도지사가 된 사람은 유해진인데, 유해진 도지사는 제주도에 부임할 때 서청 소속 7명을 응원 경찰 자격으로 데리고 옵니다.

　이후 제주4·3이 본격적으로 일어나기 전까지 760명의 서청 단원이 제주도로 파견됐고, 그 후에도 계속 파견되어 1,700명이 추가 투입되었지요. 서청 단원들은 경찰직함을 받았지만 급료를 약속받지 못했습니다. 그저 제주도에서 약탈과 협박을 일삼으면서 생존할 수밖에 없었지요. 제주 사람들은 서청 단원들에게 많은 핍박을 받으면서 미군정에 대한 반감을 키워 갑니다.

고문치사 사건

1948년 3월에는 경찰에 연행되었던 청년 3명이 경찰의 고문으로 잇따라 숨지는 사건이 발생합니다. 조천지서에 연행되었던 조천중학교 2학년 학생 김○○은 유치 이틀 만에 별안간 숨졌고, 모슬포지서에 갇혀 있던 대정면 영락리 청년 양○○은 경찰의 고문으로 목숨을 잃었지요. 서청 경찰서에 붙잡혔던 한림면 금정리 청년 박○○은 곤봉과 돌로 찍혀 반죽음 상태로 끌려가 총살당하기도 했습니다.

경찰은 고문이 아닌 지병으로 죽었다고 둘러댔지만 온몸에 멍이 들어 싸늘한 시신으로 돌아온 이들이 고문으로 사망한 것은 너무나 명확했습니다. 제주 사람들은 공권력에 대한 분노를 켜켜이 쌓아 갔습니다.

제주4·3

1948년 4월 3일은 남한만의 단독선거인 5·10 총선거가 한 달 정도 남은 때입니다. 5·10 총선거는 남한 단독선거로 결정됐고, 이는 단독정부 수립, 최종적으로는 분단을 뜻했습니다. 남한 내 사람들도 그렇거니와 제주 사람들도 단독정부 수립과 이에 따른 분단을 우려했습니다. 또한 서청 단원들과 경찰들의 횡포는 제주 사람들의 한반도 정세에 대한 우려를 분노로 바뀌게 만들었습니다.

제주도 내 남로당 세력은 무장대를 구성하여 5·10 총선거 반대를 명분으로 제주도를 핍박하는 미군정에 대한 항쟁을 시작했고, 제주도 내 24개 경찰지서 중 12개가 습격당하고 14명이 사망하는 사건이 벌어지지요. 그들이 보낸 '탄압이면 항쟁이다.'라는 경고문의 문구처럼, 그들의 행동은 항쟁이 되어 제주도 전역에 번졌습니다.

평화 협상

　무장대의 항쟁 이후 사태가 번져 나가자 미군정은 경찰과 서청 단원 등을 제주도로 증파하고 경비대 제9연대로 하여금 사태 진압을 명합니다. 그러나 당시 제주도에 주둔했던 9연대 연대장 김익렬 중령은 사태를 평화적으로 해결하기를 바랐습니다. 그리고 무장대 사령관 김달삼을 만나 4시간의 논쟁 끝에 협상을 성공적으로 이끌어 냅니다.

　김익렬 중령과 김달삼 사령관의 협상 내용은 첫째, 72시간 동안의 전투 중지, 둘째, 점진적 무장해제, 마지막으로 무장대에 대한 신변 보장이었습니다. 만약 이 평화 협상을 경비대와 무장대가 순조롭게 지켜 줬다면 제주4·3에서 민간인의 희생을 크게 줄일 수 있었을 것입니다. 그러나 이 평화 협정은 우익 청년단의 횡포로 산산이 깨져 버립니다.

오라리 방화 사건

　1948년 5월 1일 '오라리'라는 마을에서는 불길이 치솟아 올랐습니다. 미군정이 공산주의자 폭도가 벌인 짓이라고 규정한 오라리 방화 사건이었습니다. 하지만 미군정의 입장과는 달리, 오라리 방화 사건은 서청이 포함된 우익 청년들이 저지른 짓이었습니다. 자신들이 저지른 짓을 무장대의 소행으로 덮어씌워 평화 협상을 무력화시키려고 했던 것이지요.

　5월 3일에는 평화 협상을 믿고 산에서 내려오던 무장대들이 정체불명의 사람들에게 총격을 받는 사건이 벌어집니다. 평화 협상은 오라리 방화 사건과 5월 3일 총격 사건으로 깨지기 시작합니다.

　김익렬 연대장은 이러한 사건들이 평화 협상을 파기하고자 하는 의도임을 알고 항의했지만, 미군정의 대답은 지휘자 교체였습니다. 5월 6일 9연대 연대장은 김익렬 중령에서 박진경 중령으로 바뀝니다. 박진경 연대장은 김익렬 연대장과 달리 무장대를 무자비하게 제압하기 시작합니다. 어찌나 강경한 토벌이었는지, 박진경 연대장의 대응 정책에 반발한 제주 출신 9연대 군인들이 탈출하여 토벌대에 들어가는 일들이 일어납니다. 결국 박진경 연대장 휘하에 있던 문상길 중위와 손선호 하사 등이 박진경 연대장을 암살하고 맙니다.

5·10 총선거 거부

1948년 5월 10일 남한 지역에서는 예정대로 국회의원을 뽑는 선거를 치렀습니다. 헌법을 제정하고 정부를 수립하기 위한 제헌의회를 구성하기 위해서였습니다. 제주4·3 때 무장대의 주요 명분 중 하나는 5·10 총선거에 대한 거부였습니다. 그래서인지 남한 지역에서는 5·10 총선거에 90%가 넘는 놀라운 참여율을 보인 반면, 제주도에서는 5·10 총선거가 제대로 진행되지 않았습니다. 제주도는 세 명의 국회의원을 뽑도록 되어 있었는데, 2개의 선거구에서 주민들이 투표를 거부해 결국 한 명의 국회의원만 선출되었지요.

잠시의 소강

이후 제주도는 잠시나마 소강상태에 놓입니다. 군·경 토벌대의 경우 정부 수립 과정을 거치면서 진압 작전을 느슨하게 펼치고 있었습니다. 대한민국이 단독정부를 수립하자 북한은 분단의 책임을 대한민국에 전가하며 북한 정부를 수립하기 위한 선거를 시작합니다. 이때 남한 내 남로당도 선거에 참여하는데, 제주도 무장대의 지도부 중 일부가 이에 참여하면서 무장대의 지도자가 김달삼에서 이덕구로 바뀌는 등의 조직 개편 과정을 겪게 됩니다. 토벌대와 무장대 각각 나름의 이유로 소강상태가 유지되었던 것이지요. 그러나 이 소강상태도 그리 오래가지 못했습니다.

광기의 시대

　5·10 총선거 거부는 가혹한 탄압으로 이어졌습니다. 조병옥 경무부장은 꾸준히 응원 경찰들을 제주로 내려보냈고, 1948년 7월에는 경찰 병력만 2,000명으로 늘어났습니다. '제주도는 빨갱이 섬'이라는 인식만 갖고 있던 응원 경찰의 증원은 심각한 부작용을 낳기 시작합니다. "지나친 잔혹 행위와 테러가 제주도에 도착한 응원 경찰에 의해 자행되었다."고 당시 미군이 보고할 만큼 응원 경찰들로 인한 제주 사람들의 피해는 컸습니다.

　박진경 연대장이 암살당하고 경비대가 재편되는 우여곡절 끝에, 미군정은 송요찬 소령을 9연대장으로 임명합니다. 송요찬 소령이 9연대장에 부임하면서부터 제주도는 본격적인 광기의 시대를 맞습니다.

　1948년 10월 17일 송요찬 9연대장은 포고문을 발표했습니다.

　"(중략) 10월 20일 이후 군 행동 종료 기간 중 전도 해안선으로부터 5km 이외의 지점 및 산악지대의 무허가 통행금지를 포고한다. 만일 포고에 위반하는 자에 대해서는 이유 여하를 불문하고 폭도배로 인정하여 총살에 처한다. (후략)"

　포고문에 적힌 '해안선으로부터 5km'는 제주도에서 해변을 제외한 중산간 마을 전부가 포함됩니다. 무장대는 경비대에 대항하기 위해 산이나 오름으로 올라갔는데 송요찬 소령은 이들을 제압하기 위해 해안선에 있는 마을을 제외한 모든 마을을 초토화시키고자 했습니다.

　11월 17일에는 계엄령이 내려졌고, 계엄령은 초토화작전에 기름을 붓습니다. 계엄령 이전에는 주로 젊은 남성들이 희생된 반면, 계엄령 이후에는 남녀노소 가리지 않고 총살당하는 경우가 잦아졌습니다. 전쟁 때도 할 수 없는 무자비한 살육이 한동안 계속되었습니다. 심지어 진압 군경은 가족 중에 한 사람이라도 없으면 '도피자 가족'으로 분류, 그 부모와 형제자매를 대신 죽이는

'대살'도 자행했습니다. 지금 제주공항 자리에서 발견된 수많은 4·3 희생자 유골은 당시 제주도 상황이 얼마나 처참했는지를 짐작하게 합니다.

산으로 올라가 있던 무장대도 민간인들을 대상으로 무절제한 약탈을 시작합니다. 그들은 경비대에 도움을 준 마을에 대한 보복도 서슴지 않았습니다. 중산간 지대 마을 사람들은 낮에는 군과 경찰에게, 밤에는 무장대에게 희생당하는 이중고를 겪게 됩니다.

12월 말에 무장대를 진압하는 부대가 9연대에서 2연대로 교체되었지만, 2연대 역시도 강경진압 노선을 견지합니다. 심지어 재판 절차도 없이 주민을 집단으로 사살하는 일도 있었지요.

북촌 사건

북촌 사건은 제주4·3에 있어 광기의 시대를 대표하는 사건입니다. 사건의 시작은 1949년 1월 17일 아침으로 거슬러 올라갑니다.

이날 2연대 3대대 일부가 이동 도중 북촌마을 인근에서 무장대의 기습을 받아 2명의 군인이 숨지는 사건이 벌어집니다. 마을 전체가 무장대의 본거지로 의심받을 수 있는 상황이었기 때문에 10명의 마을 원로들은 군인의 시신을 들것에 실어 대대본부로 갔습니다. 군인들은 연로한 주민 10명 중 경찰 가족 1명을 제외하고 모두 사살해 버립니다. 그리고 북촌마을을 덮쳐 마을에 불을 지르고 마을 사람들을 모두 북촌국민학교에 모이도록 했지요. 주민들은 공포에 일그러진 표정으로 학교에 모였고, 군인들은 군인과 경찰 가족들을 골라냅니다. 그리고 나머지 주민 400여 명을 모두 총살시켜 버립니다.

당시 제주 경찰이었던 김○○은 군인들이 마을 주민들을 사살하기 전, 북촌국민학교에 모여 있는 주민들을 어떻게 할지에 대한 장교들 간의 회의 내용을 들었다고 합니다. 그의 증언에 따르면 '현재 사병들이 적을 사살한 경험이 없으니 경험도 쌓을 겸 모두 총살시키자'라는 한 장교의 주장이 채택되었다고 합니다. 그러니까 북촌국민학교에서 400명 이상을 총살시킨 이유가 고작 '경험 쌓기'였던 것입니다.

또한 당시 현장에서 살아남은 김○○씨는 '어머니와 나는 용케 군경 가족 대열에 끼게 되었다. 그런데 10살 미만의 동생 셋은 어머니의 치맛자락을 놓쳐 죽음의 길로 들어갔다'고 회고했습니다.

제주4·3의 마지막

1949년 3월이 되자, 진압 작전에서 선무 작전이 추가되었습니다. 선무 작전은 한라산으로 피해 있던 사람들이 귀순하면 용서하겠다는 사면 정책이었지요. 이때 많은 사람들이 하산했고 목숨을 건집니다.

1949년 5월 10일에는 1년 전 5·10 총선거 때 뽑지 못한 국회의원 2명이 재선거로 선출되었습니다. 이를 기점으로 제주4·3은 수습되기 시작합니다.

1949년 6월 7일 무장대의 중심이었던 이덕구가 사살되었고 사실상 무장대는 궤멸 수순으로 접어들었습니다.

1954년 9월 한라산 접근 금지 지역이 개방되었고, 이로써 3·1절 발포 사건에서 비롯된 제주4·3은 7년이 넘는 시간을 지나 막을 내리게 됩니다. 7년 7개월이라는 시간 동안, 적게는 1만 5천여 명에서 많게는 3만 명에 가까운 인명이 희생되어야 했습니다.

강제징용 피해자의 눈물과 한일 협정

"오늘 나 혼자 나와서…… 마음이 슬프고 눈물이 많이 나온다."

2018년 10월 30일 일본제철(판결 당시엔 신일철주금)*을 상대로 한 손해배상청구소송 재상고심(이하, 일제 강제징용 배상 판결)에서 승소한 이춘식 할아버지가 법정을 나오며 했던 말입니다. 이춘식 할아버지를 비롯한 강제징용 피해자 4명은 13년이 넘는 세월 동안 신일본제철과의 소송전을 벌여 왔습니다. 긴 시간 동안 함께했던 세 분이 돌아가시고, 2018년이 되어서야 이춘식 할아버지 혼자 승소 판결을 맞이했지요.

일본은 이 배상 판결을 즉시 부정합니다. 일본은 1965년 한일기본조약에 따른 한일 청구권 협정에 의해, 일본에 대한 개인 청구권이 소멸되었다고 주장하며 판결을 부정했지요. 그리고 2019년 여름, 일제 강제징용 배상 판결은 이후에 일본이 무역 보복으로 대응하면서 현재까지도 이어지고 있는 한·일 갈등의 시작점이 되었습니다. 일본은 일제 강제징용 배상 판결과 무역 보복을 연관 짓지 않았지만, 무역 보복의 근거가 빈약한 데다 시점으로 볼 때 이 판결이 무역 보복의 원인이

---

* 일본제철은 여러 기업과의 합병으로 기업명이 자주 바뀌었다. 일제강점기 때의 기업명이 '일본제철'이었고 이후 해체되었다가 다시 합병되면서 '신일본제철'로 바뀌었으며, 판결 때는 '신일철주금'이었고 2019년에 '일본제철'이 되었다.

되었음을 알 수 있지요.

일이 이 정도로 커진 이상, 한일기본조약을 살펴보지 않을 수 없습니다. 한일기본조약은 현재 한국과 일본의 과거사 문제에 대한 갈등의 시작점이 되기 때문이지요.

한일기본조약의 내용은 무엇이며, 일제 강제징용 배상 판결을 부정하는 일본의 주장은 얼마나 타당한 것일까요?

청구권에 의한 무상 3억 달러, 액수는 합당했을까?

팩 트 뉴 스

'독립 축하금이 너무 과하다'는 비판 일어…

1965년 6월 22일 맺어진 한일 청구권 협정의 내용이 발표되자 일본에서는 정부에 대한 비판이 쏟아졌다. 한국에 대한 독립 축하금이 너무 과도하다는 것이다. 샌프란시스코조약에 승전국으로 인정되지도 않은 한국에게 그렇게 큰 금액을 줄 필요가 없다는 주장이다.

한일기본조약(이하, 한일 협정)과 그에 따른 재산 및 청구권에 관한 문제의 해결 및 경제협력에 관한 협정(이하, 한일 청구권 협정)에 의한 청구권 자금은 무상으로 3억 달러, 유상으로 2억 달러에 해당합니다. 이 자금을 배상금으로 명시하지 못한 한국에 비해, 동남아시아 4개국인 미얀마, 필리핀, 인도네시아, 베트남은 일본으로부터 배상을 받았

습니다. 태평양전쟁 전후 문제를 합의하고 일본의 주권을 회복한 샌프
란시스코조약에서 한국은 승전국으로 인정받지 못한 반면, 동남아시
아 4개국은 승전국 지위를 가졌기 때문입니다. 그럼, 동남아시아 4개
국에 비해, 한국의 청구권 자금 액수는 합당했을까요?

구분	한국	미얀마	필리핀	인도네시아	베트남
무상 자금 총액	3억 달러	2억 달러 (추후 1억 4천 달러 추가 제공)	5억 5천만 달러	2억 2,300만 달러	3,900만 달러
제공 기간	10년	10년	20년	12년	5년

※출처 : 대일 청구권자금의 활용 사례 연구, 대외경제정책연구원

위 표를 보면 한국의 무상 자금은 필리핀보다 적지만 미얀마와 비슷
하고 인도네시아, 베트남보다는 많다는 것을 알 수 있습니다. 이 표를
단편적으로만 본다면 3억 달러라는 액수는 크게 문제가 없어 보입니
다. 그러나 역사적 시각으로 따져 본다면 이 금액에는 분명 문제가 있
습니다. 미얀마, 필리핀, 인도네시아, 베트남이 일제에 점령된 기간은
4년을 넘지 않았던 반면, 한국은 무려 35년이라는 긴 시간 동안 인적,
물적 수탈을 당했지요.

일제의 통치 기간에 따른 기계적인 계산을 해야 한다는 것은 아니지
만, 일제의 첫 식민지이자 마지막 식민지인 한국이 다른 나라들과 비
슷한 액수를 받는다는 것은 누가 봐도 불합리해 보입니다. **청구권에
따른 무상 3억 달러란 액수는 지나치게 축소된 금액으로 보입니다.**

강제징용 피해자의 개인 청구권은 사라진 것일까?

앞에서 잠시 언급했던 2018년 10월 30일 일본제철(판결 당시 신일철
주금)을 상대로 한 손해배상청구소송 재상고심 승소와 한일 협정을 연
결해서 생각해 봅시다. 한국 대법원이 강제징용 피해자들의 손을 들어
주자 일본은 격분했습니다. 그리고 아베 신조 일본 총리는 한일 협정
을 통해 개인 청구권은 포기한 것이니 자신들은 보상을 할 수 없고, 한
국이 국제적 약속을 어기고 있다는 내용의 인터뷰를 합니다. 아베 총
리의 말대로 정말 한일 협정을 통해 개인 청구권까지 소멸됐을까요?

"한일 협정으로 한국 정부의 외교 보호권은 포기됐지만, 개인이 피
해 배상을 요구할 수 있는 권리 즉 개인 청구권은 소멸되지 않았다."

이는 지난 1991년, 한국이 아닌 일본 참의원 회의록의 내용입니다.
일본 내에서도 한일 협정으로 개인 청구권이 사라진 게 아니란 점을

공식적으로 인정해 왔지요. 또한 2007년 일본 대법원은 중국인 노동자의 강제 동원 재판과 위안부 재판에서 개인 청구권은 소멸시킬 수 있는 것이 아니라고 판단했습니다. 이로 미루어 볼 때 **한일 협정으로 개인 청구권이 소멸되지 않았음을 일본도 동의했던 겁니다.** 오늘날 말을 바꾼 것은 한국이 아니라 일본입니다.

일제 강제징용 배상 판결은 부당한가?

팩 트 뉴 스

日, "일제 강제징용 배상 판결은 받아들일 수 없다."

일제 강제 동원 가해 기업인 신일철주금의 한국 자산 매각(현금화) 절차가 시작되었다. 일제 강제징용 배상 판결에 따른 배상 명령을 기업 측이 거부하자 매각 절차가 진행된 것이다. 일제 강제징용 배상 판결 이후 한국과 일본 정부의 관계는 악화일로를 걸었고 이번 조치에 대해서도 일본 정부는 일제 강제징용 배상 판결은 물론 매각 절차에도 반발했다.

앞서 한일 청구권 협정 이후에도 개인 청구권은 소멸되지 않았다고 한 일본 측의 (고마운) 주장을 살펴봤습니다. 이번에는 일제 강제징용 배상 판결에 대해 알아봅시다. 한일 청구권 협정 이후에도 개인 청구권이 사라지지 않는다는 것만으로는 일제 강제징용 배상 판결을 다각도로 이해하기 어렵기 때문입니다. 그렇다면, 일제 강제징용 배상 판결에서 원고 즉, 강제징용 피해자들이 원한 것은 무엇이었을까요? 일제 강제징용 배상 판결에 대한 대법원은 판결문은 다음과 같습니다.

"원고(강제징용 피해자)들의 손해배상청구권은 일본 정부의 한반도에 대한 불법적인 식민 지배 및 침략전쟁의 수행과 직결된 일본 기업의 반인도적인 불법행위를 전제로 하는 위자료 청구권, 이른바 '강제동원 위자료 청구권'이라는 점을 분명히 해 두어야 한다. 원고(강제징용 피해자)들은 피고(신일본제철, 현 신일철주금)를 상대로 미지급 임금이나 보상금을 청구하고 있는 것이 아니다."

원고 즉, **강제징용 피해자들은 밀린 미지급 임금이나 보상금이 아닌, 강제 동원에 대한 위자료를 청구하고 있는 것**입니다. 그렇다면 강제 동원에 대한 위자료를 받을 수 있는지 한번 따져 볼까요?

日, "1965년 청구권 협정으로 지급한 금액에 위자료가 포함된다."

일본은 한일 청구권 협정으로 한국에 지급된 금액에 위자료도 포함된다고 주장합니다. 그러나 이는 사실이 아닙니다. 앞서 개인 청구권은 청구권 협정에 포함되지 않는다고 했었는데, 굳이 이 사실을 언급하지 않더라도 강제징용 피해자들이 위자료를 받을 수 있는 논리적 근거는 충분합니다.

첫째, 일본은 강제 동원 위자료를 한국에 지급한 적이 없습니다. 일본은 한일 청구권 협정으로 지급한 3억 달러에 강제 동원 위자료가 포함되어 있다고 주장하지만, 당시 일본은 3억 달러에 강제 동원 위자료를 포함시킬 수 없었습니다. 그 이유는 한일 협정 제2조에 대한 일본의 해석 때문입니다.

일본은 한일 협정 제2조 "1910년 8월 22일 및 그 이전에 대한제국과 일본제국 간에 체결된 모든 조약 및 협정이 이미 무효임already null and void을 확인한다."를 "지금은 무효가 되었지만 이미 1910년 8월 22일 이전에 맺은 한일병합조약이나 을사조약 등은 당시엔 합법이므로 식민 지배 35년은 합법이다."라고 해석하고 있습니다. 즉, 한일 청구권 협정 당시, 일본은 식민 지배에 불법성이 없다고 확신하고 있었지요.

그런데 '위자료'라는 용어는 상대가 불법적인 일을 저질러서 피해를 입은 사람이 받는 보상입니다. 즉, '강제징용 위자료'라는 단어에는 강제징용과 더불어 식민 통치가 불법이라는 의미가 함축되어 있는 것이지요. 그런데 일본의 입장에서는 식민 지배가 합법적이라고 생각하고 청구권 협정에 따른 금액을 한국에 지급했으니, 당연히 그 금액 안에는 불법을 전제하는 위자료를 포함시킬 수 없습니다.

만약 일본의 주장대로 강제징용 위자료가 한일 청구권 금액에 속한 것이라면, 일본이 한일 협정에서 제2조를 아전인수 격으로 해석해 주장한 '식민 통치는 합법'이란 논리부터 무너집니다. 불법적 강제징용에 대한 위자료를 주었으니 식민 통치는 불법이라 인정하는 셈이지요. 만약 일본이 식민 통치가 합법이라는 논리를 고수한다면, 한일 청구권 협정에서 불법적인 식민 통치에 대한 위자료를 지불해야 합니다.

日, "식민 지배가 합법적인데 왜 불법을 전제로 한 위자료를 줘야 하는가?"

일본 입장에선 이렇게 재반박할 수 있을 것 같습니다.

'한일 협정 제2조의 해석에 따라 식민 통치는 합법이기 때문에 한일 청구권 협정에 따라 위자료를 뺀 것이다. 위자료는 애초에 줄 필요가 없는 것이다.'

그러나 이 또한 잘못된 전제에 따른 논리적 비약입니다.

한일 협정 제2조에 대해 한국 정부는 '1910년 8월 22일 이전에 맺은 한일병합조약이나 을사조약은 애초에 무효가 되었으니 식민 지배는 불법이다'라고 해석해 왔습니다. 이번 판결을 내린 대법원은 한국의 법원이고, 당연히 한국 대법원의 해석에 따라야 합니다. 일본의 주장은 한일 협정 제2조에 대한 일본의 해석을 전제로 한 것이므로, 한국 대법원이 이를 따를 필요가 없지요.

더욱이 한일 청구권 협정에서는 청구권 협정에 따른 지급액의 명목을 명시하지 않았습니다. 명시되지 않은 명목에 대해 일본도 '독립 축하금'으로 해석한 만큼, 한국은 한국 나름의 해석을 할 수 있습니다. 당시 한국은 청구권에 따른 경제협력 자금으로 인식했는데, 상위 조약인 한일 협정에서는 식민 지배가 불법이란 해석을 내놓았습니다. 그러니 **한국은 경제협력 자금은 받았지만 '불법적 강제징용에 따른 위자료'는 받지 못한 것**입니다.

이번 일제 강제징용 배상 판결에 대한 대법원의 판결은 역사적으로도 큰 의미가 있습니다. 한일 협정 당시 일본은 사과는커녕 자신들이 저지른 반인간적 행위에 대한 인정조차 하지 않았기에, 식민 지배와 강제징용의 불법성을 전제로 한 이번 판결은 한국의 역사 해석에 힘을 실어 주었습니다. 또한 일본에게 과거에 대한 성찰의 기회를 주었지요.

그러나 아직도 일본은 이를 인정하지 않고 있습니다. 오히려 무역 갈등을 촉발시키며 인정과 반성보다 대결을 우선하고 있지요. 다행히 일본과의 무역 갈등이 오히려 한일 협정 이후 지속된 일본에 대한 한국의 만성적 무역적자와 한국이 수출할수록 일본이 돈을 버는 기행적 경제구조를 탈피할 기회가 되고 있습니다.

2019년 일본과의 무역 갈등이 표면화되었을 때 한국 내에서조차 일본과의 경제적 전면전을 우려하는 목소리가 많았습니다. 그런 우려들은 지금까지도 우리 사회 곳곳에 퍼져 있습니다. 그러나 이 문제는 단순한 경제문제가 아니라 우리의 역사와 깊이 연관되어 있습니다.

단순히 경제적 논리만을 따지며 일본이 과거사를 인정하고 사과할 기회를 그냥 흘려보내서는 안 될 것입니다.

한일 협정에 대하여

한일기본조약

한일기본조약(이하, 한일 협정)은 한국과 일본이 국교 정상화를 이루기 위해 1965년 6월 22일에 맺은 조약입니다. 한일 협정은 네 개의 부속 협정으로 구성되어 있습니다. 어업에 관한 협정, 재일교포의 법적 지위 및 대우에 관한 협정, 재산 및 청구권에 관한 문제의 해결과 경제협력에 관한 협정(이하, 한일 청구권 협정), 문화재 및 문화협력에 관한 협정이지요. 한일 협정은 주요 내용부터 네 개의 부속 협정 모두가 논쟁의 중심이 되어 왔습니다. 그중에서도 가장 쟁점이 되고 있는 부분은 주요 내용인 한일 협정 제2조와 한일 청구권 협정입니다.

한일 협정을 맺기까지

한일 협정의 배경은 1951년 샌프란시스코강화조약까지 거슬러 올라가야 합니다. 샌프란시스코강화조약은 패망한 일본이 연합국과 맺은 평화조약으로, 태평양전쟁을 마무리하는 의미가 있었습니다. 한국도 승전국 중 하나로 이 조약에 참여하고 싶었지만 당시 한국은 6·25전쟁 중이었기 때문에 현실적인 어려움이 많았습니다. 따라서 한국은 샌프란시스코강화조약을 통한 연합군의 일원으로서 일본과 관계를 맺지 못했습니다.

샌프란시스코강화조약 이후, 일본은 국제사회에 복귀했고 한국과 일본 모두가 서로와 어떤 방식으로라도 관계 형성의 필요성을 느꼈습니다.

따라서 이승만 정부 때부터 한국과 일본 간 국교 정상화를 위한 협의는 자연스러운 수순이었습니다. 그러나 상당한 고난이 예상되는 일이기도 했지요.

한일 협정이 체결될 때까지는 무려 14년간 7번의 회담과 1400번의 회의가 지속되었습니다. 일반적인 회담과 비교해 봐도 매우 지난한 시간임을 알 수 있는데, 이렇게 회담이 장기화된 데에는 이승만 대통령의 강경한 대일 외교가 한몫했지요. 그러나 무엇보다도 기본적으로는 안하무인으로 나오는 일본의 태도에 문제가 있었습니다. 1953년 세 번째 한일 예비회담 때 일본 측 회담 대표의 망언이 대표적입니다.

"한국에 두고 간 일본인 재산을 돌려 달라."

일본인들의 적산을 돌려 달라는 의미로 역청구권을 제시한 것입니다. 뿐만 아니라, 일본은 '일본의 식민 지배는 한국에 유익했다'는 식민지 시혜론도 제기했습니다.

이러한 일본의 태도 때문에 한일회담은 표류하기 시작합니다. 그 사이 이승만 정권이 4·19혁명으로 무너지고 박정희 정권이 들어서고 나서야 한일회담이 급물살을 타지요. 박정희 정권은 5·16군사정변으로 수립된 정권이었기에 정통성이 부족했습니다. 군사정권 입장에서는 국민들의 지지를 얻기 위한 경제성장이 최우선 과제였습니다. 그러나 당시에는 경제성장을 위한 자금이 너무나 부족했지요. 박정희 정부는 한일 협정을 통한 청구권 행사로 경제성장에 필요한 자금을 조달하려 했습니다. 일본 정부는 박정희 정권이 노리는 바를 정확히 알고 있었습니다. 일본 입장에서도 강경한 태도를 견지했던 이승만 정권보다는, 자기 정통성 확보를 위해 '경제성장'이라는 목표가 있던 박정희 정권과 대화하기가 더 쉬웠을 것입니다.

여기에 더해 당시 한국과 일본에 대한 미국의 정책도 한몫했습니다. 미국은 공산화되어 가는 아시아에 대항하기 위해 일본을 중심으로 한 반공 블록을 형성하고 싶어했습니다. 미국은 그들의 영향력 아래에 있는 대한민국과 일본이 협력적인 관계를 구성하면 중국과 소련 등 공산국가를 견제할 수 있다고 판단했습니다. 따라서 한일 협정은 한국과 일본, 미국의 이해가 서로 맞아떨어진 결과라 볼 수 있습니다.

Already null and void

한일 협정의 핵심은 한국과 일본의 새로운 관계 형성, 그리고 청구권이었습니다. 한국과 일본의 새로운 관계는 한일 협정의 주요 내용에서 드러나는데, 문제는 새로운 관계 형성 이전에 과거 관계에 대한 성찰이 양국 간에 명확히 이루어지지 않았다는 점입니다. 이 문제를 단적으로 드러내는 부분이 한일 협정 제2조입니다.

제2조의 내용은 "1910년 8월 22일 및 그 이전에 대한제국과 일본제국 간에 체결된 모든 조약 및 협정이 이미 무효임(already null and void)을 확인한다." 입니다. 그런데 이 문구가 상당히 애매해서 한국과 일본 양쪽이 서로 다른 해석을 합니다. 특히 already라는 단어에는 한·일 간 갈등이 응축되어 있는데, 한국은 already null and void를 '애초에 무효'로 해석해 을사조약과 한일병합조약 모두 불법이었다고 해석했습니다. 이에 반해 일본은 과거에 체결된 조약은 당시엔 유효했지만 한국과 일본이 새로운 관계를 맺은 이상 '이제는 무효가 되었다'고 주장합니다.

한국과 일본의 새로운 관계는 일본의 식민 통치에 대한 인정과 그에 따른 사과를 전제로 해야 합니다. 그러나 한일 협정 제2조에 대한 일본 측 해석을 볼 때, 사과는커녕 인정조차 하지 않으려는 것을 알 수 있습니다.

결국 한일 협정의 핵심 중 하나인 새로운 관계는 한국과 일본 간 관계가 아닌 각자의 머릿속에만 존재하는 각각의 관계가 되었습니다. 이 문제는 결국 한일 청구권 협정에도 큰 영향을 줍니다.

한일 청구권 협정

이제 청구권 문제를 살펴볼까요? 역사적으로 볼 때 한국은 일본에게 배상을 받아야 마땅합니다. 그러나 샌프란시스코조약에 참여하지 못했던 한국은 배상금이 아닌 청구권 요구로 만족해야 했습니다. 청구권은 액수와 명목을 어떻게 할지가 핵심 사항이었지요.

한일 협정의 한국 측 대표였던 김종필 중앙정보부부장은 오히라 외무상과 만나 청구권 문제에 대해 담판을 벌입니다. 협상 중 김종필과 오히라는 해석의 차이를 방지하기 위해 협상 과정과 결과를 메모로 남겼고, 이를 '김종필-오히라 메모'라고 합니다.

김종필-오히라 메모를 바탕으로 한일 청구권 협정이 구성됩니다. 제1조에서는 일본이 한국에 대해 3억 달러에 해당하는 무상 자금, 2억 달러에 해당하는 유상 자금, 그리고 민간 협력에 의한 자본을 제공한다는 내용을 담고 있었습니다. 청구권에 따른 자금 액수에 대한 내용인데, 이 부분도 액수 크기에 따라 논란이 되고 있지만, 오늘날까지 한·일 간 갈등으로 비화되는 것은 제2조의 내용입니다. 제2조에는 '이것으로써 청구권과 관련된 모든 문제가 최종적으로 완결된다.'라는 내용이 들어가 있습니다. 이 완결된 청구권에 개인 청구권까지도 포함되느냐가 관건이지요.

그럼 한국과 일본은 청구권의 명목을 자국에 어떻게 설명했을까요? 한국은 청구권 문제를 해결하기 위해 경제협력이라는 명목으로 자금을 받았다는 입장을 취했습니다. 반면 일본은 새로 독립한 한국에게 경제적 도움을 주고 독립을 축하하기 위해 지급했다는 해석을 내놓았지요.

같은 협정을 맺은 게 맞나 싶을 정도로 자금 명목에 대한 해석이 서로 다릅니다. 해석이 다르다면 협정의 원문이었던 김종필-오히라 메모를 볼 필요가 있겠지요. 그러나 메모에는 청구권에 따른 자금의 명목에 대한 내용이 전혀 없었습니다. 오로지 자금의 액수만 적혀 있었지요.

  명목에 대한 협의가 없었으니 당연히 한국은 한국대로, 일본은 일본대로 자금의 명목을 다르게 해석한 것입니다. 이 해석의 차이는 앞서 한일 협정 2조의 해석 차이가 고스란히 반영된 것입니다. 한국의 입장에서는 일제강점기가 불법이니 이에 대한 청구권을 경제협력으로 행사한 것이고, 일본 입장에서는 일제강점기가 당시엔 합법이니 독립 축하금 정도로 충분하다는 것이지요.

구분	한국	일본
한일병합조약 및 이전 조약	1910년 당시부터 무효	당시에는 유효했으나 이제는 무효
일제강점기 성격	일제강점기는 불법	일제강점기는 합법
무상 지급 3억 달러의 성격	청구권 해결을 위한 경제협력	독립 축하 및 경제적 협조

5월의 기억,
5·18민주화운동

2021년 3월, 미얀마 군인들은 군사 정변을 일으켜 민주 정부를 무너뜨리고 다시금 군사정권 시대를 열고자 했습니다. 미얀마는 오랫동안 군사독재 시대를 살아오다가 최근에야 민주 정부를 구성할 수 있었는데, 다시 또 다른 군사 정변으로 무너지고 있는 것입니다. 미얀마 시민들은 민주주의를 지키기 위해 맨몸을 던졌습니다. 그러나 민주주의를 외치는 시민들을 미얀마 군사정권은 가혹하리만큼 폭력적으로 진압했습니다. 미얀마에서 군인들과 시위대의 충돌로 사상자와 부상자가 나왔다는 뉴스는 연일 보도되었습니다.

어느 날 미얀마에 소재한 우리나라 대사관 앞에서 한 소녀가 무릎을 꿇은 채, 한국어로 외쳤습니다. "우리 미얀마를 도와주세요." 한국의 지원과 지지를 바라는 소녀의 간절함은 많은 사람들에게 5·18민주화운동을 떠올리게 했습니다.

1960년, 4·19혁명을 통해 한국의 국민들은 부정한 이승만 정권을 몰아내는 데 성공합니다. 그러나 바로 5·16군사정변이 일어나 오랜 기간 군사독재 시절을 겪게 되지요. 군사독재 정부는 1979년 내부 갈등으로 무너졌지만, 전두환을 비롯한 신군부들의 등장으로 우리 역사는 다시금 '독재'라는 어두운 터널 속으로 진입합니다.

5·18민주화운동은 한국의 민주주의가 어둠의 터널로 들어가지 않도록 저항했던 사건입니다. 누가 봐도 상대가 되지 않는 신군부 세력

에 맞서 광주 시민들이 맨몸을 던졌던, 한국 민주주의 역사에서 가장 슬프고도 숭고한 희생을 불러온 사건이었지요.

2021년 미얀마와 1980년 광주, 이 둘은 너무나도 닮아 있습니다. 오랜 군사정권을 겪고 민주주의라는 봄이 찾아오나 싶었지만 다시금 군인들의 군홧발에 짓밟히기 시작했고 민주주의를 위해 끝까지 저항했다는 점이 말입니다. 한국 대사관 앞에서 간절히 도움을 청했던 소녀도 1980년의 광주를 알고 있기 때문이 아니었을까요?

누구보다도 우리는 미얀마 시민들을 위해 할 수 있는 일이 많을 것입니다. 독재의 그늘을 걷어내고 민주주의로 나아가는 발걸음은 계속되어야 합니다. 미얀마가 다시 군사정권을 몰아내고 민주정권을 세운다 해도, 민주주의로 향하는 노력을 멈춰서는 안 됩니다. 민주주의가 한층 성장한 오늘날의 우리 사회에서도 5·18민주화운동에 대한 폄훼는 여전히 계속되고 있으니까요. 민주주의가 낳은 자유의 혜택을 가져온 5·18민주화운동에 대해, 왜곡은 나날이 심각해지고 있습니다.

그 어떤 역사적 주제보다도 5·18민주화운동은 가짜 뉴스가 넘쳐납니다. 따라서 5·18민주화운동은 가장 심도 있는 팩트체크가 필요합니다. 그러려면, 5·18민주화운동은 물론 4·19혁명과 6월민주항쟁 등 한국의 민주주의 발전 과정을 살펴봐야 할 것입니다. 더욱이 5·18민주화운동은 단순히 하나의 사건으로 끝나는 것이 아니라 한국 민주주의 발전의 흐름 속에 존재하기 때문입니다.

무장한 시민들이 계엄군에게 먼저 총을 쐈을까?

팩 트 뉴 스

무장한 시민들이 먼저 발포하자,
계엄군이 방어 차원에서 발포하다!

5월 21일 무장한 시민들이 계엄군을 향해 총을 쏘았다. 수세에 몰린 계엄군
은 방어 차원에서 발포를 했고 이때 계엄군과 시민들의 희생이 있었다. 무
장한 시민들은 폭도가 되었다.

무장을 한 시민군이 계엄군을 향해 먼저 총을 쏘았기 때문에 계엄군
이 방어 차원에서 발포했다는 주장입니다. 정말로 시민들이 무장을 하
고 계엄군에게 먼저 발포했을까요?

국방부 과거사 진상규명위원회에서 2007년에 발표한 「12·12,
5·17, 5·18 사건 조사 결과 보고서」(이하 조사 결과 보고서)에 따르면
먼저 발포한 쪽은 계엄군이었습니다. 조사 결과 보고서 내용 중 관련
된 내용 몇 가지만 살펴보겠습니다.

5·18민주화운동 기간 중 가장 처음 발포한 날짜와 장소는 5월 19
일 16시 50분, 계림동이었습니다. 11공수여단 63대대 작전장교 차○
○ 대위가 M16 총기로 발포했고, 조대부고 3학년 김○○학생이 유탄
에 총상을 입었지요.

5월 21일 13시에는 11공수여단이 금남로에 운집한 시위대를 향해
발포하여, 5·18민주화운동 기간 중 최대 사상자를 냅니다. 이후 시위

대는 광주 인근 파출소나 예비군 중대에 보관 중이던 총기를 가져와 무장하지요. 기록에 따르면 시위대가 최초로 총기를 탈취했던 때는 5월 21일 15시였습니다. 시간을 따져 봤을 때, 시위대의 무장은 계엄군이었던 공수여단의 발포 이후에 이뤄진 것입니다.

계엄군이 방어 차원의 우발적 발포를 했다는 주장 또한 무리가 있습니다. 조사 결과 보고서에는 21일 오전에 이미 공수여단에 실탄이 보급되고 있다고 기록되어 있습니다. 또한 21일 공수여단이 시위대를 향해 발포할 때 저격병을 배치했다는 진술도 확보되었지요. 4인 1조로 건물 옥상에 올라가 조준경을 활용해서 시민들을 조준사격했다는 증언입니다. 미리 실탄도 배부하고 조준사격을 가했는데, 단지 방어 차원의 우발적 발포였다고 할 수 있을까요?

조사 결과 보고서를 근거로 정리해 보면, 먼저 발포한 쪽은 계엄군이었습니다. 무장한 시민군이 계엄군에게 먼저 발포했다는 주장은 계엄군의 총기 사용을 정당화하고 시민들의 희생을 시민군에게 전가하기 위한 것입니다. 계엄군의 발포에 시위대는 방어 차원으로 무장했던 것이지요. 대법원에서도 1997년에 이미 이와 같은 취지의 판결을 내린 바 있습니다.

5 · 18민주화운동에 북한군이 개입했다고?

:::::::::::::::::::::::: **팩 트 뉴 스** ::::::::::::::::::::::::

5월 18일 광주 사태는 북한군의 개입으로 일어난 사태다!

5월 18일 광주 사태는 민주화운동이 아니라 북한군이 개입한 소요 사태였다. 북한 공작원들은 광주로 내려와 사람들을 선동해 대한민국을 전복하려고 했으며, 그 근거는 넘칠 정도로 많다. 광주 사태 때 AK소총이 다량 발견된 점, 광주 사태 내내 장갑차를 자연스럽게 운용한 점, 광주 사태 사진에 젊은 시절 황장엽 씨가 찍힌 점 등을 근거로 들 수 있다.

5 · 18민주화운동은 600여 명의 북한 특수군이 일으킨 모략 작전이었고, 광주 시민들은 독자적으로 시위대를 구성한 바가 없거나 북한 특수군에게 이용당했다는 내용의 주장입니다.

5 · 18민주화운동에 북한군이 개입했다는 주장의 근거는 5 · 18민주화운동 때 북한군이 주력으로 쓰는 AK소총이 다량으로 발견되었다는 점과 장갑차 운용을 했다는 것입니다. 「12 · 12, 5 · 17, 5 · 18 사건 조사 결과 보고서」를 포함한 5 · 18민주화운동 관련 어떤 자료에도 AK소총과 관련된 기록은 보이지 않습니다. 시민군이 장갑차를 운용했다는 주장은 어떨까요? 실제로 5 · 18민주화운동 사진을 보면 시민군이 장갑차를 운전하고 있습니다. 그러나 당시 활용된 장갑차는 대형 차량과 구조가 비슷하기 때문에, 미숙하게나마 시민군이 운용할 수 있었을 것입니다. **시민군이 AK소총을 사용했다는 주장은 그 어디에서도 근거**

를 찾을 수 없고, 장갑차 운용은 북한군이 아니어도 충분히 가능한 것이었으므로 이를 근거로 5·18민주화운동에 북한군이 개입했다고 보기는 어렵습니다.

최근에는 AK소총 사용과 장갑차 운용이 아닌, 다른 근거를 들어 5·18민주화운동이 북한군의 소행이란 주장이 나오고 있습니다. 5·18 민주화운동 관련 사진들 속에서 남파된 북한 공작원의 모습을 찾을 수 있다는 것이지요. 가장 유명한 사례는 1980년에 황장엽 씨가 광주 군 특수군 조장으로 내려왔고, 5·18민주화운동 사진에서도 그를 찾아볼 수 있다는 주장입니다. 황장엽 씨는 북한에서 김일성종합대학총 장을 역임했을 정도로 높은 위치에 있던 사람인데, 북한 체제에 회의 감을 가지고 1997년 남한으로 망명했습니다.

5·18민주화운동에 북한군이 개입했다고 하는 이들의 주장에 따르면 황장엽 씨가 5·18민주화운동 때 남파 간첩으로 내려왔다가 다시 북한으로 돌아간 뒤, 1997년 우리나라로 망명했다고 합니다. 그러나 2019년 2월 17일, 하태경 국회의원의 기자회견에 따르면, 황장엽 씨로 주장되는 사진 속 인물은 5·18민주화운동 당시 시민군 상황실장 직책을 맡았던 박남선 씨라고 합니다. 박남선 씨 역시 해당 사진 속의 인물이 자신이라는 점을 인터뷰를 통해 밝힌 바 있습니다.

5·18민주화운동에 북한군이 개입했다는 주장과 정면으로 배치되는 진술도 있습니다. 바로 전두환의 진술인데, 2016년 5월 17일 신동 아와의 인터뷰 중 전두환의 측근이 "5·18민주화운동 당시 이북에서

600명이 왔다는 주장이 있다."고 하자 전두환은 "오, 그래? 난 오늘 처음 듣는데."라고 대답했습니다. 그 이후 2017년 4월 발간한 회고록에서 전두환은 5·18민주화운동 당시 북한 특수군이 개입했다는 내용을 포함시켰습니다. 신동아와의 인터뷰 때와는 다른 입장이지요. 그러나 전두환의 회고록은 2017년 8월 4일 광주지방법원으로부터 출판 및 배포금지가처분결정(광주지방법원 2017카합50236)을 받았습니다. 5·18민주화운동이 북한군과 무관하다는 사실을 법원에서 다시금 확인시켜 준 것입니다.

5·18 민주 유공자는 귀족 유공자라고?

팩 트 뉴 스

5·18 민주 유공자는 귀족 유공자다!

5·18 민주 유공자는 귀족 유공자다! 5·18 민주 유공자는 6·25 참전 유공자보다 훨씬 많은 혜택을 받고 있다. 공무원 가산점도 다른 유공자들보다 높아 공무원 자리를 싹쓸이하고 있다. 그 숫자도 엄청나서 이미 9천 명이 넘었다. 이들에게 주는 과도한 혜택으로, 우리의 세금이 축나고 있으며 청년들이 일자리를 얻지 못하고 있다.

5·18 민주 유공자의 수가 매년 늘어 9천 명에 육박하고 5·18 민주 유공자가 받는 혜택이 과도하여 귀족 유공자라는 주장입니다. 이런 주

장들은 5·18민주화운동 유공자를 지원하여 혜택을 주는 데 국민들의 막대한 세금이 쓰이고 있고, 5·18민주화운동 유공자들이 공직을 싹쓸이하고 있다는 점을 강조하지요. 이러한 주장은 서민들의 팍팍한 삶, 그리고 청년들의 실업문제와 연결되어 일반인들의 상실감을 자극합니다. 그렇다면, 정말로 5·18민주화운동 유공자를 귀족 유공자라고 할 수 있을까요?

5·18 유공자는 매년 늘어 9천여 명에 육박한다?

이 주장이 맞는지 알아보기 위해서는 5·18민주화운동 보상과 예우에 관련된 법률에 대해 잠깐 살펴봐야 합니다. 5·18민주화운동의 보상과 예우 법률은 5·18 보상법과 5·18 예우법으로 두 가지입니다.

5·18 보상법은 5·18민주화운동 피해자에 대한 보상 절차를 실시하도록 한 법입니다. 5·18 예우법은 5·18 민주 유공자를 등록하고 그에 맞는 예우를 하도록 한 법으로, 2002년부터 실시되었습니다.

사실 5·18민주화운동 유공자 숫자가 해마다 늘고 있다는 것은 틀린 말이 아닙니다. 앞서 언급했듯이, 5·18 민주 유공자는 5·18 예우법이 실시된 2002년부터 등록이 시작되었는데, 그 기반은 5·18 보상법에 따라 보상을 받은 분들이었습니다. 이분들은 대부분 2002년에 5·18 민주 유공자로 등록되었지요. 다만, 보상을 받았다고 해서 자동으로 5·18 민주 유공자로 등록되는 것이 아니라, 개인이 신청을 하면 일정한 심사를 거쳐야 등록이 되는 것이었습니다. 이들 중에는 혹시나

5·18민주화운동 관련자가 되면 불이익을 받을까 걱정되어 늦게 신청한 경우도 있었습니다. 또, 2002년에는 5·18 민주 유공자를 신청했지만 입증 부족으로 인정이 안 됐다가 이후에 국가기관의 자료가 추가로 공개되면서 인정된 경우도 있었지요. 이런 이유들 때문에 5·18 민주 유공자들은 계속 늘어나고 있습니다.

　그렇다 하더라도, 5·18 민주 유공자 수가 9천 명이나 되는 숫자에 육박할까요? 5·18민주화운동 유공자는 국가보훈처에 등록되어 있습니다. 국가보훈처에서는 5·18민주화운동 유공자를 비롯한 국가 유공자들의 통계를 매달 발표하고 있지요. 이에 따르면 5·18 민주 유공자는 4,406명(2020.12.기준)입니다. 5·18민주화운동 유공자가 9천 명이나 된다는 주장과는 큰 차이가 있습니다.

　그렇다면 도대체 9천 명이란 숫자는 어디서 나왔을까요? 1990년에서 2015년까지 총 7차례에 걸쳐 5·18민주화운동으로 피해를 입은 분들에게 보상을 실시한 적이 있는데, 이때 보상 신청자는 9,227명이었지만 5,807명만 보상 대상자로 인정받았습니다. 확실하지는 않지만 **5·18민주화운동 유공자가 9천 명이 넘는다는 주장은 보상 신청자 수에서 비롯되었을 가능성이 있습니다.** 또 일부에서는 5·18 민주 유공자 수가 5천 명 이상이라고 하는데, 이 숫자도 아마 보상을 받은 분들의 숫자에서 가져온 것으로 보입니다. 하지만 앞서 이야기했듯이, 보상자와 유공자는 등록 과정에서 차이가 날 수 있습니다.

5·18 유공자의 혜택은 다른 유공자의 혜택에 비해 과도하다?

국가보훈처에서 제시한 각종 유공자 혜택 기준을 살펴보면, **5·18민 주화운동 유공자들의 혜택은 다른 유공자들의 혜택 수준과 크게 다 르지 않습니다.**

5·18 민주 유공자의 경우 보상금을 한 번에 수령하는데, 2020년 5 월 기준으로 볼 때 보상금 수령자들의 평균 보상금은 4,324만원입니 다. 이에 비해 다른 유공자들은 매달 연금을 수령합니다. 적게는 매달 32만원, 많게는 300만원을 받지요. 5·18 민주 유공자는 한 번에 보상 금을 지급받고 다른 유공자는 매달 지급받는다고 볼 때, 5·18 민주 유 공자가 다른 유공자들에 비해 특별히 많이 받는다고 할 수는 없습니 다. 그밖의 의료, 공원 입장료 등의 혜택 또한 다른 유공자들과 거의 같습니다. 일부에서 5·18 민주 유공자는 TV 수신료, 인터넷 비용, 가 스비, 전기요금 등도 감면이 된다고 주장하는데, 이는 전혀 사실이 아 닙니다.

5·18 유공자들이 공무원직을 싹쓸이하고 있다?

5·18 민주 유공자들이 공무원 시험에 응시할 때 5~10%에 해당하 는 공무원 가산점을 받고 있어 9급과 7급 공무원 자리를 싹쓸이한다 는 주장입니다. 5·18민주화운동 유공자들이 공무원으로 취업할 때 5~10%의 가산점을 받는 것은 사실입니다. 하지만 5·18민주화운동 유공자뿐 아니라 다른 유공자들 또한 같은 혜택을 받고 있지요.

실제로 5·18 민주 유공자 중에서 공무원 취업 혜택을 받은 사람은 2020년 4월 말 기준으로 총 1,785명입니다. 그런데 이와 같은 혜택을 받은 유공자들은 5·18 민주 유공자까지 포함해서 총 11만 9천 명입니다. 공무원 취업 혜택을 받은 유공자들 가운데 5·18 민주 유공자의 비율은 1.5% 정도입니다. 이러한 비율만 보더라도, **공무원 취업 혜택은 모든 유공자들에게 제공되는 것이며, 5·18 민주 유공자는 최대 수혜자가 아니라는 것**을 알 수 있지요.

그렇다면 5·18민주화운동 유공자들이 공무원 취업 가산점을 활용해 공무원직을 싹쓸이하고 있다는 주장은 어떨까요?

2018년도 7·9급 국가직공무원 통계자료를 살펴보면 당시 공무원 합격자 수는 5,826명이었습니다. 그중 국가 유공자는 132명으로 전체의 2.2%이고 5·18 민주 유공자는 9명으로 전체의 0.1%입니다. 0.1%는 싹쓸이라고 하기에는 무리가 있는 수치지요.

공정은 우리 사회의 오랜 화두입니다. 5·18 민주 유공자가 귀족 유공자라는 가짜 뉴스는 우리 사회가 민감하게 여기는 공정성을 더욱 자극합니다. 역사적 사실에 대한 가짜 뉴스는 이제 노골적인 비난을 넘어 교묘한 왜곡으로 진화하고 있지요.

5·18 민주 유공자 중에는 가짜 유공자가 많을까?

팩 트 뉴 스

5·18 민주 유공자 명단을 공개하라!

5·18 민주 유공자에게 제공되는 혜택은 우리의 세금으로 유지되고 있다. 그렇다면 국민들도 5·18 민주 유공자 명단을 알 권리가 있지 않을까? 저들이 5·18 민주 유공자의 명단을 공개하지 못하는 것은 5·18 민주 유공자들 중에 가짜 유공자가 많기 때문이다. 왜 광주 사태가 벌어질 때 광주에 없었던 사람이 유공자가 되며 1988년생은 광주 사태 때 태어나지도 않았는데 어떻게 유공자 명단에 버젓이 있단 말인가?

    5·18 민주 유공자의 명단을 공개하지 않는 이유가 5·18 민주 유공자 중에는 가짜가 많기 때문이라는 주장입니다. 이 주장을 펴는 사람들은 '명단을 공개하면 투명하게 운영될 수 있으며, 5·18 유공자에 대한 논란은 더 없을 것 아닌가'라는 말도 덧붙입니다. 얼핏 듣기에 합리적인 주장처럼 보이지만, 이 역시 문제가 있습니다.

    5·18 민주 유공자의 명단을 공개하는 것은 애초부터 불가능한 일이었습니다. 정보공개법 제9조 1항 6호에 따르면 성명, 주민등록번호 등의 개인정보를 공공기관이 공개해서는 안 됩니다. 지난 2018년 12월 21일 서울행정법원도 5·18 명단 공개 요구가 공공기관의 정보공개에 관한 법률에 위반된다고 판결했지요. 물론 5·18 민주 유공자뿐 아니라 다른 유공자들도 명단을 공개하지는 않습니다. 단, 독립 유공

자는 예외인데, 독립 유공자는 독립운동의 기록과 연구를 위해 법률에
따라 그 명단을 밝히고 있습니다.

참고로 5·18기념공원 내 추모공원에 가면 추모와 기억의 목적으로
새겨 둔 5·18민주화운동 보상자 명단을 볼 수 있습니다.

5·18 민주 유공자 명단에는 가짜 유공자가 많이 포함되어 있다는
주장은 어떨까요?

첫 번째, '5·18민주화운동 때 광주에 없었던 사람들이 5·18 민주
유공자로 등록되어 있다?' 이 말은 사실입니다. 5·18 민주 유공자로
등록된 사람들 중에는 5·18민주화운동 기간에 광주에 없었던 사람들
도 있습니다. 왜냐하면 5·18 민주 유공자 선정 기준으로 '광주'라는
장소를 특정하고 있지 않기 때문입니다. **광주에는 없었지만 5·18 민**
주 유공자에 등록된 사람들은 대부분 5·18민주화운동과 관련 깊은
김대중 내란음모 조작 사건에 연루되어 구금이나 옥고를 치른 사람
들입니다. 따라서 5·18민주화운동 때 광주에 없었어도 유공자는 될
수 있으며, 이를 두고 5·18 민주 유공자 중에 가짜 유공자가 많다고
단정 지을 수는 없습니다.

두 번째, '5·18 민주 유공자 중에 5·18민주화운동이 일어난 후 태
어난 1988년생이 있다?' 이 주장이 담긴 영상을 보면 매우 그럴 듯합
니다. 실제 5·18 민주 유공자 명단(성명 등 민감한 개인정보가 삭제된 자
료)을 제시했고 여기에는 1988년생이라고 적혀 있지요.

그러나 이 주장은 보훈 관련 제도를 제대로 이해하지 못해 생긴 오

해입니다. 국가보훈처에 따르면 유공자 본인이 사망하면 유족들 가운데 1명에게 권리를 승계할 수 있습니다. 5·18 민주 유공자뿐 아니라 다른 유공자들도 마찬가지입니다. 유공자로부터 권리를 승계받은 유족들을 '수권 유족'이라고 합니다. **민주 유공자로 등록되어 있는 1988년 출생자는 수권 유족일 가능성이 높습니다.**

그렇다면 5·18 민주 유공자 명단 자료가 어떻게 공개된 것일까요? 국가보훈처에서는 "5·18 민주 유공자 명단은 관련법에 따라 비공개 사항이나, 국회 자료 요청 때문에 개인신상정보를 삭제하고 제출한 바 있다. 다만 제출한 자료가 유공자 기준이 아니라 수권자 기준으로 작성한 명단이었다."고 밝힌 적이 있습니다. 이로 미뤄 볼 때 가짜 뉴스에 등장하는 자료는 국가보훈처가 국회의 자료 요청에 응했을 때 공개했던 자료일 것입니다.

5·18 민주 유공자 명단과 관련된 가짜 뉴스는 유공자 혜택에 대한 가짜 뉴스보다 한층 더 진화되었습니다. 5·18 민주 유공자의 혜택과 관련된 가짜 뉴스가 공정의 프레임을 악용했다면, 유공자 명단 공개와 관련된 부분에서는 명단 공개가 불가능하다는 사실을 교묘히 이용하고 있는 것입니다. 가짜 뉴스를 생산하는 사람들은 과연 유공자 명단 공개가 불법이라는 사실을 모를까요? 그리도 부지런하게 가짜 뉴스를 생산하고 확산시키는 이들이 유공자 명단을 공개할 수 없다는 현행법을 찾아보지 않았을 리 없습니다. 오히려 유공자 명단 공개가 불가능하다는 것을 알기에 어차피 명단 공개는 되지 않을 것이니, 그 이유로

가짜 유공자가 많기 때문이라는 프레임을 씌우기에 좋은 것이지요. 이
러한 주장은 일반 시민들에게 5·18에 대한 최소한의 '의심'이라도 심
어 줄 수 있으니까요.

5·18 때 계엄군의 헬기 사격은 없었다고?

팩 트 뉴 스

광주 사태 때 계엄군의 헬기 사격은 없었다!

광주 사태 때 헬기를 이용한 사격이 있었다고 하는데 그런 일은 없었다. 고
(故) 조비오 신부가 잘못 봤거나 당시 정부를 깎아내리려는 의도로 거짓말
하고 있는 것이다. 전두환 회고록에도 이 점이 명확히 적혀 있다.

2020년 11월 30일 광주지방법원에서 전두환의 고故 조비오 신부에
대한 사자명예훼손 혐의 1심 선고가 있었습니다. 재판부는 전두환에
게 징역 8개월 집행유예 2년을 선고했지요. 이는 무엇을 의미할까요?

조비오 신부는 1980년 5월 당시 천주교 광주대교구 신부였습니다.
5·18민주화운동이 일어나자 그는 시민수습위원으로 활동했지요. 시
민수습위원은 1980년 5월 21일 시민군이 계엄군을 몰아내고 전남도
청을 장악했을 때 불안한 시국을 수습하고 계엄군과 협상하기 위해
결성되었습니다. 5월 26일 계엄군이 무력 진압을 시도하자, 조비오 신

부를 비롯한 시민수습위원들은 죽음의 행진을 통해 이를 저지하고자 했습니다. 조비오 신부는 이 죽음의 행진 때문에 내란 방조 혐의로 네 달간의 옥고를 치르지요.

조비오 신부는 5·18민주화운동이 끝난 이후에도 독재정권에 맞섰습니다. 그러던 중 1989년 2월 MBC 다큐멘터리 「어머니의 노래」에 출연해, 처음으로 계엄군의 헬기 사격에 대해 폭로합니다. 1989년에는 '5·18 진상규명 국회 청문회'에도 출석하여 계엄군들의 학살 행위와 헬기 사격 목격담을 증언했지요. 이후 정신질환자와 지적장애인들을 위한 봉사활동을 하며 여생을 보내던 조비오 신부는 2016년 78세의 나이에 선종했습니다. 5·18민주화운동의 진실을 밝히고 아픔을 가진 사람들에게 봉사하며 평생을 바친 조비오 신부는 '5월의 사제'라 불리며 사람들에게 존경받았습니다.

그런데 전두환은 2017년 4월에 펴낸 자신의 회고록에서 조비오 신부를 '가면을 쓴 사탄', '파렴치한 거짓말쟁이'라고 표현했습니다. 조비오 신부가 주장한 5·18민주화운동 당시의 헬기 사격이 거짓말이라는 것입니다. 조비오 신부의 조카 조영대 신부와 5월 단체는 전두환을 사자명예훼손 혐의로 고발했고, 이 재판에서는 전두환이 조비오 신부의 명예를 훼손했다는 사실만큼이나 5·18민주화운동 중 계엄군이 헬기 사격을 했는가에도 사람들의 관심이 쏠렸습니다.

결국 전두환은 징역 8개월 집행유예 2년을 선고받았습니다. 이 재판은 전두환의 형량을 떠나 헬기 사격에 대한 법원의 판단이 있었다는 점에 의의가 있습니다. **재판부는 '헬기 사격에 대한 목격자 8명의 진술을 믿을 수 있고 객관적 정황도 피해자 진술에 부합한다.'면서, '1980년 5월 21일 500MD 군용 헬기가 사격했다고 인정할 수 있다.'고 판결문에 기록했습니다.**

5·18민주화운동을 폄훼하는 사람들은 아직도 계엄군의 헬기 사격을 부정합니다. 그러나 헬기 사격에 대해 또 다른 근거가 있습니다.

5·18민주화운동 당시 31항공단의 탄약 관리사였던 최종호 하사는 '광주에서 돌아온 헬기의 탄통을 보니 20mm 발칸포 보통탄은 2백발 썼고, 7.62mm는 3백발 정도 사용했다'고 증언했습니다.

헬기 사격에 대한 좀 더 명확한 증거는 전일빌딩 245입니다. 이 빌딩은 광주 민주공원과 금남로 사이에 있는 건물로, 5·18민주화운동 당시에도 있었고 그 주변에서 가장 높은 건물이었습니다. 전일빌딩 245의 245는 전일빌딩에서 발견된 탄흔 개수입니다. 탄흔이 대부분 창문 쪽 기둥이나 바닥, 벽면에 있는 것으로 볼 때, 탄흔은 내부 총격전이 아니라 외부에서 날아들어와 박힌 것을 알 수 있습니다. 또 탄흔들이 대각선 위쪽에서 날아온 것은 5·18민주화운동 당시 전일빌딩보다 높은 위치에서 발포되었다는 것이지요. 5·18민주화운동 당시, 전일빌딩 245 주변에 전일빌딩보다 높은 건물이 없었음을 미루어 볼 때 전일빌딩 245의 탄흔은 헬기 사격의 결과라 볼 수 있습니다.

5·18민주화운동 때 총상 사망자 69%가 카빈총에 희생당했다고?

5·18민주화운동 때 총상 사망자 69%는 카빈총에 죽었다!

당시 계엄군은 M16을, 시민군들은 카빈총을 썼다. 따라서 5·18민주화운동 희생자 중 총상 사망자의 69%가 카빈총에 맞아 죽었다는 것은 대부분의 희생자들이 시민군들끼리의 오인 사격이나 시민군들이 쏜 총에 사망했다는 것을 의미한다.

민간인 사망자 165명 가운데 총상으로 사망한 사람이 116명으로, 이 가운데 80명 즉, 69%에 해당하는 사람들이 카빈총에 죽었다는 주장입니다. 그럼, 카빈총은 어떤 총기일까요?

5·18민주화운동 당시 계엄군은 M16을 사용했습니다. 1980년 5월 21일 계엄군의 조준사격에 맞서, 시민들은 무장을 하여 시민군으로 거듭났지요. 이때 시민들은 광주 인근 예비군 무기고에서 탈취한 무기들로 무장한 경우가 많았는데, 예비군 무기고 총기는 대부분 카빈총이었습니다. 계엄군은 M16 소총을, 시민군은 카빈총을 사용한 것이지요. 따라서 '5·18민주화운동 때 총상 사망자 69%가 카빈총에 사망했다'는 주장은 5·18민주화운동 때 사망한 사람들이 시민군에 의해 희생되었다는 말입니다. 과연 사실일까요?

1980년 5월 16일부터 6월 19일 광주지방검찰청에서 작성한 「5·18 관련 사망자 검시 결과」에 따르면 **총상 사망자 131명 가운데 카빈 소총에 의한 사망자는 26명, M16 소총에 의한 사망자는 96명, 총기 불명 사망자는 9명이라 기록**되어 있습니다. M16에 의한 사망자가 확연히 많음을 알 수 있습니다. 그렇다면 총상 사망자의 69%가 카빈총에 사망했다는 주장은 도대체 어디에서 나온 것일까요?

1982년 신군부를 정당화하기 위해 만들어진 서적 『계엄사』에는 총상에 의한 사망자 117명이 시민군이 사용한 카빈 소총에 의해 죽었다고 적혀 있습니다. 유튜브 등에서 떠돌고 있는, 총상 사망자 69%가 카빈총에 사망했다는 주장을 뒷받침하는 도표도 바로 이 『계엄사』에 기록된 자료들입니다. 다만 『계엄사』의 기록은 무엇을 근거로 했는지는 밝히고 있지 않습니다.

최근에는 M16 소총에 의한 사망 사건이 카빈 소총에 의한 사망 사건으로 둔갑되었다는 이야기도 있습니다. 2020년 5월 14일자 KBS 뉴스에 따르면, 1980년 5월 20일과 21일에 총상으로 사망한 시민들의 사인이 카빈 소총으로 기록되어 있는데, 총알이 몸으로 들어간 사입구의 크기를 볼 때 M16에 의한 사망일 가능성이 높다는 것입니다.

정리해 보자면 5·18민주화운동 도중 총상으로 사망한 시민 대부분은 M16에 의해 사망했음을 알 수 있고, 일부 카빈 소총에 의한 사망 사인들 또한 의구심을 품을 만합니다.

무장한 시민군이 광주교도소를 습격했다고?

시민군들이 광주교도소를 습격하여 재소자들을 탈출시키려고 했다
는 주장입니다. 이 주장에는 5·18민주화운동을 폭동으로 연결시키려
는 포석이 깔려 있습니다. 무장한 시민군이 북한군이었기 때문에 광주
교도소의 재소자를 탈출시켜 사회 혼란을 가져오려 했다는, 좀 더 과
격하게 확장된 주장도 있습니다. 그렇다면 정말로 5·18민주화운동
때 시민군들은 광주교도소를 습격했을까요?

1980년 5월 21일 시민군들은 계엄군을 몰아내고 전남도청을 차지
합니다. 계엄군들은 광주 외곽으로 물러나 광주를 포위하여 고립시키
는 작전을 펼치지요. 광주로 통하는 도로를 점거하고 광주에서 나가지
도, 광주로 들어오지도 못하게 만든 것입니다. 당연히 광주로 보급되
는 물자도 끊어 버립니다.

이 작전을 '외곽 봉쇄 작전'이라 칭했다고 하는데, 「12·12, 5·17,

5·18 사건 조사 결과 보고서」에 따르면 당시 다음과 같은 목표로 작전을 시작했다고 합니다.

'광주시를 봉쇄, 여타 지역으로부터 고립시킴으로써 경제적 곤란을 초래케 하고 광주 시민으로 하여금 소요의 과오를 하루속히 뉘우치게 해 광주 사태를 조기에 해결하려 한다.'

광주시 외곽 봉쇄 작전으로 인해, 광주 외곽 지역에서는 많은 사상자가 발생했습니다. 가족과 함께 광주를 떠나던 사람들, 계엄군 주둔 지역의 마을 사람들은 계엄군의 무차별 발포 대상이 되었지요.

광주교도소 근교에서도 비슷한 일이 벌어집니다. 광주교도소 부근은 광주와 담양을 오가는 길목입니다. 광주교도소 역시 외곽 봉쇄 작전에 포함된 곳이었지요. 광주교도소에는 3공수여단이 경계를 했는데, 시민군들은 담양, 장성 등으로 당시 광주에서 있었던 일을 알리려 광주교도소를 지나갑니다. 즉, **시민군들은 광주교도소를 목표로 했다기보다는 광주교도소 옆을 지나가려 했던 것**입니다.

이미 국방부 과거사진상규명위원회에서 발간한 「12·12, 5·17, 5·18 사건 조사 결과 보고서」에서도 시민군들이 광주교도소를 습격했다는 것은 왜곡된 이야기임을 밝힌 바 있습니다. 종합적으로 살펴볼 때 시민군이 광주교도소를 공격했다는 주장은 명백한 거짓입니다.

5·18민주화운동이 폭동이었다고?

광주 사태는 폭동이었다!

시위대는 먼저 무장을 갖춰 계엄군에 발포했고 광주교도소를 습격하여 재소자들을 풀어 사회 혼란을 가져오려 했다. 또한 MBC와 광주세무서를 방화하기도 했다. 시위대는 계엄령을 해제하라는 요구를 했다는데, 북한의 동향 때문에 내린 계엄령을 해제하라고 시위하는 것 자체가 문제였다. 이를 종합적으로 볼 때 당시 시위대들은 폭도이며 5·18은 민주화운동이 아닌 폭동인 것이다.

5·18민주화운동에 대한 가짜 뉴스 중 가장 오래되었고, 다른 가짜 뉴스의 근간이 되는 것이 바로 '5·18민주화운동은 폭도에 의한 폭동'이라는 왜곡된 인식입니다. 5·18민주화운동이 폭동이라는 주장의 근거로, '① 시위대가 먼저 무장을 갖춰 계엄군에게 발포했다. ② 광주교도소를 습격해서 재소자들을 풀어 주려 했다. ③ MBC와 광주세무서를 방화했다. ④ 계엄령 해제라는 무리한 요구를 했다'는 것을 들고 있지요. 시위대의 발포나 광주교도소 습격에 대해서는 앞에서 이미 살펴봤습니다. 시위대는 정말 MBC와 광주세무서에 불을 질렀을까요?

시위대가 MBC와 광주세무서를 방화한 것은 사실입니다. 1980년 5월 20일, MBC가 당시 광주의 일을 제대로 보도하지 않고 시위대들을 폭도, 불순분자 등으로 표현한 정부의 입장을 반복하자 건물을 불태워 버린 것입니다. '우리가 낸 세금을 받은 군인들이 우리를 해치고 있다'는 생각을 가진 시위대들 중 일부가 세무서에 방화를 저지른 것도 사실입니다. 방송국과 관공서에 방화를 한 행위가 옳은 것은 아닙니다. 그렇다고 해서 이들을 폭도로, 5·18민주화운동을 폭동으로 확대해석해도 되는 걸까요?

4·19혁명 때는 경찰서가, 6월민주항쟁 때는 파출소와 버스가 불탔습니다. 그렇다고 해서 우리가 4·19혁명과 6월민주항쟁을 폭동으로 규정하지는 않습니다. 오히려 우리 헌법은 4·19혁명 정신을 계승한다고 하고 있지요.

가짜 뉴스는 사건의 일부만 발췌하여 협소한 시각으로 바라보게끔 하는 것들이 많습니다. 5·18민주화운동의 전체 흐름 속에서 MBC와 광주세무서 방화만 끌어와, 폭동의 이미지를 씌우는 것도 마찬가지입니다. **'방화'라는 단편적 사건은 잘못된 일이지만 우리가 말하고 있는 5·18민주화운동은 방화 사건만을 이야기하는 것이 아닙니다.** 개별 사건에 대한 잘잘못을 따지는 것과, 전체 사건에 대한 의미 부여는 별개입니다.

당시 북한의 특이한 동향 때문에 내려진 계엄령을 해제하라고 한 5·18은 폭동이라는 주장도 있습니다. 그럼 당시의 계엄령이 정말 북한의 특이한 동향 때문에 내려진 걸까요? 당시 계엄령은 1980년 5월 17일 전두환을 필두로 한 신군부가 12·12군사정변으로 권력을 잡은 뒤 정부를 압박하여 비상계엄을 전국으로 확대한 결과였습니다. 당시 내세웠던 명분은 '북괴의 동태와 전국적으로 확대된 소요사태'였지요. 그러나 서울고등법원과 대법원의 판결을 보면, 5·17 비상계엄 확대는 헌법에 의해 설치된 국가기관을 강압에 의해 전복 또는 그 권능 행사를 불가능하게 하는 내란이라고 결론 내렸습니다. 당시 북한의 동향에는 특이할 만한 점이 발견되지 않았고, 전국으로 확대된 소요사태는 이미 대법원에서 반란으로 결론 낸 12·12군사정변에 대한 항거라고 봤기 때문입니다.*

12·12군사정변이 반란이고 5·17 비상계엄령 확대가 내란이라고 본다면, 이를 거부하기 위해 많은 사람들이 희생된 5·18민주화운동은 헌법 수호 운동입니다. 이를 두고 함부로 폭동이라 입에 담을 수는 없지요. 실제로 서울고등법원은 계엄군을 향해 발포했던 당시의 시민군 정○○에게 무죄를 선고하면서 다음과 같이 말했습니다.

"전두환 등의 1980. 5. 17. 비상계엄 확대 선포는 내란죄가 되어 헌정질서파괴범죄에 해당하는 사실을 인정할 수 있고, 한편 피고인은 전두환 등의 이러한 헌정질서파괴범행을 저지하거나 반대함으로써 헌법의 존립과 헌정질서를 수호하기 위한 정당한 행위라 할 것이다."

• 이 부분은 NEWSTOF 2017.10.16. '판결문은 5·18을 헌법 수호라 불렀다'를 참고했다는 점을 미리 밝힌다. NEWSTOF는 5·18민주화운동 가짜 뉴스에 대한 팩트체크 내용이 알차므로 한 번쯤 읽어 보길 권한다.

독재의 그늘을 걷고 민주주의로 나아가기까지

4·19혁명

이기붕을 부통령으로 당선시켜라 1956년은 우리나라의 제3대 대통령 선거가 있던 해입니다. 당시 여당이었던 자유당에서는 현 대통령이었던 이승만이, 야당이었던 민주당에서는 신익희가 대통령 후보로 나섰습니다. 당시의 분위기로는 민주당 신익희 후보의 당선이 유력했습니다. 이승만은 두 차례 대통령직을 수행하는 동안 국민들의 지지를 많이 잃었기 때문이지요. 그런데 신익희 후보가 갑자기 심장마비로 사망합니다. 강력한 경쟁자가 사라진 가운데 대통령 선거의 분위기는 이승만 쪽으로 급속히 기울어 갔습니다. 무소속 조봉암이 새로운 경쟁자로 나서긴 했지만 기울어진 분위기를 뒤집지 못하고 결국 제3대 대통령은 이승만의 차지가 됩니다. 부통령으로는 야당이었던 민주당 장면이 당선되었지요.

4년 뒤인 1960년, 제4대 대통령 선거가 실시되었습니다. 이승만 대통령은 개헌을 통해 또다시 자유당 후보로서 대통령 선거에 나왔습니다. 이때 이승만 대통령과 경쟁할 민주당의 후보는 제주4·3 때 경무총감을 역임했던 조병옥이었는데, 희한하게도 제3대 대통령 선거 때와 비슷한 상황이 벌어집니다. 신익희 후보가 그랬던 것처럼, 민주당의 대통령 후보 조병옥도 사망한 것입니다. 제3대 대통령 선거 때와 다른 점이라면, 대통령 후보 등록이 마감된 이후에 조병옥 후보가 사망했다는 점입니다. 제3대 대통령 선거 때는 신익희 다음으로 조봉암이 후보로 나설 수 있었지만 제4대 대통령 선거 때는 이승만이 단독 후보가 되어 선거 구도가 확실해졌습니다. 이승만을 견제할 대통령 후보가 나오지 못하니 이승만의 제4대 대통령 당선은 거의 확정이었지요.

그러나 자유당이 그리 여유 있는 상황은 아니었습니다. 자유당 입장에서는 부통령 선거도 대통령 선거만큼이나 중요했습니다. 제4대 대통령 선거 당시 이승만의 나이는 이미 86세로, 언제 유고 상황이 벌어져도 이상할 것이 없던 나이였습니다. 헌법에 따르면 대통령 유고 시에는 그 권한을 부통령이 위임받게 되어 있습니다. 당시 부통령은 민주당의 장면이었으니, 만약 부통령 선거에서 자유당이 패배할 경우, 또 고령의 이승만 대통령이 잘못될 경우, 자유당은 민주당에게 대통령 자리를 내주어야 할지도 모를 일이었습니다.

여당인 자유당의 부통령 후보는 이기붕이었고 야당인 민주당의 후보는 현 부통령인 장면이었습니다. 장면 후보가 현 부통령이라는 유리한 점도 있었지만, 당시 자유당에 대한 국민들의 신뢰는 바닥을 치고 있었기 때문에, 자유당은 마음이 급해졌습니다. 자유당에게는 부정선거밖에 달리 방법이 없었던 것입니다.

2·28민주운동 1960년 2월 28일 일요일, 대구에서는 민주당 부통령 후보 장면의 유세가 예정되어 있었습니다. 대구의 고등학생들 중에서도 장면 후보의 연설을 들으러 가려던 사람이 많았지요. 그런데 교육 당국에서는 갑자기 일요일인 2월 28일에 고등학생들에게 등교를 명했습니다. 다양한 명목이 있었지만 진짜 이유는 뻔했지요. 고등학생들이 장면의 연설을 듣지 못하게 하려는 조치였습니다.

당시 고등학생들에 대한 대우는 지금과 사뭇 달랐습니다. 고등학생만 되어도 지식인으로 우대해 주었고, 가정에서나 지역사회에서나 그들의 의견을 존중해 주었습니다. 선거권도 없는 고등학생들이 장면의 연설을 듣는 것을 이승만 정권이 두려워한 까닭도 여기에 있지요.

대구의 고등학생들은 시위로 대응했습니다. 1960년 2월 28일 대구 고등학생 천 명 정도가 '신성한 학원을 정치도구화하지 말라!'는 구호를 내걸고 도청으로 몰려가 시위를 벌였습니다. 이 사건이 바로 '2·28민주운동'입니다. 2·28민주운동은 우리나라 최초의 민주화운동이자 4·19혁명으로 이어지는 시작점이라는 데 의의가 있습니다.

3·15의거 1960년 3월 15일 대통령과 부통령 선거는 국민들의 예상대로 완벽한 부정선거였습니다. 어찌나 부정선거가 심했는지 마산에서는 선거 당일 날 바로 시위가 벌어집니다. 정부는 경찰에게 '마산3·15의거'라 불리는 이 시위를 진압하도록 명령했습니다. 경찰과 시위대의 대치 과정에서 경찰은 시위대를 향해 발포했고 8명의 사망자를 비롯해 상당수의 부상자가 나왔습니다. 마산에서 유혈사태가 일어났음에도 불구하고, 이승만 정권은 마산 시위를 공산당의 짓으로 몰아가기 시작했습니다. 경찰의 발포와 시위자들이 공산주의자로 몰리는 상황 때문이었는지 마산 시위는 점차 잦아들기 시작합니다. 그렇게 이승만 정부는 시민들의 요구를 묵살하고 또다시 정권을 이어 가는 듯했습니다. 그런데 그때 김주열 열사의 시신이 마산 앞바다에 떠올랐습니다.

김주열 열사 김주열은 원래 마산이 아닌 남원 사람입니다. 마산상고에 합격해 4월 입학을 앞두고 입학 준비를 위해 마산으로 오게 되었지요. 그런데 김주열이 마산으로 올 즈음 마산3·15의거가 일어났습니다. 김주열은 마산 시위에 참여하였고, 바로 그날 실종되지요.

입학을 앞둔 아들이 연락이 없어 김주열의 어머니는 마산으로 옵니다. 아들을 찾아 마산 전역을 뒤지며 다녔지요. 남원에서 온 한 여성이 아들을 애타게 찾는다는 소식이 마산 전 지역에 퍼지면서, 마산 시민들도 김주열을 찾는 데 소매를 걷어붙입니다. 부산문화방송도 김주열을 찾기 위해 김주열 어머니와 인터뷰합니다. 어느새 마산 시민들 사이에서 김주열이란 이름은 꽤나 익숙해지기 시작했습니다.

어느 날, 저수지에 김주열이 빠졌다는 소문이 돌아, 김주열의 어머니는 마산 시민들의 도움으로 소문 속 저수지 물을 모두 빼 보기도 했습니다. 그러나 김주열의 시신조차 찾을 수 없었습니다. 김주열의 어머니는 한 달 가까이 아들을 찾아다니다 포기하고, 4월 11일 오전에 남원으로 돌아가는 버스를 탔습니다. 바로 그때, 김주열의 시신이 마산 앞바다에서 발견됩니다.

마산 앞바다에 떠오른 김주열의 시신은 참혹했습니다. 두 주먹을 불끈 쥔 채, 한쪽 눈에 최루탄이 박힌 처참한 상태였지요. 시위에 나섰던 김주열이 최루탄으로 목숨을 잃었고 경찰들이 이를 은폐하기 위해 마산 앞바다에 시신을 유기한 것입니다. 약 한 달간 김주열 찾기에 힘을 모았던 마산 시민들은 그 시신이 김주열임을 금방 알아챘습니다. 마산 시민들은 김주열의 시신을 태극기로 덮어서 마산 도립병원으로 옮겼습니다.

같은 날 4월 11일 부산일보의 허종 기자는 마산3·15의거를 취재하다가 상황이 정리되자 부산으로 돌아가려고 했습니다. 마침 마산의 한 다방에서 커피를 마시고 있을 때 사람들이 웅성거리는 소리를 들었지요. 허종 기자는 사람들의 소리를 따라 부두로 나갔고 김주열 시신 사진을 찍을 수 있었습니다. 허종 기자는 필름을 경찰에 빼앗길까 두려워 카메라를 몸속에 품고 급히 부산으로 돌아갔습니다.

허종 기자가 찍은 김주열 시신의 사진은 논란의 사진이었습니다. 정의감으로 이 사진을 신문에 실었다가는 부산일보의 미래를 보장할 수 없었지요. 실어야 한다. 실어서는 안 된다. 갑론을박이 계속되자 당시 부산일보의 사주였던 김지태는 사진을 싣기로 최종 결정해 버립니다. 이에 더해 사진을 인쇄하여 서울의 여러 신문사에 보냈지요. 이 사진으로 말미암아 식어 가던 마산 3·15의거는 다시 불타올랐고 시위는 전국적으로 퍼집니다.

만약 마산 시민들이 아들을 애타게 찾던 김주열 열사 어머니에게 관심을 가지지 않았다면, 마침 4월 11일 김주열 열사의 시신이 발견될 때 허종 기자가 근처에 없었다면, 부산일보가 회사의 미래를 더 걱정하여 사진을 신문에 싣지 않았다면 3·15의거가 전국적으로 번져 갈 수 있었을까요? 어느 하나라도 제대로 이루어지지 않았다면 3·15의거는 마산이란 작은 도시에서 잠시 불타올랐던 불씨에 불과했을 것입니다. 많은 사람들의 관심이, 또는 일부 사람들의 선택이 역사의 큰 흐름을 갈라놓기도 합니다.

4·19혁명 김주열이 사망하고 4월 개학이 시작되자 대학생들의 시위가 촉발되기 시작했습니다. 4월 4일 전북대 학생들이 먼저 시위에 나섰고, 4월 18일 고려대 학생들도 뒤를 따랐습니다. 고려대 학생들은 현재 서울시의회인 국회의사당 앞까지 시위하며 행진한 뒤 선언문을 낭독하고 정권을 규탄했습니다. 시위가 끝나고 고려대 학생들이 종로4가 근처 천일백화점을 지날 무렵, 갑자기 깡패들이 몰려와 학생들을 습격했습니다. 학생들은 깡패들이 휘두른 쇠사슬과 쇠망치 등에 쓰러졌습니다. 이들을 습격한 사람들은 당시 유명한 정치 깡패였던 이정재, 임화수 일당들이었습니다.

고려대 학생들이 깡패들에게 습격을 당했다는 소식을 들은 대학생들은 4월 19일 아침부터 대거 거리로 뛰쳐나옵니다. 대학생들은 선언문을 낭독하고 거리로 향했습니다. 그리고 국회의사당에서 집결한 뒤 이승만 대통령이 있는 경무대 방향으로 이동을 시작했지요. 다른 시민들까지 학생 대열에 합류하면서 세종로 일대에는 10만 명 규모의 시위대가 들어찼다고 합니다. 드디어 4·19혁명이 시작된 것입니다.

시위대가 경무대로 나아가자 경찰들은 시위대와 대치합니다. 경찰들은 처음에는 최루탄이나 공포 사격으로 저지했지만 시위대가 최후 저지선인 경무대 앞에 이르자 실탄 발포를 시작했습니다. 시민들은 실탄 발포에 분노하여 반공청년단 본부와 경찰관서, 이기붕 자택을 공격합니다.

이승만 정부는 태생적으로 우익 세력 정권이었고, 6·25전쟁의 공포를 가장 효과적으로 활용했던 정권입니다. 민주주의를 주장하는 인사들을 여지없이 공산주의자로 몰아갔지요. 고려대 학생 폭행 사건 때도 보듯, 이승만 정권은 '반공청년단'이라는 깡패들을 이용하여 민주 세력들을 탄압했고, 시민들은 이런 사실을 잊지 않았던 것입니다.

일부 시민들은 무장을 하기도 했습니다. 4월 19일 저녁 무렵 시위대는 파출소에서 탈취한 카빈 소총으로 무장하고 경찰과 총격전까지 벌였습니다. 사태가 격화되자 정부는 계엄령을 선포했고, 계엄령이 실시되자 시위는 일단 소강상태로 접어듭니다.

이승만 정권은 소강상태를 틈타 나름대로 민심을 수습하려 합니다. 국무위원들이 총사퇴를 선언했고 대통령도 자유당과 관련된 직을 모두 내려놓고 대통령 업무에 집중할 것을 약속했습니다. 정권은 이 정도 선에서 사태가 진정되기를 바랐겠지요. 그리고 실제로도 정국이 그렇게 돌아가는 듯했습니다.

이러한 소강상태를 깬 사람들은 4월 25일 "학생의 피에 보답하라!"라고 쓴 플랭카드를 내걸고 이승만 하야를 요구하며 시위한 교수들이었습니다. 300명 가량의 교수들이 모여서 행진하고 그 뒤로 시위대가 만 명 정도 따랐다고 하는데, 이때의 시위는 진정되어 가던 4·19혁명을 다시 점화하는 계기가 되었습니다.

계엄령에 따라 탱크가 동원되었지만 군대는 발포하지 않았습니다. 이승만 대통령이 직접 발포 명령을 내리지 않기도 했고, 군대가 중립을 지키면서 시위대를 간접적으로 지지했기 때문입니다. 오히려 4·19혁명 때의 사진들을 보면 탱크 위에 올라가 환호하는 시민들의 모습도 있습니다. 이 장면은 이승만 정권의 마지막 보루가 무너졌음을 상징적으로 드러냅니다.

1960년 4월 26일, 이승만 대통령은 시민대표들을 만난 뒤 라디오를 통해 하야를 선언했습니다. 시민들이 자신을 버렸고 군대도 자신을 따르지 않자, 더 이상은 권력을 유지하기 어렵다고 판단한 것입니다. 물론 발포 명령을 내리고 자신을 따르는 군인들을 찾아 시위대들을 짓밟도록 할 수도 있었겠지만, 군인들이 이 명령을 따를지 미지수였고 그러기엔 너무 멀리 와 버렸다고 느꼈는지 이승만 대통령은 현 상황을 받아들이기로 했습니다. 그런 그에 대한 시민들의 예우였을까요? 경무대에서 사저인 이화장으로 가는 이승만 대통령을 시위대 누구도 공격하지 않았습니다. 오히려 이화장 담벼락에는 '여생 편안하시라'는 문구도 보였습니다. 그러나 이승만 대통령의 동상들에게만큼은 호의를 베풀지 않았지요. 시위대는 파고다공원에 서 있던 이승만 동상을 끌어내려 새끼줄에 묶고 시내를 끌고 다녔습니다. 남산에 있던 이승만 동상은 그 크기가 워낙 커서 몇 달이 지난 뒤에야 끌어내려졌습니다.

5·18민주화운동

서울의 봄 탕! 탕! 탕! 1979년 10월 26일에 울려 퍼진 총성은 박정희 정권의 마지막을 알렸습니다. 10·26사태라 불리는 이 사건은 김재규 중앙정보부장이 박정희 대통령, 차지철 경호실장을 저격한 사건입니다. 김재규는 차지철과 더불어 유신정권의 기둥이었습니다. 명목상으로는 2인자에 해당하는 자리를 차지하고 있었지요. 그런 그가 왜 10·26사태를 일으킨 것일까요?

　10·26사태가 있기 몇 년 전 박정희 대통령은 유신헌법을 만들고 본격적인 독재를 시작합니다. 그러나 얼마 되지 않아 부산과 마산에서 유신헌법에 반대하는 부마항쟁이 일어나 정권의 큰 위기를 맞이합니다. 박정희 대통령은 부마항쟁에 대한 대책으로 독재를 더욱 강화하고 민주화운동을 탄압하려 했습니다. 차지철 경호실장도 박정희 대통령의 생각에 시위대를 폭력적으로 진압해야 한다며 맞장구쳤습니다. 반면, 김재규 중앙정보부장의 생각은 이들과 달랐습니다. 부마항쟁이 제2의 마산3·15의거가 되어 4·19혁명과 같은 일

이 다시 일어나지 않으리라는 보장이 없다고 생각했던 김재규 중앙정보부장은 강경 진압을 반대합니다.

박정희 대통령, 차지철 경호실장, 김재규 중앙정보부장의 갈등의 골은 날이 갈수록 깊어졌고, 이러한 갈등은 김재규 중앙정보부장이 10월 26일 박정희 대통령을 저격한 원인이 되었습니다. 이 사건으로 박정희 대통령과 차지철 경호실장은 사망했고 김재규 중앙정보부장은 사형을 당합니다. 부마항쟁으로 시작된 권력층의 내부 갈등으로 인해 박정희 대통령과 박정희 정권의 주역들이 한꺼번에 사라지게 된 것입니다.

10·26사태 이후 대통령 자리가 공석이 되자, 헌법에 따라 국무총리였던 최규하가 대통령 권한대행이 됩니다. 그리고는 곧장 제주도를 제외한 전국에 비상계엄을 선포했지요. 비상계엄이 원래 나라의 비상사태 때 선포되는 것이고, 대통령의 사망은 나라의 비상사태를 뜻하므로 비상계엄의 선포가 전혀 이상할 게 없습니다. 그런데 왜 하필 제주도만 비상계엄에서 제외했을까요? 제주도를 포함하면 전국에 비상계엄이 내려지는 셈인데, 전국 계엄 상황에서는 군인인 계엄사령관이 비상계엄 상황을 직접 지휘하기 때문입니다. 그러나 전국 계엄이 아니라면 대통령이 임명한 국방부장관이 계엄사령관을 통해 비상계엄 상황을 지휘합니다. 별 차이 아니라고 생각할 수도 있지만, 최규하 대통령 대행 입장에서는 군인이 정치에 관여할 명분을 조금이라도 더 주지 않으려 했던 것입니다.

1979년 12월 6일 최규하 권한대행은 정식 대통령으로 취임합니다. 그리고 곧바로 박정희 정권 때 내려진 긴급조치 9호를 해제하지요. 긴급조치 9호는 '정부에 대한 일체의 비판을 금지하는 조치'로 국민들의 입을 막아 버린 반민주적 조치였습니다. 그러니까 '정부가 독재를 한다.'라든지, '유신헌법을 없애자'와 같이 정부의 정책 노선에 조금이라도 반하는 언급을 하면 긴급조치 9호에 위반되었던 것입니다.

　　유신을 떠받들던 사람들은 10·26사태로 모두 쓸려갔고, 민주화를 막고 있던 조치들이 하나둘 사라지자 사람들은 민주화가 성큼 다가왔다고 느꼈습니다. 사람들은 이 시기를 '서울의 봄'이라 부르며 민주주의가 실현된 한국을 꿈꿨습니다.

12·12군사정변　전두환은 10·26사태를 수사하는 합동수사본부장이었습니다. 그리고 이미 10·26사태 이전부터 육군 제1사단장과 국군보안사령관을 맡고 있던 유신정권의 실세였습니다. 국군보안사가 어떤 곳이었는지를 안다면 전두환이 유신정권에서 어떤 위치였는지 쉽게 이해할 수 있을 것입니다. 박정희 대통령은 본인이 군사정변으로 정권을 잡았기 때문인지 군인들의 반란을 굉장히 두려워했다고 합니다. 군인들에게서 제2의 박정희 대통령이 나올까 봐 두려웠던 겁니다. 국군보안사는 바로 제2의 박정희 대통령을 막기 위해 박정희 대통령이 만든 기관입니다. 국군보안사는 군대 내에 주요 지휘관들의 교신을 감청하는 군 내부 감찰을 통해 군사정변을 막는 역할을 했지요. 그런 국군보안사를 지휘하는 국군보안사령관 자리에 전두환이 있었습니다. 국군참모총장 정승화는 10·26사태 이후 계엄사령관으로 임명되었습니다. 서열은 전두환보다 높았지만 전두환과는 껄끄러운 사이였던 것 같습니다. 전두환은 군내 사적 모임인 '하나회'의 중심적인 인물이었는데, 이 '하나회'는 육사 11기 장교들 중심이었고 군내에서 큰 영향력을 발휘했습니다. 이들을 '신군부'라고 부르지요. 반면, 육사 11기 선배들 격인 장교들은 정승화를 중심으로 세력을 형성하고 있었습니다. 전두환과 신군부는 권력을 장악하기 위해 정승화와 그 세력들을 제압해 군 지휘권을 장악해야 한다고 생각했습니다. 이때 정승화 계엄사령관도 전두환의 야심을 눈치챘던 것으로 보입니다.

　　먼저 움직인 것은 전두환과 신군부 세력이었습니다. 전두환은 1979년 12월 12일, 김재규의 내란을 방조했다는 혐의로 최규하 대통령의 재가도 없이 정승화를 체포하고 하나회를 통해 병력을 동원합니다. 그리고 최규하 대통령에게 체포 재가를 강압하며 반발하는 군인들을 제압하여 군 지휘권을 확보했습니다. 역사는 이 사건을 '12·12사태'라고 합니다.

 사실, 정승화가 김재규의 내란을 방조한 일은 없었으며, 처음에 이를 수사 결과로 발표한 사람이 바로 합동수사본부장 전두환이었습니다. 훗날, 1997년 4월 17일 대법원은 12·12사태를 군형법상 반란으로 판결 내렸습니다.

서울역 회군 12·12사태는 전두환을 중심으로 한 신군부 세력의 등장을 알리는 신호탄이었기에 서울의 봄을 꿈꿨던 국민들의 기대는 무너졌습니다. 대학생들은 12·12사태가 불러온 좌절을 민주화에 대한 열망으로 바꾸어 갔습니다. 5월 13일부터 학내에 머무르던 대학생들이 가두로 진출하여 시위를 벌였고, 특히 5월 15일에는 서울역 광장 앞에서 10만 명 이상의 대학생 및 시민이 자발적으로 모였습니다. 시위대는 "전두환 물러나라!" "비상계엄 즉시 해제"를 외쳤습니다.

 그러나 이 시위는 계속 이어지지 못했습니다. 시위가 절정으로 치달을 무렵, 시위를 주도하던 학생 지도부가 갑자기 해산을 결정했던 것입니다. 시위로 인해 군 개입의 빌미를 주기보다는 일단 신중을 기하기 위해서이기도 했고, 계엄군에 의한 희생이 우려되기 때문이었습니다. 결국 시위대는 해산되었는데, 이를 '서울역 회군'이라 부릅니다.

 서울역 회군 이후에도 시위를 이어 나간 곳은 광주였습니다. 광주는 외롭게 계엄군과 맞서 큰 희생을 치러야 했지요.

내란, 5·17 학생운동 지도부가 서울역에서 해산을 결정한 뒤, 정부는 개헌을 서두르고 1981년 내에 선거를 실시하겠다고 발표했습니다. 학생 지도부는 정부의 발표를 믿고 당분간 시위를 중단하고 정세를 살피기로 했지요. 그러나 이는 속임수였습니다. 신군부는 '북괴의 동태와 전국적으로 확대된 소요 사태를 감안한다'는 이유로 5월 17일 비상계엄을 전국으로 확대합니다.

비상계엄 확대는 5월 17일 전군주요지휘관회의에 의해 결정났습니다. 전군주요지휘관회의에서 전국에 비상계엄을 확대하여 군대가 정치에 개입해야 한다고 결의한 것입니다. 생각해 보면 굉장히 어이없는 회의 결과입니다. 군인이 스스로 정치에 개입하겠다는 의지를 내비친 것 자체가 정부를 향한 쿠데타입니다. 회의 과정도 기가 찰 정도였습니다. 이름만 회의지, 논의 자체가 제대로 되지도 않았으니까요. 회의를 주도한 전두환은 자기 뜻대로 회의를 진행하며 다른 지휘관들의 의견은 들어 보지도 않은 채 결론을 내렸습니다. 회의가 끝나고서는 전군 지휘관의 뜻임을 내세워 최규하 대통령과 신현확 국무총리에게 비상계엄 확대를 요구했습니다.

전두환의 압박을 이기지 못한 최규하 대통령과 신현확 국무총리는 국무회의를 열어 전국 비상계엄을 결정하게 됩니다. 5월 17일 자정부터 계엄이 전국으로 확대되고 집회와 시위를 비롯한 일체의 정치활동이 금지되는 동시에, 전국 대학교에 휴교령이 내려졌고 언론에 대한 검열도 강화되었습니다. 또한 수도권, 부산, 대구, 광주 등지에 시위 진압을 목적으로 공수부대를 준비시켰습니다. 심지어 5월 18일에 군대는 비상계엄을 취소시키는 권한이 있는 국회를 발 빠르게 점령하여 폐쇄해 버렸습니다.

신군부 세력들은 국회만 정지시킨 것이 아니라 당시 주요 정치인들도 탄압하기 시작합니다. 권력형 비리 혐의를 씌워 김종필과 이후락을, 사회 혼란 조성 등 배후 조정 혐의를 씌워 김대중, 예춘호, 문익환 등을 연행한 것입니다. 김영삼은 가택연금되었고 시위 참가 및 주동자로 학생 다수가 체포되었습니다.

대법원에서 1997년 4월 17일 선고했듯 5·17은 완벽한 내란이었습니다. 어찌 보면 12·12사태보다 더 심각한 사건입니다. 12·12사태는 군 내부의 지휘권 다툼이었지만 5·17은 헌법을 유린하고 정부에 위력을 가했으며 입법부를 무력화시킨 사건이었기 때문입니다. 헌법은 법치국가의 근간이고, 입법부인 국회는 국민의 대표였기 때문에 5·17의 총구는 국민을 향하고 있었다고 해도 과언이 아닙니다.

오월 광주의 시작 1980년 5월 18일 광주 전남대 학생들은 전국계엄령이 실시된 상황에서도 교내에서 시위를 시작합니다. '계엄령이 선포되면 학교로 모이자'는 서로의 약속에 따라 자발적으로 모여 시작한 시위였지요. 그러나 계엄군의 제압은 무자비했습니다. 5월 18일 새벽 1시에 이미 전남대와 조선대를 점거하고 있던 계엄군들은 10시쯤 200여 명의 학생들이 구호를 외치고 돌을 던지며 시위하자, 대학생들을 강제해산시키면서 진압봉으로 무차별 가격하고 난폭하게 연행했습니다. 그러나 전남대 학생들은 위축되지 않고 오히려 시내로 진출을 꾀합니다. 이렇게 전남대 대학생들의 시위로 시작된 이 민주화운동이 바로 '5·18민주화운동'입니다.

　전남대 학생들이 교문을 벗어나 시내에서 시위를 시작했고 오후가 되자 계엄군으로서 공수부대 병력이 시내에 투입되었습니다. 당시 공수부대 지휘관은 광주 시내에 나온 모든 사람을 체포하라고 명령합니다. 시위하는 사람을 체포하라는 것이 아니라 광주 시내에 나온 사람을 다 체포하라는 명령이었지요. 이 명령을 들은 공수부대는 시위 학생과 일반 시민을 가리지 않고 곤봉으로 무자비하게 폭행하고 체포하기 시작합니다.

　5·18민주화운동 첫 희생자인 김○○은 청각장애인으로, 갓 백일이 지난 딸이 있는 평범한 가장이었습니다. 그는 친구들과 점심식사 뒤 집으로 돌아오던 중 공수부대의 눈에 띄어 무차별 구타를 당했지요. 김○○은 적십자병원으로 실려 갔고 국군통합병원으로 옮겨졌지만 19일 새벽 3시에 결국 사망 판정을 받게 되었습니다.

시민들의 참여 5월 19일 상황은 변하기 시작했습니다. 5월 18일에는 대학생 중심으로 시위가 일어났다면 5월 19일부터는 일반 시민들까지 시위에 가세한 것입니다. 당시 공수부대는 상당히 당황했지요. 광주 외 다른 지역은 대학생들만 산발적으로 시위를 했고 그나마도 곤봉만 몇 번 휘두르면 잠잠해졌는데, 광주에서는 대학생은 물론 시민들까지도 시위에 나선 겁니다.

19일에는 처음으로 계엄군의 실탄 사격이 있었습니다. 계림파출소 근처에서 공수부대가 시위대에게 포위당하자 위협사격으로 땅을 바라보며 총격을 했는데, 당시 조선대학교 부속고등학교에 다니던 김○○이 튕겨진 총알을 맞았던 겁니다. 김○○은 원래 집으로 돌아가던 중이었는데 공수부대에게 몰려드는 시위대를 보고, 전날 시민들이 군인에게 맞았던 기억이 떠올라 자기도 모르게 시위에 합류했다고 합니다. 다행히 현장에는 의사가 있었고 전남대학교 응급실에서 적절한 치료를 받아 목숨을 구했습니다. 계엄군의 첫 발표 후 5월 20일에는 항쟁이 전면전 양상을 띠기 시작합니다.

시위의 확산 계엄군도 시위의 규모가 점점 커지고 있음을 느꼈는지, 다른 지역으로 번지지 않도록 20일 새벽, 광주로 통하는 시외전화를 끊어 버렸습니다. 안 그래도 광주 상황이 제대로 전해지지 않는데 통신마저 마비되자 광주는 고립된 섬이 되었지요. 당시를 살았던 광주 외 지역 사람들은 다들 광주에 무슨 일이 있었는지 알 수 없었다고 합니다.

사실 언론통제가 심각해, 시외전화를 끊고 말고 할 필요가 없었는지도 모르겠습니다. 당시 광주 MBC를 비롯한 방송국은 서슬 퍼런 신군부 세력이 두려워 그때의 광주 상황을 전혀 보도하지 않았거든요. 시민들이 몇 차례 항의해 봤지만 아무 소용이 없었습니다. 오히려 여러 오락 프로그램을 방송하며 시위대의 감정을 자극했지요. 결국 시위대는 MBC 방송국 건물에 불을 질러 버렸습니다. '나의 세금으로 나와 내 이웃에게 총부리를 겨누는 군인을 먹여 살리고 있는가?'라며 광주세무서 건물도 불태워 버립니다.

20일 밤이 되면서 집단 발포가 일어납니다. 5월 20일 밤, 광주역에서 경계 중이던 제3공수여단 16대대 정○○ 중사가 시위대의 차량에 깔려 사망하자, 3공수여단장은 실탄을 장착하도록 지시합니다. 또한 전남대의 공수부대들이 광주역으로 지원을 가는데, 이때 공수부대는 지원 병력을 막아선 시위대를 향해 발포합니다. 그래도 시위대들이 물러서지 않았는지 3공수여단은 전남대로 철수하기 시작합니다. 시위에 참여했던 사람들은 국지전이었지만 승리를 거두었다며 기뻐했습니다. 그러나 그때 4명의 사망자 중 두 명과 다수의 부상자가 발견되었습니다. (이때 사망자는 집단 발포에 의한 총상이라기보다 전남대로 철수하는 도중에 방망이로 구타 당한 것이 사인으로 보입니다.)

5월 21일의 금남로 5월 21일 새벽, 사람들은 광주역에서 희생된 두 명을 리어카에 싣고 태극기를 덮은 채 시내로 운구하며 시민들에게 비참한 소식을 전했습니다. 21일이 밝자 광주역을 탈환했다는 성취감과 희생자에 대한 미안함, 계엄군에 대한 분노로 시민들의 감정은 뒤엉키면서 시위가 더욱 격화되었습니다. 시위대는 전남도청을 향했습니다. 계엄군은 시위대에 떠밀려 전남도청으로 후퇴해 갔지만 행정중심지인 전남도청을 사수해야 했기 때문에, 전남도청을 두고 시위대와 계엄군 사이에는 일촉즉발의 분위기가 형성되었습니다.

시위대는 도지사와의 면담을 요구했습니다. 계엄군이 그 요구를 받아들여 시민 대표 4명이 장형태 전남도지사와 구용상 광주시장을 만났습니다. 시민 대표는 네 가지 요구 조건을 내걸었지요. 요구 조건은 다음과 같습니다.

첫째, 지난 3일 동안 발생한 유혈사태에 대해 도지사가 직접 사과할 것.

둘째, 연행된 시민과 학생들을 전원 석방하고 입원 중인 학생들의 소재와 생사를 알려 줄 것.

셋째, 계엄군은 21일 정오까지 시내에서 모두 철수할 것.

넷째, 전남북 계엄분소장과 시민 대표의 협상을 주선할 것.

도지사는 바로 수용하지 못하지만 최대한 노력해 보겠다고 했습니다. 또 면담 결과를 직접 시위대에게 알리겠다는 말을 믿고 시위대 대표들은 물러났습니다. 대표들의 말을 전해들은 시위대는 도지사가 나타나길 기다렸습니다. 그러나 도지사는 끝내 보이지 않았고, 정오가 될 때까지 계엄군 역시 철수하지도 않았습니다. 시위대는 격앙되었습니다. 이때 계엄군은 이미 실탄을 지급하고 헬기를 띄우는 등 시민들을 폭도로 규정한 행동들을 자행하기 시작했습니다.

21일 오후 1시 전남도청에서는 애국가가 흘러나왔습니다. 계엄군은 애국가를 부르는 시위대를 향해 총을 난사했습니다. 심지어는 저격수가 시위대를 향해 조준사격을 가하기도 했습니다. 순간 금남로는 아수라장이 되었습니다. 총성과 총에 맞고 울부짖는 사람들, 총과 사람을 피해 어디로 도망가야 할지 몰라 우왕좌왕하는 사람들로 금남로가 가득 메워졌습니다. 계엄군의 난사로 인해 많은 희생자가 생겼고, 광주 내 각 병원에는 부상자들로 발 디딜 틈이 없었다고 합니다.

시민군 21일 금남로의 참사를 목도한 광주 사람들은 불의에 순응하지도 도망치지도 않았습니다. 그들은 저항을 선택합니다. 14시 30분 시위대는 군수용 자동차를 만드는 아시아자동차에 모여 군용트럭과 장갑차를 얻어 냅니다. 트럭과 장갑차에 나누어 탄 시위대는 화순, 나주, 영산포, 장성, 영광, 함평, 담양 등에 있는 예비군 무기고로 달려가 그곳에 보관 중인 카빈 소총으로 무장했습니다. (여기서 시위대가 가진 총기가 카빈 소총이었다는 점을 기억할 필요가 있습니다.) 일부는 TNT 폭탄까지 확보했지요. 무장한 시위대는 지휘 체계를 갖추고 광주시민회관을 본부로 삼았습니다. 시민들은 그들을 '시민군'이라 부르기 시작합니다.

시민군은 도청 앞으로 진격했습니다. 특수훈련을 받은 공수부대로 이루어진 계엄군과는 비교도 안 되는 화력과 위력의 열세 속에서도 시민군은 치열히 맞서 싸웠고, 계엄군은 광주 시내 외곽으로 철수하기로 합니다. 시민군은 전남도청을 접수했습니다. 10명씩 한 조로 형성된 시민군은 지도부의 지시에 따라 광주 시내 주요 거점에 배치되어 계엄군의 진입에 대비합니다.

계엄군을 몰아내고 전남도청을 시민군이 장악했다는 것은 광주 전체 치안을 유지할 공권력이 사라졌음을 뜻했습니다. 특히 계엄군이 도시를 봉쇄한 상태에서 도시의 치안을 유지하기란 쉽지 않았을 것입니다. 그러나 광주 사람들은 개인의 욕심을 채우기보다는 서로를 도와주며 광주를 자치적으로 운영했습니다.

남은 사람들 계엄군이 퇴각하고 광주 시민들은 수습해야 할 일들이 많았습니다. 광주 시민들은 일반 시민들이 중심이 된 '수습대책위원회'와 학생이 중심이 된 '학생 수습대책위원회'를 만들어 계엄군이 퇴각한 이후의 일을 논의하기 시작했습니다. 신부, 목사, 변호사, 교사 등 민주 인사 20여 명으로 이루어진 일반 수습대책위원회는 계엄 당국과의 협상과 건의 등 대외 업무를 주로 맡았고 시위에 앞장섰던 학생 수습대책위원회에서는 대민 업무를 주로 수행했습니다.

광주는 성공적으로 자치적인 운영을 했지만 점차 커지는 불안감을 떨쳐 버릴 수가 없었습니다. 계엄군이 언제까지 주변을 포위하고만 있지는 않을 것이니까요. 수습대책위원회는 계엄군과 끊임없이 협상을 벌입니다. 계엄군의 요구는 분명했습니다. 시민군의 무장해제가 바로 그 요구였지요. 수습대책위원회는 계엄군의 요구에 따르고자 했지만, 정작 시민들은 전남도청 광장에서 궐기대회를 열며 수습대책위원회의 결정에 반발합니다.

　시민들의 반발을 뒤로 하고 학생 수습위는 5월 23일부터 총기 회수 작업을 시작합니다. 이때부터 전남도청에 모여 있던 사람들도 집으로 돌아가기 시작하지요. 그들에게 닥칠 미래가 너무 뻔히 보였기 때문입니다. 그래서였을까요? 어떤 누구도 다른 누구에게 도청에 남으라고 하지 않았습니다. 집으로 돌아가는 것도, 남아 있는 것도 오로지 자신의 선택이었지요.

　계엄군은 26일에서 27일 전남도청으로 밀어닥칠 것이라고 발표했고, 집으로 돌아가는 사람들은 부쩍 더 늘었습니다.

역사의 증인이 되어 주십시오 1980년 5월 21일 후퇴했던 계엄군이 26일 광주로 진입할 것이 확실시되던 가운데, 5월 26일 새벽, 탱크 등 중화기를 앞세우고 계엄군이 당시 농촌진흥원 앞까지 진출했다는 소식이 전해졌습니다. 이 소식을 접하고 밤새 구 전남도청 부지사실에서 회의하던 수습대책위원들은 죽음의 행진을 감행합니다. 수습대책위원들은 전남도청에서 출발하여 당시 농촌진흥청 앞 계엄군의 무력 현장까지 어떤 무기도 지니지 않은 채 걸어갔습니다. 지난 계엄군의 행위를 봤을 때 수습대책위원들은 목숨을 걸고 행동해야 했습니다.

　수습대책위원들은 계엄사령관을 만나 '우리가 스스로 수습할 것이니 진압하지 말고 기다려 달라'고 이야기합니다. 수습대책위원들의 이야기를 듣고 계엄군들은 농성 광장까지 후퇴했지만 진압을 아예 포기한 것은 아니었습니다. 5월 26일 계엄군들은 도청 내 시민군 소탕 작전 예행연습을 합니다. 그리고 26일 밤 이동을 시작했지요.

　시민군의 한 사람이었던 윤상원은 이런 상황을 지켜보고 있었습니다. 윤상원은 전남대 정치외교학과를 졸업하고 은행에서 일했지만, 곧 직장을 그만두고 고향인 광주로 내려와 평소 못 배운 사람들을 위해 들불야학 활동을 시작했습니다. 그는 5·18민주화운동이 시작되자 동료들과 투사 화보를 제작·배포했지요. 앞서도 언급했듯이 당시의 언론은 5·18민주화운동에 침묵하고 있었기 때문에, 5·18민주화운동의 진실을 전하는 윤상원의 투사 화보는 사람들의 신뢰를 얻었습니다. 시민군에 참여했던 윤상원은 계엄군을 몰아내고 난 뒤, 총기를 반납하자는 수습위원들의 주장에 반대했습니다. 그는 전남도청에 남은 사람들 중 하나였으며, 그들의 대변인이 되었습니다.

26일 오후 6시, 계엄군의 증원인 제3·11공수여단 특공조는 헬기로 주남마을에 도착했습니다. 밤11시경에는 광주 시내로 이동, 27일 새벽 1시 20분경에 조선대학교 뒷산에 집결했지요. 그때부터 본격적인 전남도청 진압 작전이 시작된 것입니다. 그들은 새벽 3시 20분경 도청과 YWCA, 전일빌딩, 관광호텔 등의 목표 지점으로 은밀히 침투하기 시작합니다.

그 시각 윤상원은 도청 진압 작전에 대한 정보를 취합했고 어린 학생들과 여성들에게 전남도청에서 나갈 것을 권유했습니다.

"여러분은 살아남아야 합니다. 살아남아서 역사의 증인이 되십시오."

그리고 그는 끝까지 남아 산화했습니다. 진압 작전은 10분이 지나지 않아 끝났습니다. 죽은 사람들은 다음 날까지 길거리에 방치되었습니다. 살아남은 자들은 등에 폭도라는 글씨가 쓰여진 채로 끌려갔습니다.

6월민주항쟁

남영동 대공분실 남영동 대공분실은 민주화의 요구로부터 전두환 정권을 지탱하는 역할을 했습니다. 건물은 해양연구소로 위장되어 있었지만, 본 목적은 민주주의 인사들을 끌고 와 고문하고 '공산주의자'라는 굴레를 씌우던 곳이었지요. 남영동 대공분실에 끌려온 사람들은 처음부터 얼굴에 두건을 쓰고 끌려왔습니다. 남영동 대공분실이 어디인지, 어떻게 생긴 건물인지 알지 못하게 하려던 것입니다. 피조사인들은 정문이 아닌 후문으로 가게 되는데,

후문에 들어가면 철제 나선형 계단이 바로 보입니다. 이 계단을 따라 서늘한 쇳소리를 들으며 올라가면 바로 5층 조사실이 있습니다. 조사실 안으로 들어가면 비로소 두건이 벗겨지고 조사가 시작됩니다.

박종철도 이 남영동 대공분실에 끌려옵니다. 단지 참고인으로 왔을 뿐인데 선배인 박종운이 있는 곳을 모른다는 이유로 물고문 끝에 숨을 거두고 맙니다.(이하 박종철 고문치사 사건)

진실을 알리려는 노력 1987년 1월 15일 중앙일보 기자이자 검찰청 출입기자인 신성호 기자는 대검찰청 이홍규 검사가 흘린 정보를 통해 박종철 고문치사 사건을 알게 됩니다. 신성호 기자는 이 사건을 바로 기사로 만들었고, 보도지침 때문에 매우 작게 실리긴 했지만 박종철 고문치사 사건의 개략적인 전말을 전할 수 있었습니다. 대학생이 대공분실에 끌려가 죽었다는 소식이 신문에 실리니 경찰도 가만있지는 못했습니다. 기자들과의 면담에서 강민창 치안본부장은 '탁하고 치니 억하고 죽었다'는 궤변을 늘어놓았습니다.

기자들은 치안본부장의 발표를 무시한 채 끊임없이 취재하며 박종철 사망의 진실을 알리기 위해 노력합니다.

황석준 박사는 국과수 법의학과장입니다. 황석준 박사는 부검 팀을 이끌고 한양대학원 영안실에서 박종철 군의 시신을 부검했지요. 다음 날 오후, 경찰 총수인 강민창 치안본부장과 대공 업무를 맡던 박처원은 황석준 박사를 만납니다. 그리고 박종철의 사인을 심장쇼크사로 해 달라며 황석준 박사를 회유합니다. 강민창 치안본부장 발표대로 '탁하고 치니 억하고 죽었다'고 해 달라는 거었지요. 그러나 황석준 박사는 박종철이 목 부위가 눌려 질식사했다는 소견이 적힌 부검감정서를 제출했습니다. 암울한 시대의 진실을 알리려는 용기 있는 사람들에 의해 박종철 고문치사 사건은 세상에 드러났습니다.

4·13호헌조치와 명동성당 당시 민주화운동의 기본적인 요구는 대통령 직

선제 즉, 대통령을 국민들 손으로 직접 뽑자는 것이었습니다. 유신체제로 간접선거를 통해 대통령이 된 전두환은 임기 중 개헌을 하긴 했지만 방식이 바뀌었을 뿐 간접선거는 그대로였습니다. 전두환 다음 대통령도 간접선거로 뽑는다면 신군부 세력의 시대가 이어질 것이 자명했지요.

박종철의 희생으로 시민들은 분노했지만 아직 민주주의를 향한 적극적인 움직임으로 전환되지는 못했던 때였습니다. 전두환 정권은 이때가 기회라 생각했는지 4·13호헌조치를 단행합니다. 4·13호헌조치란 대통령 직선제를 거부하고 당시의 헌법을 유지한 채로 다음 대통령 선거를 하겠다는 발표였습니다. 아이러니하게도 전두환의 4·13호헌조치는 박종철의 희생에 대한 분노에서 민주주의를 향한 행동으로 이어 가는 계기가 되었습니다.

먼저 4·13호헌조치에 반발하는 대학교수들의 시국선언이 이어졌습니다. 민주주의에 대한 열기가 고조되면서 대학가의 행동이 시작되었습니다.

4·13호헌조치에 의한 후폭풍이 계속되는 상황에서 1987년 5월 18일 서울 명동성당에서는 5·18민주화운동 7주년을 기념하는 미사가 열렸습니다. 이날 김승훈 신부를 비롯한 천주교정의구현사제단은 박종철 사건이 축소 은폐되었다고 폭로했습니다. 이홍규 검사, 신성호 기자, 황석준 박사와 같은 사람들이 박종철 열사의 고문치사 사건의 진실을 밝히고 지키려고 노력했으나 경찰과 일부 검사들이 그나마의 진실조차 감추어 왔던 것입니다.

천주교정의구현사제단은 박종철 고문치사 사건에서 두 명의 경찰 이외에 고문에 직접 가담한 경찰이 세 명이나 더 있다는 사실과 박처원 등 간부들도 책임을 면할 수 없다는 사실을 강조했습니다. 이 폭로는 4·13호헌조치로 폭발하기 시작한 민주화운동의 열망에 기름을 부었지요. 검찰은 마침내 축소 은폐된 진실에 대한 재조사를 착수했고 고문에 직접 가담한 세 명과 치안본부 5차장 박처원을 구속했습니다.

전두환 정권의 섣부른 판단과 박종철 사건 축소 조작 폭로는 박종철의 희생에서 비롯된 시민들의 민주주의에 대한 열망을 행동으로 이끌었습니다.

향린교회 대통령 직선제 개헌을 바라는 각계각층 인사들이 힘을 모으기 위한 움직임도 시작되었습니다. 재야 민주화운동 인사, 야당 정치인, 종교인 등은 1987년 5월 27일 '호헌철폐 및 민주헌법쟁취 국민운동본부' 대회를 개최했습니다. 재야 민주화운동 인사, 야당 정치인, 종교인 등 다양한 사람들이 함께한다는 것은 좀 더 대중화된 민주화운동을 보장해 줍니다. 그러나 이들이 한 번에 모이는 것은 매우 어려운 일이었습니다. 이들은 경찰들의 삼엄한 감시와 통제를 뚫기 위해 나름의 작전을 짜야 했지요.

민주화운동가 황인성은 5월 27일 대회 발기인을 모으기 위한 장소를 물색했습니다. 경찰들이 주요 거점들을 모두 장악한 상황이었기 때문에, 황인성은 골목에 위치한 향린교회가 가장 적합하다고 판단합니다. 황인성은 발기인 연락 책임자들을 만나 향린교회라고 속삭였지요.

전국 발기인들을 대표하는 150여 명의 인사들이 향린교회로 모이는 데 성공합니다. 그리고 조직의 명칭을 '민주헌법쟁취 국민운동본부(이하 국본)'로 확정했습니다. 당시 여당이었던 민정당이 대통령 후보를 추대하는 당대회가 열릴 예정인 6월 10일에, 국본은 대규모 시위를 열기로 결의합니다.

이한열 연세대 경영학과에 재학 중이던 이한열은 1987년 6월 9일 교문 앞에서 진압경찰과 싸우고 있었습니다. 이한열을 비롯한 연세대 학생들이 교문을 나서자 경찰들은 최루탄을 발사하기 시작했지요. 연세대 학생들은 최루탄을 피해 교정 안으로 돌아가려 했고 이한열도 마찬가지였습니다. 그 순간 최루탄 하나가 그의 뒷머리를 강타했습니다. 같은 학교 이종창이 쓰러진 이한열을 일으켰지만, 이미 이한열의 의식은 불분명했습니다. 이한열은 6월민주항쟁 내내 의식을 잃고 사경을 헤맸습니다. 간간히 '내일 시청에 나가야 하는

데'라는 말을 되뇌일 뿐이었지요. 연세대 학생이 시위 중 다쳤다는 소문은 급속도로 퍼졌고, 이는 6월민주항쟁에 더 많은 사람들이 참여하게 된 계기가 되었습니다.

6월민주항쟁 마침내 1987년 6월 10일이 왔습니다. 이날 오전 여당이었던 민정당은 잠실체육관에서 전당대회를 치르고 노태우를 차기 대통령 후보로 추대했습니다. 국본(민주헌법쟁취 국민운동본부)은 예정대로 '박종철 군 고문 살인 은폐 규탄 및 호헌철폐 국민대회'를 6시에 맞춰 시작했습니다. 시민들의 참여를 독려하기 위해 일부러 시작 시간을 퇴근 시간으로 잡았던 것이지요. 마침 올림픽을 앞두고 서머타임제가 실시되고 있어서, 많은 사람들이 더 오랫동안 시위에 참여할 수 있기 때문입니다.

오후 6시가 다가오자 성공회 대성당 확성기에서 애국가가 흘러나오고 42회의 종소리가 울렸습니다. 42번의 종은 해방 이후 42년 동안 지속된 민주주의를 위한 노력과 희생을 상징했지요. 여러 교회와 성당도 이에 맞춰 종을 울렸고, 거리에 나온 사람들이 시위를 전개했습니다. 민주화운동을 하면서 박해를 당한 가족의 모임인 민주화실천가족운동협의회 여성 회원들은 고난과 평화의 상징으로 보라색 스카프와 손수건을 흔들었습니다.

민주화의 물결을 맞아 많은 사람들이 시위에 참여했지만 적극적인 행동을 하기 어려운 사람들도 있었습니다. 그런 그들도 휴지를 던져 공중에서 꽃종이가 내려오는 듯 만들거나 차량의 경적을 울리고, 흰 손수건을 흔드는 등 자신들이 할 수 있는 일들을 했습니다.

민주주의 사람들이 하는 많은 일들은 으레 처음 계획과 다르게 흘러가는 경우가 많습니다. 사건은 생명의 활동과 같아서 사건만의 변수가 의도치 않게 새로운 사건을 만들어 가기 때문입니다. 6월 10일 당일에도 예상하지 못한 일들이 벌어졌습니다. 경찰의 최루탄 난사에 쫓긴 학생들과 시민들이 명동성당에 들어갔는데, 거기에서 철거민 200명을 만납니다. 원래 국본의 지침은 농성 해산이었지만 명동성당 내 시민들은 농성을 지속하자고 주장했고 명동성당에서는 계속 농성이 이어졌습니다. 어느새 농성은 명동성당을 중심으로 지속되었지요.

6월 11일에는 더 의외의 상황이 벌어졌습니다. 넥타이를 맨 회사원들이 명동성당 주변에 나타나 농성을 벌이는 학생들과 시민들을 응원했던 겁니다. 우리나라의 모든 민주화운동은 시민들과 함께한 과정이었지만 넥타이 부대의 출연이 눈에 띌 정도는 아니었습니다. 당시의 넥타이 부대는 각자 자신의 가족을 책임져야 하는 위치에 있었기에, 민주화운동에 참여하기가 쉽지 않았지요. 그런 넥타이 부대까지 시위에 참여하면서 6월민주항쟁은 전국민적인 시위로 확산되었습니다.

6·29선언 6월 24일 정국을 정리하기 위해 여당이었던 민정당은 제1야당 통일민주당 총재 김영삼과 영수회담을 했습니다. 그러나 김영삼은 회합 직후 회담 결렬을 선언했지요. 그 와중에 6월 26일 국본은 다시 국민대행진으로 명명된 전국적인 대규모 시위를 기획했습니다. 6월 항쟁 중 가장 큰 시위가 시작되었습니다.

전두환 정권과 노태우 후보, 그리고 야당이었던 민정당은 더 이상 버틸 수 없었습니다. 마침내 6월 29일, 민정당 대통령 후보 노태우가 직선제를 포함한 개헌을 약속하는 6·29선언을 합니다. 6월민주항쟁의 완전한 승리였습니다. 우리 시민들은 민주주의를 이끌어 냈고 지금도 우리의 헌법이 되고 있는 개헌이 드디어 시작되었습니다.

부록

근현대사 수업 활동

앞서 사람들에게 많이 알려지지 않았거나 가짜 뉴스로 폄훼된 한국 근현대사 12 장면을 살펴보았습니다. 왜곡된 역사를 바로잡고 알리는 것은 중요합니다. 특히 역사를 이끌어 나갈 미래 세대인 학생들이 다양한 미디어를 통해 접하게 되는, 역사와 관련한 수많은 뉴스 중 가짜 뉴스를 가려내고, 비판적인 시각으로 역사를 바로 볼 수 있는 눈을 지니는 것은 더욱 중요합니다. 여기에서는 학생들이 역사를 바라보는 시각과 흥미롭게 역사를 접하는 수업, 가짜 뉴스를 팩트체크하며 우리 현대사와 민주주의에 대해 알아보는 프로젝트 수업 사례들을 담았습니다.

그림책으로 생각해 보는 '역사 부정'

처음 역사를 접하는 학생들에게는 역사 부정에 대해 어떻게 접근하면 좋을까요? 본격적으로 역사를 만나기에 앞서, 기본적으로 역사를 바라보는 각도(또는 글쓴이의 이해관계, 배경지식, 환경 등)에 따라 역사가 달리 서술될 수 있음을 아는 것이 중요합니다. 역사를 교과목 중의 하나로 만나서 그렇겠지만, 역사를 있는 그대로의 사실로 받아들이고 무조건 암기해야 할 대상으로 인식하는 경우가 많기 때문입니다. 처음 역사를 접하는 학생들에게는 『독일의 역사 교육』(최호근)에서 제시한 '홀로코스트 없는 홀로코스트 교육'처럼 '역사 부정 없는 역사 부정 대처 교육'으로 접근해도 좋습니다.

『거인이 들려주는 잭과 콩나무 이야기』 같은 그림책을 활용하여 역사 부정에 대해 생각해 보고 이야기 나눠 볼 수 있습니다.

* 그림책을 활용하여 역사를 어떻게 인식할 것인지 생각해 보기

① 잭과 콩나무 이야기가 어떤 내용인지 알아봅니다.
② 이야기가 어떤 인물의 입장에서 서술되고 있는지 이야기 나눠 보고, 철저히 주인공 '잭의 입장'에서 서술되었다는 것을 확인합니다.
③ 이 이야기를 만약 거인의 입장에서 바라본다면 어떻게 해석할 수 있을지 생각해 보고 이야기를 나눠 봅니다.
④ 함께 나눈 생각을 바탕으로 거인을 주인공으로 한 '거인이 들려주는 잭과 콩나무 이야기'를 새롭게 써 봅니다. (이야기를 새로 써 볼 시간이 부족하다면, 시중에 나와 있는 그림책 『거인이 들려주는 잭과 콩나무 이야기』를 함께 읽어 보는 것도 좋습

니다.)

⑤ 활동 소감을 기록하고 발표하면서, 교과서에 서술된 역사 기록 역시 맹목적으로 암기해야 할 대상이 아니며, 어떤 층위에서 바라보느냐에 따라 해석이 달라질 수 있음을 알 수 있습니다.

누가 어떤 이야기를 하더라도 '비판적인 시각'이 살아 있어야 함을 강조합니다. 학생들이 가장 절대적으로 믿는 교과서에도 비판적으로 살펴야 할 부분들이 있음을 알고, 잘못된 내용을 찾아봄으로써 '논리적으로 비판하는 연습'을 해 보는 것도 좋습니다. 더불어 수업을 진행하며 기초적인 배경지식을 쌓기 위해 다양한 방식으로 활동을 열어 갑니다.

역사 자료를 활용한 퀴즈 활동

학교에는 해마다 계기교육이나 창의적 체험활동을 통해 이뤄지는 역사교육에 활용될 수업 자료들이 제공되고 있습니다. 아무리 중요한 내용이고, 학생들이 꼭 알아야 할 내용이라고 하더라도 학생들의 관심을 끌지 못하거나 흥미를 일으키지 못한다면, 제대로 학습이 이루어지기 어렵습니다. 그래서 학생들이 좋아하는 게임 형식으로 수업을 열어 나가는 것도 좋습니다.

SECRET **W-K KOREAN CODE TABLE 한글암호표 일부** COPY NO.40

자음		모음		받침		
1	2	3	4	5	6	7
ㄱ 11	ㅋ 21	ㅏ 30	ㅐ 40	ㄱ 0011	ㄲ 0021	ㅄ 0031
ㄴ 12	ㅌ 22	ㅑ 31	ㅒ 41	ㄴ 0012	ㅌ 0022	ㄽ 0032
ㄷ 13	ㅍ 23	ㅓ 32	ㅔ 42	ㄷ 0013	ㅍ 0023	ㄿ 0033
ㄹ 14	ㅎ 24	ㅕ 33	ㅖ 43	ㄹ 0014	ㅎ 0024	ㅀ 0034
ㅁ 15	ㄲ 25	ㅗ 34	ㅞ 44	ㅁ 0015	ㄲ 0025	ㅄ 0035
ㅂ 16	ㅆ 26	ㅛ 35	ㅚ 45	ㅂ 0016	ㅆ 0026	
ㅅ 17	ㄸ 27	ㅜ 36	ㅘ 46	ㅅ 0017	ㄳ 0027	
ㅇ 18	ㅃ 28	ㅠ 37	ㅙ 47	ㅇ 0018	ㄵ 0028	
ㅈ 19	ㅉ 29	ㅡ 38	ㅝ 48	ㅈ 0019	ㄾ 0029	
ㅊ 19		ㅣ 39	ㅖ 49	ㅊ 0020	ㅁ 0030	

1 JUNE 1945 SECRET

위의 표는 제2차세계대전 당시 한국광복군 김우전 선생께서 만들었다고 전해지는 W-K 한글 암호표입니다.

이러한 흥미를 끌 수 있는 역사적 자료를 활용해 퀴즈를 풀어 봅니다. 이 암호표를 보고 다음 암호를 풀어 보세요.

> 2240 19320018 11460012 1939 14330018

* 힌트

① 음절 하나마다 띄어쓰기를 한 암호입니다. 즉 '2240'이 한 음절, '19320018' 역시 한 음절입니다.

② 각 음절은 자음과 모음, 받침(없는 경우도 있음)으로 구성되어 있습니다.
③ 19는 초성이니 자음 칸에서 찾습니다. 바로 'ㅈ'입니다.
④ 32는 중성이니 모음 칸에서 찾습니다. 바로 'ㅓ'입니다.
⑤ 종성(받침)의 경우에는 숫자 앞에 '00'이 붙어 네 자리 숫자로 표현합니다. 종성은 받침 칸에서 찾습니다. 0018은 바로 'ㅇ'입니다.
⑥ 이와 같은 방법으로 다른 글자 암호들도 풀어 봅니다.

정답은 무엇일까요? 바로 '태정관지령'입니다. 태정관지령은 일본 스스로 독도가 한국 땅임을 증명한 문건이지요. 이러한 퀴즈 활동을 시작으로 독도 문제에 대한 이야기를 진행해 볼 수 있습니다. 이처럼 역사 속 자료들을 활용하는 방법은 흥미를 끄는 데 효과적입니다.

통계자료로 역사적 상황 추측하기

앞서, 식민지 근대화론에 대해 알아보면서 통계자료들을 살펴보았습니다. 이러한 통계자료들을 학생들에게 제시해, 학생들 스스로 자료를 분석해 보고 결론을 내려 보는 방식으로 접근하는 것도 좋습니다. 물론 이러한 활동 전에, 같은 통계자료라고 하더라도 어떤 맥락으로 읽는지에 따라 해석이 달라진다는 점을 미리 알려줍니다. 앞서 식민지 근대화론과 관련하여 제시했던 통계자료 중 일부를 학생들에게 과제로 제시해 봅니다.

사업별·민족별·연령별·성별 공장 노동자 임금에 대한 통계자료의 일부

(단위 : 엔)

		일본인						조선인				
		성인			어린이			성인			어린이		
		최고	최저	보통	최고	최저	보통	최고	최저	보통	최고	최저	보통
방직 공업	남	3.30	0.30	1.35				2.60	0.15	0.60	0.70	0.10	0.34
	여	1.57	0.30	0.76				1.50	0.10	0.41	0.90	0.06	0.29
금속 공업	남	5.00	0.10	2.37				3.33	0.10	1.10	0.90	0.10	0.29
	여	1.71	0.50	0.96				1.00	0.20	0.55			
기계 기구 공업	남	5.46	0.30	1.90	0.90	2.50	0.48	3.50	0.10	1.13	0.90	0.15	0.39
	여	0.96	0.44	0.80				0.82	0.42	0.58			

* 이 통계자료를 살펴보고 알 수 있는 점과 자신의 생각과 느낌을 쓰시오.

남성 노동자의 임금이 여성노동자보다 2배가량 많은 것을 보아 남녀차별이 있었다는 것을 알 수 있었다. 그리고 일본인 어린이 노동자보다 조선인 어린이 노동자가 더 많은 것, 일본인 노동자의 임금에 비해 조선인의 임금이 더 적은 것을 봤을 때 조선인과 일본인을 차별 대우한 것 같기도 하다.

영화, 만들기를 활용하기

　많은 역사적 주제 중 일본군'위안부'와 같은 주제는 학생들에게 정서적 부담감이 클 수도 있습니다. 따라서 학생들의 발달단계를 고려하여 관련 자료들을 조심스럽게 제시해야 할 것입니다. 「아이캔스피크」처럼 아이들도 시청할 수 있는 영화를 함께 보면서, 자연스레 일본군'위안부' 문제에 관심을 갖게 한 후 수업을 진행해도 좋습니다. 이러한 주제 수업 시 활용하게 되는 구술자료의 경우, 학생들의 눈높이에 맞게 서술된 역사 도서를 참고하는 것이 적절합니다. 해당 주제를 학습한 후에, 미술 시간에 스크래치 페이퍼를 활용해 마을에 1일 평화의 소녀상 만들기 활동을 진행해 봅니다. 비접촉 활동을 원한다면 학습준비물 예산으로 평화의 소녀상 페이퍼 크래프트와 같은 교구를 구매해 활동을 진행하는 방법도 있습니다. 이러한 활동은 학생들의 참여도를 높일 뿐 아니라, 의미 있는 활동이 될 것입니다.

* 1일 평화의 소녀상 만들기

① 네이버 블로그 '사신 프로젝트 두드림'에서 도안을 다운로드하여 출력합니다.
② 한글 문서 파일 그대로 나눠찍기로 출력합니다.(A4용지 20쪽 필요)
③ 출력물에서 인쇄되지 않은 영역을 가위로 자릅니다.(여백을 0으로 해도 인쇄되지 않는 영역이 발생)
④ 20장의 종이를 배열한 후 학생들이 각자 어떤 부분을 맡을지 선택합니다. 학급당 학생 수가 많아 모두가 그림 그리기에 참여할 수 없다면, 그림 그리기에 참여하지 않는 학생들은 작품에 넣을 문구를 토의해 만드는 역할을 수행합니다.

⑤ A4 사이즈의 스크래치 페이퍼를 나눠 주고 도안 뒤편에 테이프로 고정합니다.
⑥ 도안의 스케치 선을 따라 연필로 꾹꾹 눌러 줍니다.
⑦ 도안을 떼어 낸 후 스크래치 페이퍼의 눌린 자국을 따라 나무막대로 긁어내며
    그림을 그립니다.(자신이 그리고 있는 부분 주변을 맡은 친구들과 연결 지점을 조율
    하는 과정이 중요하며 의사소통이 필요함)
⑧ 스크래치 페이퍼를 모아 우드락에 작품을 붙입니다.
⑨ 평화의 소녀상에 담을 메시지를 최종 확인한 후 여백에 메시지를 기록합니다.

팩트체크 카드 게임

  학생들과 역사 공부를 할 때, 카드를 활용하여 게임을 진행하면 좀
더 흥미를 끌 수 있습니다. 특히 역사 부정과 관련한 주제의 경우, 팩

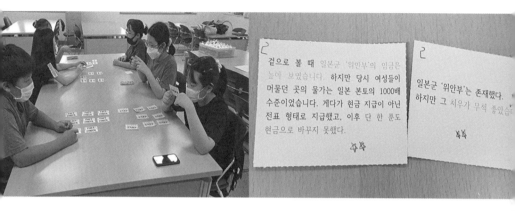

트체크 카드를 만들어 게임을 진행해 볼 수 있습니다.

① 학생들과 함께 학습할 이슈를 선정하고 역사 부정론자의 거짓 주장이 담긴 카드와 사실(fact)이 담긴 카드를 제작합니다. (이지컷팅 카드 페이퍼와 같은 DIY 카드 제작 교구 사용)
② 카드에 담긴 내용을 학생들이 이해할 수 있게 설명합니다.
③ 거짓 주장 카드와 사실 카드를 각각 섞어 책상에 뒤집어 두고 선을 정합니다.
④ 거짓 주장 카드를 한 장 펼친 후, 사실 카드 한 장을 펼칩니다. 이때 펼친 거짓 주장 카드에 대응하는 사실 카드를 펼치면 카드를 펼친 학생이 카드 두 장을 모두 가져가고, 그렇지 못한 경우에는 다시 카드를 뒤집어 둡니다.
⑤ 카드를 펼칠 때마다 카드의 위치를 기억해 두며, 서로 대응하는 카드를 많이 획득한 학생이 승리합니다.(이슈별로 점수를 매겨 카드의 매수가 아닌 획득한 점수가 많은 경우를 승리 조건으로 게임을 진행할 수도 있습니다.)
⑥ 학생들이 내용을 어려워한다면 교사가 따로 준비한 카드를 임의로 선정해 내용을 그대로 읽어 줍니다. 교사가 내용을 읽는 중에 해당 카드를 먼저 정확하게 짚는 학생이 카드를 가져가는 식으로 진행해도 됩니다.

민주시민으로 자라는 민주주의 프로젝트

초등학교에서 민주주의 수업은 6학년 1학기 1단원 '우리나라 정치 발전'에 집중되어 있습니다. 이 단원에서는 한국의 정치 역사 부분을 짚음과 동시에 생활 속 민주주의와 현재 민주주의를 뒷받침하는 체제에 대해 배웁니다. 6학년 1학기 1단원에 대한 수업과 함께, 앞서 현대사 장면 부분에서 이야기했던 오해와 가짜 뉴스들에 대한 수업을 한데 묶어 프로젝트 수업으로 진행할 수 있습니다.

프로젝트 명		민주시민으로 자라는 민주주의 프로젝트	
목적		우리나라 민주주의의 발전 과정을 알고, 오늘날의 민주주의자로서 학생들의 역량을 기른다.	
대상 학년	6학년	관련 교과	6학년 1학기 사회 1단원 '우리나라 정치 발전'
			6학년 1학기 국어 3단원 '짜임새 있게 구성해요'
프로젝트 흐름	Part 1	민주주의에게 묻다 : 우리나라 민주주의 발전에 대해 이해하기	
	Part 2	민주적으로 삶의 문제를 해결하다 : 민주주의자로서의 역량을 경험적으로 이해하기	
	Part 3	역사를 직면하다 : 오해와 가짜 뉴스가 뒤엉킨 과거를 바로 이해하기	

6학년 1학기 사회 1단원 수업을 프로젝트로 진행한 사례를 소개해 보겠습니다. 프로젝트의 흐름에 따라 수업을 진행해도 좋고, 각 파트별로 따로 진행하며 실천해 봐도 좋습니다.

Part 1 : 민주주의에게 묻다

이 파트에서는 민주주의 발전 과정을 이해합니다. 우리나라 민주주의 발전 과정은 매우 복잡하기 때문에, 학생들이 궁금해하는 것 등에 대한 질문을 먼저 받아 보고 그에 맞춰 수업하는 것도 좋습니다.

1. 학습목표 설정

본질적으로 프로젝트는 학생들의 삶에서 혹은, 학생들의 질문에서 문제를 도출하여, 교사와 학생이 협력적으로 프로젝트의 목표를 합의해야 합니다.

1) '너도나도' 활동

'너도나도' 활동은 단원 도입 때 유용합니다. 학생들이 단원을 전체적으로 훑어볼 수 있는 기회가 되지요. 프로젝트를 시작하기 전 학생들에게 궁금한 점을 물어보면, 알고 있는 것이 많지 않기 때문에 오히려 궁금한 것이 없을 수도 있습니다. 이럴 때 '너도나도' 활동은 학생들의 호기심을 자극할 수 있습니다.

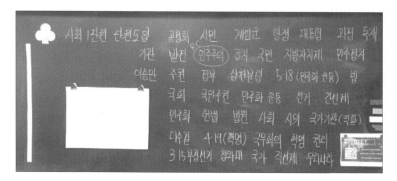

① 학생들이 교과서의 한 단원 전체를 훑어봅니다.(예: 6학년 1학기 1단원 우리나라 정치 발전)
② 교과서를 훑어본 후 잘 모르거나 핵심적이라고 생각하는 단어를 공책에 15개 정도 적습니다.

③ 한 명씩 자신이 찾은 단어를 말합니다.
④ 나머지 학생들은 친구가 말한 단어와 같은 단어가 공책에 적혀 있으면 지웁니다.
⑤ 15개를 먼저 지운 학생이 이 활동의 승자가 됩니다.
⑥ 선생님은 학생들이 말하는 단어를 모두 칠판에 쓰고 어느 단어가 가장 핵심적일지 이야기 나눕니다.

2) 역대 대통령 연표 만들기

① 역대 대통령 재임 기간 자료를 먼저 살펴봅니다.

대통령	재임기간	대	색깔	재임 직전 법적 재임 기간
이승만	1948~1960(12년)	1.(간접)2.3대 (직접)	하늘	4년 (2회 가능)
윤보선	1960~1962(2년)	4대 (간접)	노랑	
박정희	1963~1979(16년)	5,6,7,8,9대 (직접-간접)	연두	
최규하	1979~1980(1년)	10대 (간접)	파랑	
전두한	1980~1988(8년)	11,12대 (간접)	연두	7년 (1회 가능)
노태우	1988~1993(5년)	13대 (직접)	갈색	5년 (1회 가능)
김영삼	1993~1998(5년)	14대 (직접)	분홍	
김대중	1998~2003(5년)	15대 (직접)	보라	
노무현	2003~2008(5년)	16대 (직접)	노랑	
이명박	2008~2013(5년)	17대 (직접)	연두	
박근혜	2013~ 2017.3(4.3년)	18대 (직접)	하늘	

민주화 운동명	시기
4.19 혁명	1960
부마항쟁	1979
5.18광주민주화 운동	1980
6월 민주항쟁	1987
촛불혁명	2016~2017

역대대통령과 민주화 연대표 제작방법
1. 아래 표에 1948년부터 2018년 까지 연도가 있습니다. 2. 각 칸은 아래 위 두 개로 나뉘어져 위에는 연도가 아래에는 빈칸입니다. 3. 위 쪽 연도는 해당 대통령의 색을 칠한 뒤 대통령이름을 씁니다. 4. 대통령 끼리 재임기간이 겹치는 경우는 해당 연도를 반반씩 나누면 됩니다.

② 역대 대통령 재임 기간 자료를 보고, 대한민국 역대 대통령 연대표에 각 대통
령에 지정한 색깔로 색칠합니다.

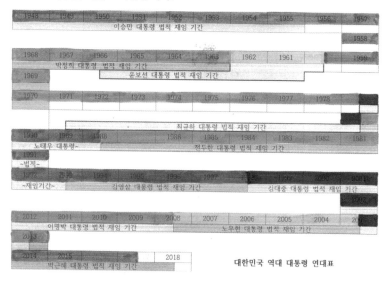

대한민국 역대 대통령 연대표

③ 새롭게 알게 된 점을 이야기 나눕니다.

> · 몇몇 대통령은 처음 대통령이 되었을 때 법적 재임 기간보다 오래 대통령을 했다.
> · 몇몇 대통령은 처음 대통령이 되었을 때 법적 재임 기간보다 짧게 대통령을 했다.
> · 2021년 현재 대통령이 19대인데 현 대통령을 포함해도 전직 대통령은 12명이다.
> · 노태우 대통령 이후에는 처음 대통령이 되었을 때 법적 재임 기간과 실제 재임 기
> 간이 일치한다.

3) 민주주의에게 보내는 질문 만들기

'너도나도' 활동 결과와 역대 대통령 연표 만들기 활동 결과로 생긴 호기심이나
알게 된 점을 토대로 질문을 만듭니다. 처음부터 질문을 만들기란 쉽지 않습니다.
이때 Why, How, What 기법에 Now와 Free를 덧붙여 쓰면 효과적입니다. Why,
How, What 기법은 학생들에게 각각에 맞는 질문 양식을 제공하여 질문을 만들

도록 하는 방법입니다.

- Why는 '~은 왜 그랬을까?'
- How는 '~은 어떻게 된 걸까?'
- What은 '~은 무엇일까'
- Now는 '오늘날에는 어떨까?'
- Free는 Why, How, What, Now에 속하지 않는 질문들입니다.

- 이승만, 박정희가 대통령을 오래한 이유는 무엇일까? (Why)
- 이승만, 박정희가 어떻게 대통령을 오래 할 수 있었을까? (How)
- 대통령을 오래 했을 때 사람들은 어떻게 했을까? (How)
- 민주주의, 민주화운동의 의미는 무엇일까? (What)
- 국민주권, 삼권분립의 의미는 무엇일까? (What)
- 지금 대통령을 법적 재임 기간만큼만 하는 까닭은 무엇일까? (Now, Why)

3) 학습목표 만들기

민주주의에게 보내는 질문을 종합해 보면 '민주주의에게 묻다' 부분의 학습목표가 도출됩니다.

첫 번째 : 이전 대통령들은 어떻게 대통령을 오래 할 수 있었을까?

두 번째 : 대통령을 오래 할 때 사람들은 어떻게 반응했을까?

세 번째 : 최근 대통령들이 법적 재임 기간만큼만 하는 까닭은 무엇일까?

네 번째 : 민주주의, 민주화운동, 국민주권, 삼권분립의 의미는 무엇일까?

2. 수업하기

'민주주의에게 묻다' 수업은 앞서 도출한 네 가지의 학습목표에 도달하기 위해 노력하는 과정입니다. 학습목표별로 하나씩 살펴보겠습니다. (단, 네 번째 학습목표는 첫 번째 학습목표와 세 번째 학습목표에 도달하면서 의미를 찾아보도록 했습니다.)

1) 이전 대통령들은 어떻게 대통령을 오래 할 수 있었을까?

몇몇 대통령들이 어떻게 대통령직을 오래 할 수 있었는지 가설을 설정하고 교과서, 참고도서, 인터넷 검색 등을 통해 가설에 대한 입증 증거를 찾습니다.

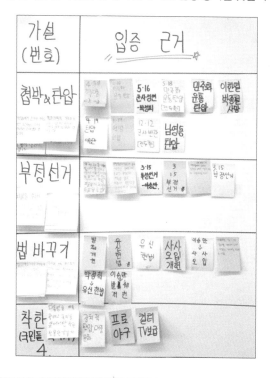

몇몇 사람들이 권력을 오랫동안 가지기 위해 국민들을 탄압하고 법을 바꾸는 행동을 했고 이것을 '독재'라고 합니다.

2) 대통령을 오래 할 때 사람들은 어떻게 반응했을까?

① 역대 대통령 연표 만들기 활동 결과물을 준비합니다.

② 민주화운동 OHP 활동지에 시대별 민주화운동을 적습니다.

③ 한국의 역대 대통령 연대표에 OHP 활동지를 겹쳐 보고, 이를 통해 알게 된 점을 찾아봅니다.

대한민국 민주화 운동 연대표

대한민국 역대 대통령 연대표

몇몇 대통령들이 독재를 하자 사람들은 반대 운동을 하고 시위를 했는데, 이것을 '민주화운동'이라고 합니다.

3) 최근 대통령들이 재임 기간을 지키는 까닭은 무엇인가?

① 입법부, 사법부, 행정부를 키워드로 각각의 역할을 조사하게 합니다.

② 입법부, 사법부, 행정부 조사 보고서를 바탕으로 각각의 관계를 알아보도록 합니다.

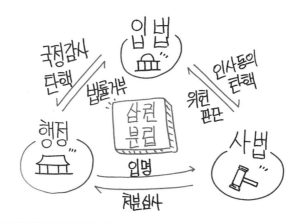

> · 입법부, 사법부, 행정부는 각자가 서로를 견제하는 역할을 합니다.
> · 만약 과거처럼 행정부(대통령)가 독재를 하려 한다면 입법부, 사법부가 이를 견제 할 것입니다. -> 이를 '삼권분립'이라고 합니다.
> · 삼권분립은 민주주의를 유지하며 권력이 대통령이 아닌 국민들에게 있도록 하 기 위함입니다. -> 이를 '주권재민'이라고 합니다.

3. 정리하기

'민주주의에게 묻다'는 학생들의 질문으로 수업이 진행되므로, 연대기적 사고에 어려움이 있습니다. 민주화 과정은 우리나라 역사의 한 부분이므로, 연대기적 사고를 무시할 수는 없습니다. 따라서 '민주주의에게 묻다.' 마지막 활동으로, 민주화운동을 조사하고 이를 역사적 순서에 맞게 정리해 보는 것이 좋습니다. 단, 연대기적 사고를 말 그대로 연대에 따라 역사적 사건을 나열하는 것으로 생각하는 경우가 많지만, 역사는 단순히 시간의 순서대로 이루어지는 것이 아니라 사건과 사건들의 인과관계로 연결되는 것입니다. 따라서 이때의 연대기적 사고는 민주화운동과 관련된 사건들의 연도보다도 인과관계에 집중해야 합니다. 민주화운동의 인과관계를 토대로 한 연대기적 사고력을 기르는 수업으로 진행합니다.

1) 민주화운동과 관련된 사건 조사하기

① 민주화운동과 관련된 사건들의 순서를 섞어 제시합니다.

② 민주화운동 관련 사건을 모둠별로 나눠 조사하도록 합니다. (예: 1모둠-5·16군사정변, 부마항쟁, 2모둠-4·19혁명, 5·16군사정변 등) 인터넷, 교과서, 참고문헌 등을 활용하도록 하고, 민주화운동의 연도는 신경 쓰지 않도록 합니다.

③ 조사한 내용을 원인과 결과로 나누어 보고서로 작성합니다. 이때 중요한 점은 절대 연도를 쓰지 않는 것입니다.

2) 조사 보고서 공유하기

하나 남고 모두 나가기 기법을 통해 조사 보고서 내용을 공유합니다.

① 조사한 내용을 설명할 학생 한 명을 남깁니다.

② 다른 모둠 조사 내용을 들을 학생들을 다른 모둠으로 보냅니다.

③ 남은 학생은 자기 모둠이 조사한 내용을 가르칩니다.
④ 보낸 학생은 다른 모둠이 조사한 내용을 배워 옵니다.
⑤ 원래 모둠으로 돌아와 배운 내용들을 서로 공유합니다.

3) 민주주의 발전 과정 정리하기

연도는 모르는 상태에서, 사건의 인과관계만으로 사건의 순서를 정리합니다.

① 각 모둠에서 한 명씩 대표가 나옵니다.
② 모둠 대표는 자신들이 맡은 민주화운동 사건 포스트잇을 들고 순서를 섞어 서 있습니다.
③ 모둠 대표 외 학생들은 민주화운동 사건의 인과관계만으로 모둠 대표들의 위치를 옮깁니다.

Part 2 : 민주주의로 삶의 문제를 해결하다

'Part 1 : 민주주의에게 묻다'에서는 주로 한국 민주주의의 발전을 다룹니다. 이를 통해 우리나라의 민주주의가 얼마나 발전했는지 이해할 수 있지요. 그러나 이것은 현재를 이룬 역사였고, 이제 우리는 현재의 민주주의를 더욱 성숙시켜야 하는 미래의 숙제를 안고 있습니다. 이를 위해 우리가 해야 할 과제는 무엇이 있을지 생각해 봅니다.

김누리 교수는 그의 저서 『우리의 불행은 당연하지 않습니다』에서 한국 민주주의가 처한 과제를 선명하게 제시하고 있습니다. 그는 한국의 민주주의 발전에 찬사를 보내면서도 한국 민주주의가 매번 후퇴를 거듭한 이유를 일상의 민주주의가 정치 민주주의만큼 발전하지 못해서라고 꼬집습니다. 독재의 근간은 권위주의입니다. 권위가 다 나쁜 것은 아니지만 권위만 앞세우는 집단에서는 민주적 선택이 발을 들이기 어렵습니다. 민주주의 발전은 민주적 선택이 쌓여 일상화될 때 가능할 것입니다. 우리의 일상에 권위가 앞선다면 그만큼 민주주의는 언제든 후퇴할 수 있지요.

'Part 2 : 민주적으로 삶의 문제를 해결하다'에서는 학생들과 우리 생활 속에서 민주적이지 못한 생활 모습들을 되돌아보고 그중 하나를 민주적으로 해결해 보며, 학생들이 일상에서의 민주시민으로 성장하는 토대를 마련하는 데 목적을 둡니다.

1. 우리 생활 속에서 권위주의 찾기

학생들과 우리 일상에서의 권위주의를 찾아봅니다. 습관화된 일부 권위주의적인 일상 때문에 문제의식을 느끼지 못하는 경우가 있으므로, 장소나 상황에 대한 힌트를 더해 줍니다.

권위주의적 상황 힌트 질문	학생들이 찾은 권위주의
· 학교 선생님과 하는 활동에 있어 학생들이 선택할 수 없는 게 있나요? · 공부를 잘한다는 이유로 친구들의 의견을 그대로 받아들이지는 않나요? · 우리 학교에서 무언가 개선할 것이 있는데 자신의 목소리를 내지 않을 때가 있나요?	· 우리의 흥미를 찾는다고 하면서 선생님들이 동아리를 다 정해 준다. · 공부와 관련 없는 이야기에서도 공부 잘하는 친구가 말하면 다 맞는 것 같다. · 학교의 Wi-fi를 학생들에게도 공유해 주었으면 한다.

2. 학생들이 찾은 권위주위에서 수업 소재 가져오기

예) 학년 동아리 민주적으로 정하기

학생들이 찾은 권위주의에서 수업의 소재를 가져옵니다. '동아리는 우리의 흥미를 찾는 수업이라면서 실제로는 선생님들이 다 정한다.'는 학생들의 의견을 가지고 와서 '학년 동아리를 민주적 절차에 따라 정하기'로 하고, 아래와 같이 학년 동아리 선정 공고를 냅니다.

학년 동아리 선정하기 공고 내용
조건1 : 3개의 동아리가 필요 조건2 : 민주적인 의사결정을 통해 동아리 선정 조건3 : 학생들이 동아리를 구성하고 동아리 선정 조건4 : 학생들이 구성한 동아리 내용대로 동아리 활동 실천

1) 학급별 필요한 동아리 브레인스토밍하기

① 학급 내에서 학생들이 스스로 하고 싶은 동아리를 포스트잇에 적어 붙입니다. (단, 수업 활동에서 진행되는 동아리이므로, 학습에 도움이 되고 소질을 개발할 수 있는 동아리로 한정하자고 정하는 등 이 단계에서는 교사와 학생 간 동아리 선정에 대한 기준을 협의할 필요가 있습니다.)

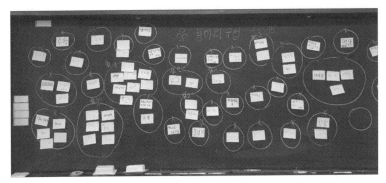

② 학생들이 선호하는 동아리로 만화동아리, 축구동아리, 농구동아리, 직업체험 동아리, 요리 동아리, 피구 동아리 총 6개의 동아리로 정리되었습니다.

2) 학급별 민주적 의사결정 방법 조사하기

① 교과서를 활용하여 민주적 의사결정 방법에는 어떤 것이 있는지 찾아봅니다.

② 교과서에는 민주적 의사결정 방법과 의사결정 시의 가치가 혼재되어 있으므로 이를 구분합니다.

③ 학생들은 '토론과 토의 -> 선거와 투표'를 민주적 의사결정 방법으로 조사했습니다.

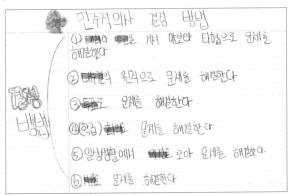

④ '다수결 원칙', '소수의견 존중', '배려', '양보' 등은 민주적 의사결정의 가치로 분류했습니다.

3) 학급별 동아리 토의하기

① 학급 내에서 선호하는 동아리별로 팀을 구성하여 동아리 활동 계획서와 발표 자료를 제작합니다.

② 동아리 활동 계획을 발표하고 그 체계성과 현실 가능성을 검증하기 위한 토의 활동을 진행합니다.

③ 토의 결과 지적 사항이 나온 학급 내 선호 동아리는 동아리 활동 계획서를 수정합니다.

4) 학급별 후보 동아리 계획서 작성

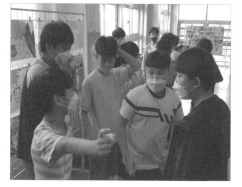

① 학급별로 체계성과 현실 가능성을 검증받은 동아리를 '학급별 후보 동아리'라고 합니다.

② 학급별 후보 동아리는 구체적인 계획서를 수정하여 학년 게시판에 게시합니다.

③ 6개의 동아리가 제시되었는데, 학년이 총 세 학급으로 구성되어 있기 때문에 모두 모아 보니 19개의 동아리가 후보로 제안되었습니다.

5) 동아리 통합을 위해 토의하기

① 필요한 동아리는 세 개였기 때문에 투표가 필요함을 학생들에게 공지합니다. 학생들은 서로 비슷한 동아리는 투표에서 표가 분산될 수 있음을 인지합니다.

② 비슷한 동아리들끼리 서로 통합하는 과정에서 토의 활동을 시작합니다.

> ## ★ 학년별 동아리 토의 내용들 ★
>
> 협의 내용들을 보면 비슷한 동아리라도 꼭 하고 싶은 활동들이 상충되어 절충 방안을 논의하는 동아리들도 있었고, 동아리 운영 방식이 상이하여 이를 맞추기 위한 협의도 있었습니다. 또 팀장이라는 권력을 차지하기 위한 협의들도 눈에 띄었습니다.
>
> · **미술부** : 미술부는 만화부 지지자들을 설득하여 미술부 활동 내용에 만화 그리기를 포함시키는 조건으로 통합했습니다.
> · **요리부** : 간식 스타일의 요리부와 식사 스타일의 요리부가 동아리 운영을 두고 갈등하다가 통합에 실패하고 간식 스타일 요리부가 해체되었습니다.
> · **피구부** : 운동 관련 부서는 농구부, 발야구부, 축구부, 배구부, 피구부 두 팀이 있었습니다. 당시 학교 사정으로 인해 운동장 사용이 어렵다는 이유로 발야구부와 축구부는 자연스레 피구부로 통합되었습니다. 농구부와 배구부 역시 운동 부서가 많으면 표가 분산된다는 이유로 피구부로 흡수되었습니다. 단 두 피구부가 갈등을 겪었는데 한 피구부는 피구에 대한 교육을 중심으로 한 피구부였고 다른 피구부는 활동 중심의 피구부였습니다. 둘의 간극이 커서 결국 피구부A, 피구부B로 나뉘게 되었습니다.

6) 학년별 동아리 투표하기

① 각 학급별로 선거관리인단을 구성합니다.
② 투표와 선거의 4대 원칙을 학생들과 조사합니다.
③ 투표의 원칙을 지켜 가며 선거관리인단의 관리를 받아 투표를 시작합니다.

7) 동아리 계획에 따라 활동하기

① 동아리 활동이 시작되면 학생들이 미리 짠 동아리 계획에 따라 책임감 있게 활동합니다.

② 학생들의 계획에 비현실적인 부분이 있으면 동아리 담당 교사가 학생들과 합의하여 수정합니다.

이러한 활동들은 학생들이 민주시민으로서의 경험적 이해를 할 수 있는 기회를 제공합니다. 일상에서의 민주주의자는 단시간에 만들어지지 않습니다. 민주적으로 의사결정을 내리는 일들을 지속적으로 반복할 때, 민주적 선택에 대한 익숙함과 권위주의를 앞세우는 당연했던 생활에 대한 낯설음을 느낄 수 있습니다. 학교에서는 선생님의 선택이, 공부 잘하는 학생들에 대한 신뢰가, 학교 결정에 대한 순응 등을 통해 권위에 대한 익숙함을 가르치기보다, 그 익숙함을 낯설게 보도록 해야 합니다. 그럴 때, 학생들은 민주시민으로서 더욱 성장할 수 있을 것입니다.

Part 3 : 역사를 직면하다

민주적 의사결정을 통해 삶의 문제를 해결하려는 습관을 기르는 것도 중요하지만, 과거와 역사를 바로 아는 것 또한 민주시민으로서 노력해야 할 일입니다. 과거를 바로 아는 것이 미래의 민주시민으로 성장하는 것에 어떠한 의미가 있고, 어떻게 영향을 끼치는지 잘 와닿지 않을지도 모르겠습니다. 그러나 우리 역사는 수많은 오해와 가짜 뉴스들로 왜곡되어 왔습니다. 그렇기에 과거를 바로 아는 역량과 바로 알려는 노력이 없다면, 민주시민으로서의 성장과 밝은 미래를 약속하기는 어려울 것입니다. 따라서 과거를 바로 아는 수업은 매우 중요합니다.

1. 가짜 뉴스의 문제점 알기

가짜 뉴스의 문제가 무엇인지, 학생들이 바로 이해하기는 쉽지 않습니다. 박정섭 작가의 그림책 『감기 걸린 물고기』를 활용하여, 학생들과 좀 더 쉽게 가짜 뉴스의 문제점에 대해 이야기 나눠 볼 수 있습니다.

① 학생들과 함께 그림책을 읽습니다.
② 작은 물고기를 잡아먹기 위한 아귀의 꾀는 무엇인지 이야기 나눕니다.
③ 작은 물고기들이 아귀의 이야기를 듣고 어떻게 행동했는지 이야기 나눕니다.
④ 가짜 뉴스가 사람들에게 어떤 피해를 주는지 이야기 나눕니다.

학생들과의 이야기 결과
· 가짜 뉴스는 진실을 잘못 알리는 문제점이 있습니다.   · 가짜 뉴스는 사람들끼리 서로 다투게 만드는 문제점이 있습니다.   · 가짜 뉴스에 속은 사람들은 여러 가지 피해를 입을 것입니다.   · 아귀처럼 가짜 뉴스를 만드는 사람은 그에 맞는 이익을 얻으려 할 것입니다.

2. '해방 후 3년' 알기

해방 후 3년은 사실, 학생들에게 큰 관심을 끌지 못합니다. 해방과 6·25전쟁이란 굵직한 사건 사이에 있다 보니 상대적으로 소외받는 시기이기도 합니다. 그러나 해방 후 3년은 6·25전쟁의 원인이자 아직까지도 해결되지 못한 남북 분단의 근본적인 원인이기에, 현대사에서 정말 중요한 시기입니다. 당연히 바로 알고 기억하며 제대로 알아야 할 우리 역사지요.
해방 후 3년의 기간은 갈등과 분단으로 귀결되는 시기인데, 그만큼 수업도 그 과정에 초점을 둡니다. 많은 사람들이 남북 분단의 원인을 미국과 소련의 외세 개입으로 보고 있습니다. 그러나 우리 내부에서 단결되지 못했다는 점도 간과해서는 안 됩니다. 분단의 원인을 알아보고 통일을 대비하는 수업을 준비합니다.

1) 해방 후 3년 연대기 알아보기

① 해방 후 3년 사건들을 살펴봅니다.
② 사건들의 순서가 섞여 있어 이를 인과관계에 따라 순서를 재배열합니다.

8.15광복~신탁통치 결정 이후 사건의 전개		
	사건 내용	순서 찾기
8.15광복~ 신탁통치 결정 이후 사건 전개	여운형, 김규식의 좌우합작운동이 실패하고 민족지도자들이 좌익과 우익으로 서로 갈등하는 중에 미국과 소련은 우리나라에 정부를 세우기 위한 회의인 미소공동위원회를 열었다. →4	4
	북쪽은 남쪽의 대한민국 정부를 비판하고 김일성을 주석으로 한 조선민주주의 인민공화국을 수립했다. 이로 인해 38도선을 기준으로 남과 북에 정부가 들어서 분단되게 되었다. →10	10
	소련과 미국은 모스크바 회의를 통해 신탁통치를 결정했다. 신탁통치는 한반도에 정부를 세우도록 소련과 미국이 돕는다는 내용이었다.	1
	남과 북이 분단될 수 있는 상황이 되자 김구와 김규식은 이승만의 생각에 반대하고 북쪽의 김일성을 만나 한반도 전체가 선거하여 한반도에 통일정부를 세우자 한다고 설득했다. 이를 남북협상이라 한다. →8	8
	미소공동위원회가 실패로 돌아가자 UN이 나섰다. 그러나 소련은 UN의 정책에 반대했다. 정부를 세우기 위해 국회의원 선거를 하면 인구수가 많은 남쪽이 유리하고 그럼 미국과 친밀한 정부가 들어선다는 이유였다. →6	6
	신탁통치가 우리나라에 전해지며, 정부를 세운다는 점에서 박헌영, 김일성 등 좌익은 찬성했고, 정부를 세우는 동안 미국과 소련의 지배를 받을 수도 있다는 점 때문에 김구, 이승만 등 우익은 반대했다. 민족지도자들은 단합하지 못하고 갈등했다. →민족지도자 대립 →2	2
	미소공동위원회가 열리자 소련은 "남쪽 사람들(우익)들이 신탁통치를 반대한다"며 우익을 빼고 정부를 수립해야 한다고 했다. 소련과 미국 둘 다 자신들과 친밀한 정부를 한반도에 세우고 싶은 욕심 때문이다. 이 때문에 미소공동위원회는 실패로 끝났다. →5	5
	신탁통치에 대해 좌익-찬성, 우익-반대가 계속되면서 좌익과 우익의 관계도 매우 나빠졌다. 여운형과 김규식 등은 좌익과 우익이 서로 갈등하지 않도록 노력(좌우합작운동)했으나 실패했다. →3	3
	소련이 선거를 거부하자 이승만은 "남쪽이라도 선거를 해야 한다"고 말했다. 그러나 이렇게 되면 북쪽도 나름의 선거를 할 것이고 두 개의 정부가 세워져 분단될 수도 있었다. →미국지지자 분단가능 →7	7
	김구와 김규식의 남북협상은 이승만과 김일성의 거부로 실패하고 남쪽은 5·10총선거를 통해 남쪽만의 국회의원을 만들고 그 국회의원들이 이승만을 대통령으로 한 대한민국 정부를 수립했다. 이승만은 대한민국 정부가 대한민국 임시정부를 계승함을 분명히 했다. →9	9

③ 사건들을 파악하고 분단의 원인을 찾아봅니다.

2) 민족 지도자들의 말과 행동 분석하기

① 민족 지도자들의 말과 행동을 읽어 봅니다.

② 민족 지도자들을 그들의 말과 행동에 따라 좌익과 우익으로 나누어 봅니다.

③ 민족 지도자들을 그들의 말과 행동에 따라 통일 지향과 분단 허용으로 나눕니다.

④ 민족 지도자들을 좌익과 우익, 통일 지향과 분단 허용으로 나눈 것에 따라 학습지에 기입합니다.

⑤ OHP 종이를 대고 그 결과를 분석합니다.

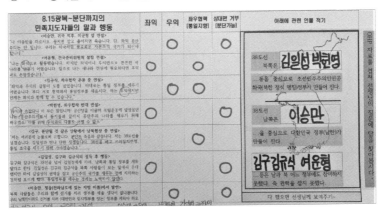

3) 한반도 분단의 원인 파악하기

'해방 후 3년 연대기 알아보기'와 '민족 지도자들의 말과 행동 분석하기'를 통해 한반도 분단의 원인을 파악합니다.

학생들의 자료 분석 결과
· 한반도 분단에는 달랐던 이념을 인정하지 않는 것에서 시작한 갈등이 원인이었습니다. · 분단을 허용하는 민족지도자들의 인식이 분단의 원인이 되었습니다. · 한반도에 개입한 미국, 소련 등 외세의 영향도 있었습니다.

3. '제주4·3' 알기

제주4·3은 '오해' 자체가 낯설 정도로, 학생들에게는 알려지지 않았습니다. 따라서 학생들이 제주4·3에 대해 아는 것부터가 필요합니다. 제주4·3은 무엇이며, 왜 제주4·3에 대해 알려지지 않았는지를 중심으로 수업을 진행합니다.

① 「무명천 할머니」와 「지슬」을 학생들과 함께 읽습니다.
② 제주4·3에 대해 알게 된 점과 궁금한 점을 이야기 나눠 봅니다.

제주4·3에 대해 알게 된 점	제주4·3에 대해 궁금한 점
· 수많은 사람들이 피해를 받았고 지금도 그 후유증으로 고통받고 있다. · 대한민국 정부수립 전후에 있었던 일로 일부 공산주의자들이 있었다는 이유로 무고한 시민들이 희생되었다.	· 어떻게 지금껏 제주4·3에 대해 잘 알지 못했는지 궁금하다. · 제주4·3이 정확히 왜 일어났는지 어떤 과정을 거쳤는지 알고 싶다.

③ 제주4·3 알기 학습지를 통해 제주4·3의 원인과 과정을 파악합니다.

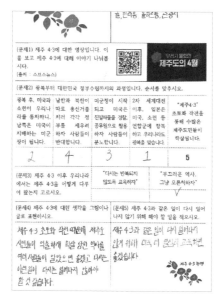

④ 제주4·3이 알려지지 못한 이유를 찾아보고, 앞으로 제주4·3을 어떤 태도로
   대할지 이야기를 나눕니다.

제주4·3에 대한 학생들의 생각
· 제주4·3에 일부 공산주의자들이 참여되어 있어 지금껏 잘 알려지지 않은 것 같습니다. · 이념과 생각이 다르다고 해서 생명이 존중되지 않아도 되는 것은 아닙니다. · 무고한 시민들이 희생된 만큼 진실을 명확히 밝혀야 합니다. · 제주4·3에 대해 바로 이해하고 알려야 합니다.

4. 다시 쓰는 한일 협정

한일 협정은 한국과 일본이 광복 후 동등한 입장에서 맺은 첫 협정으로, 두 나라의
관계를 규정하는, 굉장히 중요한 협정입니다. 그러나 그 내용이 애매하여 지금껏
양국의 자의적인 해석으로 논란을 가중시켜 왔지요. 이에 대한 내용을 이해하고
제대로 된 한일 협정은 어떻게 쓰여져야 할지에 대해 이야기해 봅니다.

① 뉴스 읽기 활동을 통해 일제강점기에 대한 일본의 인식에 대해 이야기 나눕니다.

② 학생들에게 한일 협정에 대해 알려 주고 가장 쟁점이 된 부분에 대한 한국과
   일본 양국의 해석을 들려줍니다.

쟁점이 되는 한일 협정 제2조	
"1910년 8월 22일 및 그 이전에 대한제국과 일본제국 간에 체결된 모든 조약 및 협정이 이미 무효임(already null and void)을 확인한다."	
한국 측 입장	**일본 측 입장**
대한제국 시절 일본과 맺었던 조약들은 모두 무효다. ⇨ 일제강점기 일본은 불법적인 강탈을 한 것이므로 사과와 함께 배상을 해야 한다.	대한제국 시절 일본과 맺었던 조약들은 당시엔 무효가 아니나 한일 협정 때부터 무효다. ⇨ 일제강점기 자체는 당시 합법이므로 사과와 배상을 할 필요가 없다.

③ 한일 협정을 제대로 만든다면 어떻게 문구를 적어야 할지 이야기 나눕니다.

다시 쓰는 한일협정
1910년 8월 22일 및 그 이전에
대한제국과 일본제국 간에 체결된
모든 조약 및 협정은 당시부터 지금까지
강압에 의한 불법임을 확인한다.
밑돼 보관

학생들과 함께 쓴 한일 협정 제2조

· 1910년 8월 22일 및 그 이전에 대한제국과 일본제국 간 체결된 모든 조약 및 협정은
애초에 무효이므로 일본은 한국에게 충분한 사과와 배상을 제공한다.

---

5. 5·18 그날의 진실

5·18민주화운동은 어떤 사건보다 가짜 뉴스가 많은 주제인 만큼 제대로 된 수업이 꼭 필요하면서도, 더욱 신중하게 접근해야 합니다. 학생들과 가짜 뉴스 카드와 근거 카드 맞추기 활동을 진행할 수 있습니다. 이 수업은 6학년 1학기 4단원 '주장과 근거를 판단해요' 부분을 활용해 수업할 수 있습니다.

1) 가짜 뉴스 살펴보기

5·18민주화운동과 관련된 뉴스 카드(노란색)와 근거 카드(흰색)를 살펴봅니다. 노란색 가짜 카드 뉴스 앞면은 가짜 뉴스 주장이, 뒷면은 그들의 근거가 담겨 있습니다.

2) 카드 활동으로 가짜 뉴스와 근거 팩트체크하기

가짜 뉴스 카드의 주장과 근거를 살펴보고 근거 카드도 읽어 봅니다. 가짜 뉴스 근거를 반박할 근거 카드를 찾고 가짜 뉴스 카드와 연결합니다.

주장에는 근거가 필요하고 그 근거는 객관적이고 타당한 근거여야 함을 학생들과 재확인합니다.

가짜 카드 뉴스 (노란색)	근거 카드 (흰색)
5·18은 북한군이 개입했던 사건이다.	KM 900 장갑차는 일반 차량을 개조한 것이기 때문에 누구든 몰 수 있다는 인터뷰 내용
	5·18민주화운동에 참여한 박남선 씨의 인터뷰 내용
	5·18민주화운동 때 북한군이 개입했다는 주장에 대해 처음 듣는다는 반응을 보인 전두환의 「신동아」 인터뷰 내용

5·18 유공자들은 과도한 혜택을 받고 있다.	2018년 공무원 합격자에 대한 국가 유공자 비율 그래프
	국가 유공자들 간 혜택 비교표
5·18 때 계엄군이 먼저 시위대에 발포했다.	12·12, 5·17, 5·18 사건 조사 결과 보고서 내 시위대와 계엄군 발포와 관련된 내용
	계엄사의 기록과 5.18 사망자 검시 결과 기록을 비교하는 내용
5·18 때 헬기 사격이 있었다.	최종호 하사의 헬기 관련 증언 내용
	조비오 신부의 헬기 사격에 대한 증언 내용
	전일빌딩 외부와 내부 총탄 흔적이 담긴 사진

　이러한 활동들을 통해 오해와 가짜 뉴스 혹은 진실 자체에 근접하기 어려운 현대사의 여러 단면들을 살펴보는 시간을 가질 수 있습니다. 역사에 대한 바른 이해와 그 역량은 미래 창조의 힘이기에 과거를 바로 아는 것이야말로 미래의 민주시민을 성장시키고 민주주의를 발전시키는 기초가 될 것입니다.

* '5·18 그날의 진실' 관련 수업 자료들을 내려받을 수 있어요.

나오며

하나의 사회현상이 된, 역사 부정

'역사 부정'이란 서양의 홀로코스트(제2차세계대전 중 나치의 유대인 대학살)를 부정하는 현상을 가리키는 말로 사용된 용어입니다. 영어로 denial 또는 negation을 번역한 말로, '부정' 또는 '부인'으로 해석할 수 있지요. 단어가 주는 뉘앙스가 다소 다른 면이 있지만 혼용하는 경우가 많습니다. 이러한 행위를 하는 이들 중에는 자신을 '역사 수정주의자'로 칭하는 이도 있습니다. 원래 수정주의적 역사 해석은 사실을 여러 각도에서 해석하여 사건의 속성을 다르게 파악하려는 노력으로써, 역사학의 본질이라고 할 수 있습니다. 하지만 스스로 역사 수정주의자라고 주장하는 이들의 경우, 역사의 다양한 시각과 해석을 강조하기보다는 자신들이 주장하는 바가 사실이라고 우깁니다.

요즘의 학생들은 더 이상 학교 수업이나 인터넷 강의, 책만으로 역사를 배우지 않습니다. 물론, 여전히 학교에서의 역사교육이 많은 비중을 차지하고 학생들에게 많은 영향을 끼치고 있지만, 이제는 학교 밖에서, 유튜브와 같은 경로로 역사 지식을 습득하게 되는 경우도 늘어나고 있습니다. 이때 만약 학교에서 공부하는 내용과 전혀 다른 논리와 자료를 접하거나, 가짜 뉴스에 호기심을 느끼고 교사에게 질문한다고 했을 때, 어떻게 대처할 수 있을까요?

전혀 예상하지 못하거나 준비되지 않은 상황이라면, 수업 시간에 소위 '망신을 당하는 일'이 생길지도 모르겠습니다. 특히 초등학교의 경우에는 역사 부정과 관련해 어떤 이슈가 있는지조차 모르는 경우가 많습니다. 초등 교사는 한 과목만 가르치는 것이 아닌 데다, 사회과 안에서도 역사 영역을 본격적으로 가르치는 것은 특정 학년의 일이기 때문입니다. 사회 교과는 교사가 가르치는 10개 정도의 과목 가운데 하나일 뿐이고, 역사 영역을 가르칠 확률은 생각보다 적습니다.

더구나 처음 역사를 배우는 초등학생들이 『반일 종족주의』와 같은 책을 읽고 수업 시간에 선생님에게 질문을 하거나 선생님의 수업을 멈추게 만드는 일은 상상하기 어려울 것입니다. 만약 『반일 종족주의』와 같은 책을 근거로 그런 질문이 나온다면, 대개 해당 서적을 읽은 부모의 영향일 것입니다.

하지만 유튜브의 경우엔 상황이 좀 다릅니다. 유튜브는 초등학생이 얼마든지 접촉할 수 있습니다. 가령 일본군 '위안부'에 대해 조사해 본다고 생각하면, 특히 초등학생들은 이해가 잘 안 되는 줄글로 된 백과 사전이나 관련 기사들을 검색하는 방법보다는 유튜브에서 영상을 검색해 시청하는 방법을 택할 것입니다. 그런데 유튜브는 시청자의 기호를 고려해 어떤 영상을 시청하면 관련 영상들이 꼬리에 꼬리를 물고 계속 제시됩니다. 그 과정 속에서 학생들은 선생님이 교실에서 '수업한 내용과 전혀 다른 이야기'를 접할 수도 있습니다. 성인들은 유튜브 공간을 공식적인 기억의 영역이 아닌 것으로 인지하지만, 아이들은 형식만 잘 갖추어져 있고 편집만 깔끔하게 되어 있으면 영상의 내용을 사실로 인지하기 쉽습니다.

만약 그런 내용들을 근거로 학생이 질문한다면, 당황하지 않을 교사는 많지 않을 것 같습니다. 저 역시 마찬가지였습니다. 『반일 종족주의』에서 제시된 주장들이나 유튜브에서 5.18민주화운동을 부정하는 내용을 처음 접했을 때의 당혹스러움은 이루 말하기 어려울 정도였습니다. 잘 알지 못하는 데이터를 근거로 하는 주장을 단박에 반박하기는 참 어렵기 때문입니다. 순간적인 당황스러움 때문에 혹시라도 교실 속에서 질문한 학생에 대해 교사의 '권위'로 누르는 방식의 대처를 하게 된다면, 교사와 학생의 관계는 틀어지기 십상입니다. 또한 그렇게 틀어진 관계는 쉽게 회복되지 않지요. 수업 시간에 진행하는 내용과 직간접적으로 관련 있는 내용이 아닐 것이므로, 과제를 부여하고 함께 고민하며 알아보는 시간적 여유를 갖는 게 좋을 것입니다. 또 그러한 내용을 바탕으로 새로운 수업을 열어 간다면 서로에게 더욱 의미도 있겠지요.

언제 어디서 어떤 질문을 받을지 모르지만, 교사로서 어떤 부분이 이슈인지 대략적으로는 인지하고 있어야 당황하여 감정에 휩쓸리지 않고 이성적으로 대처할 수 있습니다. 그러나 관련 서적들은 보통 연구자(대학교수)들이 집필한 전문 학술서이며, 그 종류도 무척 다양해 전체를 살펴보기엔 많은 시간과 노력이 필요합니다. 그래서 많은 연구자들이 연구한 방대한 내용을 바탕으로, 적어도 교사라면 꼭 관심을 가졌으면 하는 몇 가지 이슈들을 선택해 이 책을 집필했습니다. 나아가 학생들뿐 아니라 일반인들이 조금 더 읽기 편한 책이 하나 정도 있었으면 좋겠다고 생각했습니다.

이 책은 대학교수가 쓴 전문 학술서와는 다릅니다. 책 속의 주제들을 살펴보고 더 공부해 보고 싶은 마음이 든다면 참고문헌에 제시한 책이나 논문을 구해 살펴보시길 바랍니다. 또 역사 부정과 관련된 책을 처음 접하는 분이라면 홀로코스트가 없었다고 주장하는 데이비드 어빙과 이에 맞서는 데보라 립스타트의 실재 재판에 기초해 만든 영화「나는 부정한다Denial」(2016)를 시청한 후 이 책을 살펴보시기를 추천합니다.

굳이 토머스 제퍼슨과 같은 사람의 이야기를 빌리지 않더라도, 우리는 민주시민이 지니고 있어야 할 역량을 이미 인지하고 있습니다. 이는 다양한 의견을 중요하게 여기는 민주주의와 대중을 선동하기 위한 가짜 이야기를 구별할 수 있는 역량이지요. 요즘에는 스마트폰과 인터넷만 있으면 특정 사실을 검색할 수 있기에 역사 학습이 중요하지 않다고 하는 이들도 있습니다. 하지만 정말 그럴까요? 인터넷은 우리가 정말 많은 일을 할 수 있게 도와주는 편리한 도구지만, 우리에게 통찰력까지 만들어 주지는 않습니다. 이 책은 이슈가 되고 있는 모든 역사적 사실에 대해 다룬 것도 아니며, 그럴 수도 없었습니다. 다만, 여러분의 역사적 통찰력, 사실과 그렇지 않은 것을 구별할 수 있는 판단력을 기르는 데 마중물이 되길 소망합니다.

저자 신봉석

현대사 속 가짜 뉴스들

2018년인가부터 유튜브 등에서 5·18민주화운동에 대한 부정적 뉴스가 있다는 소식을 들었습니다. 비판을 수용하지 못하는 사회는 반민주적이라 생각했기에 처음엔 대수롭지 않게 생각했습니다. 그러나 각종 뉴스에서 부정적 뉴스들이 비판적 시각에서 비롯된 것이 아니라, 애초에 잘못된 근거를 토대로 한, 목적을 품은 소위 가짜 뉴스라는 보도들을 내놓기 시작했을 때 '이게 뭐지?' 하는 생각이 들었습니다. 그러면서도 가짜 뉴스를 직접 찾아보지는 않았습니다. 그저 '그래, 가짜 뉴스인가 보다. 저러다 말겠지.' 하고 대수롭지 않게 지나쳤지요.

학생들과 수업을 할 때의 일입니다. 스마트폰을 꺼내도 좋으니 인터넷을 활용해서 수업 주제에 대해 조사하고 보고서를 작성하자고 했습니다. 학생들은 정보를 수집하는 데 대부분 유튜브를 이용하고 있었습니다. 저는 적잖이 놀랐습니다. 그럴 만도 한 것이, 제가 교사가 되었을 때만 해도, 스마트폰으로 정보를 수집한다는 생각은 하지도 못했고, 최근 몇 년 전만 해도 스마트폰으로 정보 수집하는 것은 네이버나 다음 같은 포털 사이트를 활용하는 경우가 많았으니까요.

덕분에 수업 시간에 이뤄진 조사는 알차게 진행되었고 저는 학생들이 유튜브로 수집한 정보의 핵심적인 부분을 짚어 주며 보고서의 체계만 잡아 주었습니다. 유튜브의 덕을 톡톡히 보았지요. 유튜브에게 고맙기도 하고, 이제 교사와 책이 지배하던 수업 풍경보다는 '공유'라는 확장성을 가진 유튜브가 우리의 삶에 깊이 파고들고 있음을 깨달았습니다. 그런데 이때 문득, 이전에 흘려들었던 가짜 뉴스가 떠올랐습니다. 유튜브 영상으로 사람들에게 공유되는 가짜 뉴스들 말입니다. 갑자기 섬뜩했습니다. 우리 학생들도 언제든 유튜브로 가짜 뉴스들을 볼 수도, 공유할 수도 있을 테니까요. 어쩌면 이미 유튜브에서 생산되고 유통되는 가짜 뉴스에 현혹되었는지도 모를 일이었습니다.

불안한 마음이 든 어느 날, 학생들에게 유튜브나 다른 디지털 미디어를 통해 5·18민주화운동에 대해 부정적인 내용의 영상을 본 적이 있는지 물어봤습니다. 유튜브에서 나오는 가짜 뉴스가 스스로 가짜 뉴스라 할 리 없으니 '부정적인 영상'이란 말로 대체했지요.

학생들의 반 이상이 5·18민주화운동에 대한 부정적인 내용의 영상을 보거나 소문이라도 들어 봤다는 이야기를 했습니다. 물론 제가 '부정적인 뉴스'라고 했기에 학생들이 접했다는 뉴스가 5·18민주화운동에 대한 비판적인 시각의 영상일 수도 있어 조심스레 어떤 제목들이었는지 되물어 봤습니다. 아니나 다를까, '5·18은 북한군이 개입했다.', '5·18 유공자들은 과도하게 혜택을 받고 가짜가 많아 명단을 밝히지 못한다.'와 같은 제목이나 내용들이었습니다.

다행히도 대부분의 학생들은 이 뉴스들이 가짜 뉴스라는 점을 알고 있었습니다. 5·18민주화운동 때 집중적으로 흘러나오는 가짜 뉴스에 대한 뉴스 보도를 스쳐봤거나, 부모님이 이런 것들은 가짜 뉴스라고 이야기해 주어서 알았다는 것입니다. 천만다행이라는 생각과 교사가 제 역할을 못하는 것 같아 씁쓸하다는 생각이 교차할 때 한 학생의 질문이 저를 당황하게 만들었습니다.

"선생님, 그런데 이게 왜 다 가짜 뉴스예요?"

'뭐라고, 어떻게 이야기를 해야 하지?' 가짜 뉴스란 건 학생들도 알고, 저도 압니다. 그런데 '무슨 근거로, 왜 가짜 뉴스로 치부할 수 있느냐?', '가짜 뉴스라 단정 지을 근거가 뭐냐?'고 묻는 듯한 질문을 받고 나니 막상 말문이 턱 막혔습니다. '이건 가짜 뉴스야!'라고 자신 있게 말할 수는 있지만, 가짜 뉴스라고 판단할 근거나 가짜 뉴스의 주장을 반박할 논리를 바로 제시할 수 없었습니다. 그만한 지식이 없었으니 당연했지요. 가짜 뉴스를 대할 때에는 '무슨 이런 빈약한 근거로 이런 말들을 하는 거지?'라고 이야기했으면서도 막상 그걸 반박할 만한 근거 하나 대지 못했던 겁니다.

"그 영상의 이야기는 말도 안 돼."

제가 할 수 있는 말은 그게 다였습니다. 국어 시간에는 '주장하는 글을 쓸 때는 근거를 갖춰야 한다.'고 강조하며 가르쳤던 저의 체면이 말이 아니었습니다. 가짜 근거를 제시하며 5·18민주화운동을 폄훼하는 사람들과 뭐가 그리 다른 건가 하는 생각이 들 정도였지요.

그래서 현대사와 그에 대한 가짜 뉴스에 대해 공부하기 시작했습니다. 가짜 뉴스를 가짜 뉴스라고 말할 자격이 있으려면 그 근거라도 갖추고 있어야 하니까요. 가짜 뉴스를 반박할 근거와 논리를 찾는 데는 피로감이 느껴질 정도로 쉽지 않았습니다. 가짜 뉴스들은 목표가 되는 역사적 사건에서 지엽적인 부분을 집중하여 확대해석하는 경향이 많았습니다. 예를 들어 '5·18민주화운동 중 광주MBC가 불탔으니 5·18민주화운동 참가자들은 폭도다.'라는 식이지요. 그러다 보니 가짜 뉴스를 반박하는 근거와 논리의 지엽적인 부분까지 파악해야 했습니다. 사건에 대해 거시적으로만 이해했던 사람으로서 여간 힘든 일이 아니었습니다.

더구나 가짜 뉴스들은 진화와 진화를 거듭하여 그 근거들이 갈수록 교묘해졌기 때문에, 한 가지 가짜 뉴스도 수많은 자료를 뒤져야만 진실에 접근할 수 있었습니다. 역사적 사건을 파악하는 데 있어 데이터 분석은커녕 데이터를 모으는 데도 한참의 시간이 걸렸지요.

이 과정 속에서 저 스스로 '이건 가짜 뉴스야.'라고 확증하고 접근해 편향된 시각으로 보지 않는지 자기 검열도 필요했습니다. 대부분의 사람들은 스스로가 생각하는 대로 보이기 마련이니까요. 이런 마음들은 가짜 뉴스를 반박하는 데에도 걸림돌이 되었습니다. 역사적 사건들을 폄훼하는 데 동조하는 것은 아니지만, '이건 가짜 뉴스다.'라고 마음속으로 확증하고 나면 그들의 근거를 면밀히 살피기보다는 별것 아닌 듯 넘기게 되는 경우가 있었습니다. 이렇게 그냥 넘겨 버린 근거들은 새로운 가짜 뉴스가 만들어지는 소재가 될 수 있지요. 그래도 다행인 것은 저 말고도 많은 분들이 가짜 뉴스에 대한 반박 근거와 논리를 공부하고 있었습니다. 그분들의 도움을 받아 어느 정도 학생들에게 현대사와 그에 대한 가짜 뉴스에 대해 자신있게 이야기할 수 있게 되었을 때 이 책의 집필을 제안받았습니다.

정말 가치 있는 일이라 생각했습니다. 우리 삶의 기반이 되는 근대사와 현대사를 바로 세우는 일에 일조하는 것 같아 설레었습니다. 그러나 한편으로는 망설여지기도 했습니다. 솔직히, 가짜 뉴스에 대해 공부하기 시작한 것은 학생들에게 당당하게 '이건 가짜 뉴스야.'라고 이야기할 수 있어야겠다는 지극히 개인적인 이유에서였으니까요. 또, 내용적 문제를 떠나 평소 현대사의 여러 문제에 외적인 족적이 없는 내가 이런 책의 무게감을 이겨 낼 수 있을까 하는 걱정도 있었습니다.

그럼에도 불구하고 이 책을 집필하기로 한 이유는 집필을 꺼려 했던 것과 같은 생각에서였습니다. 제가 가짜 뉴스에 대해 공부했던 것은 교사로서의 소명을 다하기 위한 노력이었기에 그 동기가 당당했습니다. 이제 와서 근·현대사를 위해 노력하겠다는 것보다는, 전보다 더 노력하고 싶다는 생각이 들었습니다. 근·현대사에 대한 가짜 뉴스를 바로잡아 보려는 노력이 우리 역사의 흐름 속에서 희생된 분들과 지금껏 왜곡된 역사를 바로잡고자 노력한 분들에 대해 조금이나마 보답하는 길이 되리라고 생각했습니다.

이 책은 한국 근·현대사를 바로 보고 근·현대사 속 역사적 사건의 기억을 훼손하려는 가짜 뉴스들을 반박하기 위해 쓰여졌습니다.

현대사는 다른 역사 시기와 달리 상대적으로 기록이 많다는 수월성을 가지고 있지만 그만큼 역사적 사건에 대한 내용도 많고 확인해야 할 사건들도 매우 산발적이며 지엽적입니다. 따라서 현대사를 모두 다루기에는 한계가 있어 여러 역사적 사건들 중 집중해야 할 부분을 선정했습니다.

이 책을 통해 선생님들이나 학생, 학부모들이 '저 영상이 가짜 뉴스인 이유'를 알 것 같다고 느낀다면, 그리고 다른 사람들에게 '저 영상이 가짜 뉴스인 까닭'을 말할 수 있다면 더 없이 만족할 것입니다. 부디 이 책을 펼치는 분들이 저와 같은 마음이었으면 합니다.

저자 정한식

참고문헌

근대사

강성현, 탈진실의 시대, 역사부정을 묻는다, 푸른역사.

강응천, '위안부'로 보는 작은따옴표의 역사학, 『행복한교육』 2020년 8월호, 교육부.

강화정, 전국역사교사모임, 역사교사의 교실 속 역사부정 접근법, 『역사교육』 130호.

김선영, 강제 동원 역사 길잡이, 국립일제강제동원역사관.

김육훈, 전국역사교사모임, 12문 12답, 역사부정과 역사교사가 할 일, 『역사교육』 131호.

김정인, 33인 중 '친일 변절' 3명뿐, 민족대표를 둘러싼 오해들, 『한겨레』 2019. 9. 28.

김정인, 식민지 경제를 해석하는 두 가지 눈 : 주체냐? 현상이냐?, 역사교육연구소.

김종성, 일제 식민지지배가 좋았다? 일본에서 극찬 받은 한국 교수, 『오마이뉴스』 2019. 9. 26.

김종성, 이영훈이 공개 저격한 위안부 문옥주, 그에 관한 진짜 이야기, 『오마이뉴스』 2020. 1. 13.

김종성, 반일 종족주의, 무엇이 문제인가, 위즈덤하우스.

김종훈 외 3명, 임정로드 4000km, 필로소픽.

고용노동부 누리집-기고/칼럼, ILO 핵심협약, 대한민국 정책 브리핑 2019. 7. 9.

국가기록원 누리집, 강제 동원자 명부, 행정안전부.

남문희, 일본은 어떻게 '고노담화'를 비틀었나, 『시사IN』 2014. 7. 4.

동북아역사재단, 일본 외무성의 독도 홍보용 팜플렛 내용 분석.

모리카와 마치코, 버마전선 일본군'위안부' 문옥주, 아름다운사람들.

매일경제 누리집, 재화의 탄력성과 매출은 어떤 관계일까, 『매일경제 뉴스』 2011. 5. 18.

맹수용, 역사부정에 맞서는 수업 실천기 : 2020 특수분야 직무연수-교실 속 역사부정, 세상 속 민주주의, 민주화운동기념사업회.

박찬승, 대한민국의 첫 번째 봄, 1919, 다산북스.

박환, 사진으로 보는, 3·1운동 현장과 혁명의 기억과 공간, 민속원.

송규진, 통계로 보는 일제강점기 사회경제사, 고려대학교 출판문화원.

송규진, 통계로 본 일제강점기 사회경제, 역사교육연구소.

신봉석, 초등 한국사 레시피 2, 즐거운학교.

신봉석, 초등 수업 사례 : 2020 특수분야 직무연수-교실 속 역사부정, 세상 속 민주주의, 민주화운동기념사업회.

신주백, 봉오동·청산리전투 100주년 기념 특별 강연, 차이나는 클라스 169회.

오대록, 중국 내 대한민국임시정부 사적지의 현황과 과제, 『한국근현대사연구 93』, 한국근현대사학회.

외교부 독도 누리집, 독도 일반 현황, 대한민국 외교부.

우석대 동아시아평화연구소, 뉴라이트 역사학의 반일종족주의론 비판, 누구를 위한 역사인가, 푸른역사.

유미림, 팩트체크 독도, 역사공간.

이기훈 외 6명, 쟁점 한국사 근대편, 창비.

이성훈, 설민석 강의, 민족대표 33인 폄훼 후손들 반발, SBS뉴스 2017. 3. 16.

이송순, 일제강점기 조선인 식생활의 지역성과 식민지성, 『한국사학보 75』, 고려사학회.

이인석, 역사 선생님도 믿고 보는 이인석 한국사 2, 3, 서유재.

이재호 외 3명, 국외독립운동사적지 조사보고서, 독립기념관·국가보훈처.

일본 외무성 아시아대양주국 북동아시아과, 竹島, 일본 외무성.

임호민, 삼척군 원덕면 일대 임야측량사건과 산림자원의 약탈, 『지방사와 지방문화 19권』.

전강수, 반일 종족주의의 오만과 거짓, 한겨레출판.

전국역사교사모임, 전국역사교사모임 선생님이 쓴, 제대로 한국사 9, 휴먼어린이.

전영욱, 질문하는 한국사 4 근대, 나무를 심는 사람들.

정혜경 외 3명, 반대를 론하다, 선인.

천재교육 누리집, 수요의 가격 탄력성에 영향을 주는 요인, 『천재학습백과』.

한국사데이터베이스, 광무양전·지계사업의 성과와 의의, 『신편한국사 42』.

허재영, 청산리전투 전승 100주년을 맞이하며, 『충청타임즈』 2020. 10. 13.

현대사 디지털아카이브, 『독립신문, 상해판』 1920. 4. 1, 1920. 12. 25, 대한민국역사박물관.

호사카유지, 대한민국 독도 교과서, 휴이넘.

호사카유지, 신친일파, 반일종족주의의 거짓을 파헤친다, 봄이아트북스.

황태연 외 5명, 일제종족주의, 넥센미디어.

현대사

가짜 뉴스·허위정보 통로는 유튜브 등 온라인 동영상, 『동아일보』 2020.12.10.

광주지방법원, 2017카합50236.

광주지방법원, 2018고단1685.

광주투입 헬기, 탄약 발사후 돌아왔다, 최종호 하사 인터뷰, KBS 2019.5.15.

국가유공자 등 예우 및 지원에 관한 법률 시행령 제2조 6호.

김국태, 해방3년과 미국, 돌베개.

김누리, 글로벌스타 대한민국의 품격, 한겨레 2019.8.25.

김누리, 우리의 불행은 당연하지 않습니다, 해냄.

김용욱, 우린 너무 몰랐다, 통나무.

대법원, 2013다61381 판결.

대법원, 96도3376 판결.

동아미디어그룹-D-story Ⅱ 20 : 모스크바삼상회의 보도의 진실(2).

박정섭, 감기 걸린 물고기, 사계절.

4·3유적지 북촌초등학교 소개문, 제주4·3아카이브.

4·3은 말한다, 임갑생 증언, 제민일보 4·3취재반.

4.3이 머우꽈?, 제주4.3 70주년 기념사업위원회.

서울고등법원, 96노1892 판결, 96도3376 판결.

서울고등법원, 96노1892 판결.

서울대학교 일본연구소 교수 남기정 인터뷰, 비디오머그.

12·12, 5·17, 5·18 사건 조사결과보고서, 국방부과거사진상규명위원회.

양욱 국방안보포럼 수석연구위원 인터뷰, JTBC 2017.5.17.

5·18 민주화운동 관련자 보상 등에 관한 법률.

5·18 피해 보상 관련 통계, 광주광역시 누리집.

'M16 카빈 소총 사망자의 의미는?' 5·18 가짜 뉴스 바로잡기, 광주 KBS 2019.5.7.

역사저널 그날 252회, 273회, KBS 2020.01.21.

2020년 4월 말 기준 유공자 취업 통계, 국가보훈처.

이영채·한홍구, 한일 우익근대사 완전정복, 창비.

日외상 작년 11월까지도··"개인 청구권 살아 있어", MBC 뉴스데스크 2019.7.18.

점점 교묘해지는 '5·18 가짜 뉴스' 총정리, JTBC 2017.5.17.

제주4·3사건 진상조사보고서, 제주4·3사건진상규명및희생자명예회복위원회.

제주도시찰기, 『동아일보』 1946.12.21.

조한성, 해방 후 3년, 생각정원.

카빈 총상의 진실, KBS 뉴스 2020.5.14.

특혜받는 5·18 유공자 유튜브 영상 보니, SBS NEWS 2020.5.17.

"특혜받은 5·18 유공자" 유튜브 영상 따져보니, SBS 사실은 팀.

82~88년생이 5·18 민주유공자?, 연합뉴스 팩트체크.

'판결문은 5·18을 헌법수호라 불렀다', NEWSTOF 2017.10.16.

하유성 광주지방보훈청장 인터뷰, 광주MBC 2020.5.4.

한홍구, 민주주의 역사공부2 5·18민주화운동, 창비.